百年芳華

石梅人物选

常熟市地方志编纂委员会办公室
常熟市政协文化文史委员会
编

古吴轩出版社

图书在版编目（CIP）数据

百年芳华 ：石梅人物选 / 常熟市地方志编纂委员会办公室，常熟市政协文化文史委员会编. -- 苏州 ：古吴轩出版社，2021.12
ISBN 978-7-5546-1852-3

Ⅰ. ①百… Ⅱ. ①常… ②常… Ⅲ. ①常熟石梅小学－校友－生平事迹 Ⅳ. ①K820.7

中国版本图书馆CIP数据核字(2021)第241661号

责任编辑：黄菲菲
责任校对：李爱华

书　　名：百年芳华——石梅人物选
编　　者：常熟市地方志编纂委员会办公室　常熟市政协文化文史委员会
出版发行：古吴轩出版社
地址：苏州市八达街118号苏州新闻大厦30F　　邮编：215123
电话：0512-65233679　　传真：0512-65220750
出 版 人：尹剑峰
印　　刷：无锡市证券印刷有限公司
开　　本：700×1000　1/16
印　　张：18.5
字　　数：278千字
版　　次：2021年12月第1版　第1次印刷
书　　号：ISBN 978-7-5546-1852-3
定　　价：68.00元

编委会

游文书声

徐亮　绘

序

清康熙五十九年（1720），乡贤汪应铨等人集资购买蹑云山房，随后将其创办为游文书院，这就是今天的石梅小学的前身。算起来，石梅小学至今已有300年历史。

300年来，这所学校培养了无数学子，他们走出石梅这片虞山东麓的树荫，很多人成长为时代才俊。两代帝师、清末主张维新改革的重要人物翁同龢，中科院院士、高分子化学家钱人元，著名经济学家、曾任北京大学校长的吴树青，等等，都曾在这里的寒窗前留下苦读的影子。

《百年芳华——石梅人物选》收录了近百个人物，他们大多在这所小学读过书，其中一些人在政治界、教育界、医学界、自然科学界、文学艺术界、社会科学界等各领域卓有建树，为国家、民族的进步和发展做出了贡献，在历史的长河中闪耀着光芒；也有这所小学的负责人，饱读诗书，正气凛然，服务桑梓，令人敬仰；也有这所小学的教师，学识为师，人品为范，为培养学生而呕心沥血，以蜡炬之光照亮学生前行之路，堪为后生楷模；还有与这所小学有过交集的人士，与学校短暂相遇，即为学校增色添彩，留下佳话。总之，书里收录的人物都与这所古老的书院、知名的学校有密切关系，在这里，他们都走过石径苍苔，沐浴过松风梅香，身上都刻着石梅的印记。

从这所小学诞生至今，中国社会发生了翻天覆地的变化。清王朝逐渐腐朽衰败以至于灭亡，近代中国战乱频仍、山河破碎、民不聊生。1921年，中国共产党宣告成立，党领导人民进行反帝反封建的新民主主义革命，取得了伟大胜利，建立了新中国；领导人民进行社会主义革命和社会主义建设、改革开放，开创中国特色社会主义新时代，实现小康社会目标，让中华民族迎来从站起来、富起来到强起来的伟大飞跃。今年是中国共产党成立100周年。习近平总书记要求广大党员认真学习党史，做到学史明理、学史增信、学史崇德、学史力行。这本书中收录的人物分别处在宏大历史背景的具体场景和曲折历史进程的具体阶段，他们的求学、成才和奋斗历程，有历史的投影；他们在各领域做出的成就和贡献，为历史增添了墨彩。这本书作为地方文史读物，其中的许多篇章，可以丰富我们对党史的认知，加深我们对党史的理解。书中人物表现出的爱国主义精神、为民情怀、高尚情操、卓越才能，是我们宝贵的精神财富，值得全社会特别是广大青少年学习，以树立远大志向，砥砺品行才学，为中华民族伟大复兴贡献力量。

常熟历史悠久、文化深厚，相关部门和有志有识者在挖掘、整理、研究上做了大量工作，出了很多成果，但是，以一所小学为基点，以人物为主体主线，广为搜罗，深入探寻，结为厚实的一本书，尚属首例。这本书不仅仅告诉人们一所古老的学校培养了许多学生成为优秀人才，吸引了许多优秀教师在这里播种耕耘，还为常熟历史、文化的进一步挖掘，拓宽了思路。

崇文重教、读书报国，是常熟人的优良传统。一所小学延续300年而越发呈现旺盛的生命力，各行各业的许多翘楚自豪地宣称“出身”石梅，许多学养深厚、德行高尚的老师都到这里任教。这所小学究竟有什么精神传统、文化密码、教育精髓，有待进一步研究探讨。这本书为此提供了重要的基础资料。

在此，对为这本书的出版做了许多艰苦工作，付出了辛勤劳动的所有同志，致以深切的谢意。

谨以为序。

2021年3月

（作者系常熟市政协主席）

常熟市石梅小学历史沿革

蹑云山房	1720年—1725年
游文书院	1725年—1902年
常昭学堂	1902年—1903年
石梅高等小学堂	1903年—1908年
常昭公立高等小学堂西校（石梅公校）	1909年—1911年
常熟县立女子高等小学校	1912年—1928年
常熟县立石梅小学	1928年—1942年
常熟辛城镇小学	1942年—1943年
常熟县立石梅小学	1943年—1946年
常熟县虞城镇石梅中心国民学校	1946年—1950年
常熟市石梅中心小学校	1950年—1951年
常熟师范附属小学	1951年—1962年
常熟县石梅小学	1962年—1967年
常熟县红梅小学	1967年—1978年
常熟县石梅小学	1978年—1983年
常熟市石梅小学	1983年—至今

目　录

附文

汪应铨

汪应铨画像

汪应铨（1678—1742），字度龄，又字杜林，祖籍安徽休宁梅林村（现属黄山市屯溪区）。梅林濒临横江，地势低平，为休宁县海拔最低处。村口曾有一块梅园，故名梅林。汪、江、陈等为梅林大姓。汪应铨的祖父汪九漪，字紫澜，诸生，在明末由休宁迁到常熟，是一位饱学之士，尤其精通邵子易学，阐述发微，著述丰富，有《立诚书》《七音类集》《邵子皇极经世书图解》《雪中集》《述梅圃诗文集》等著作，去世后列祀乡贤祠。汪氏家族有着良好的读书治学家风。

幼时的汪应铨聪明好学，在祖父的影响下，老师规定他每天学四十行，他还嫌少。稍长后师从常熟曾倬、陈董策、陈溥等人，练就了扎实的基本功。与邵陵、王峻、张远、汪沈琇、谢晋等人交往密切。早年汪应铨胸怀大志，喜欢游历，增长见识，尤其喜欢经、史、地理之学，为日后参与编史修志打下了基础。然而他的科举之路并不顺利。19岁，汪应铨赴南京参加乡试，船到镇江京口的荷叶港时遇到风浪倾覆，汪应铨在江上漂泊，幸被人救起，但行李、图书等随身物品全部丢失。惊魂未定的汪应铨赶到南京，考试发挥失常，名落孙山。几位考官和汪应铨非常熟悉，也知道他的才华，在阅卷时抚卷惋惜。汪应铨后又多次参加乡试，惜均未中。

汪应铨一方面继续用功读书，另一方面广泛结交朋友，喜欢出游，经常往来于苏州、南京、扬州、淮阴和安徽休宁等地。康熙四十九年（1710）春，会稽章曾印以同知署常熟县事，复详请开局编纂县志，聘请邑人曾倬担任总纂，周震生、张一桂、王镇、汪应铨等人为分修。曾倬、汪应铨等人在兴福寺设立修志机构，不辞辛劳，考证图籍、旧志，修正补充。经过两年努力，康熙五十一年冬，成书八卷付梓，人称《曾志》。

康熙五十二年，汪应铨与曾倬等人一起赴京。次年，参加顺天府乡试，考中举人。然参加会试却落第而归。遇到这次挫折，汪应铨感到前途迷茫，觉得仅在书斋死读书，不了解外面的世界，不亲身去感知，是没有作为的。汪应铨写下“男儿长大须傲游，去家万里何当愁。局促樊笼志士耻，昂藏七尺空沉浮”的豪言壮语，立志要像徐霞客一样“远游如致身”。于是在康熙五十五年新年刚过，他离开常熟，开始了远游湘、鄂、滇、黔的万里之行。汪应铨扬帆溯长江而上，最终到达边陲重镇云南镇远，这也是这次远游的终点。康熙五十六年八月，汪应铨经过长途跋涉终于顺利返抵常熟。古人有“一游如著一书”之说，这次远行虽不能与徐霞客专门考察地理相比，但也让汪应铨获益匪浅，感受良多。体察民风民情，饱览山川名胜，开阔了视野，丰富了人生阅历，结交了朋友。经过了风雨山水的荡涤，锻炼了体魄，也增强了他考试成功的信心。

康熙五十七年二月，汪应铨会试中第。四月到太和殿参加殿试，汪应铨答题十分中肯，书法行笔流畅，风格清俊秀雅，被康熙钦点为状元。

中状元当天，汪应铨写下《殿试日作》诗：“早集苍龙上九间，天题遥落斗光芒。春云澹淡笼华盖，细雨霏微湿建章。清迥重霄风腋冷，从容柔翰梦华香。桂科好为传新事，射策青袍占两廊。”表达了折桂后的喜悦之情。随后汪应铨得授职翰林院修撰，掌修国史。后奉旨入值南书房。因为记忆力过人，又博闻强识，熟悉典章制度，擅长引据援典，汪应铨在南书房负责起草各类文书，阅读、处理奏章得心应手。他在内廷应对得宜，还不时与皇帝诗歌唱和，深得康熙的器重。汪应铨本应进士馆研习，三年散馆后，方得再升迁。然而，未及散馆，他便被破格提为左春坊左赞善。康熙六十年（1721），出任会试同考官。

康熙去世后雍正继位，雍正对汪应铨信任有加。有一次雍正召见汪应铨等人，和他们讲及先帝的恩惠时，汪不禁热泪满面，雍正亲自给汪应铨递手巾擦拭眼泪，慰勉备至。但汪应铨的志向是当外官，造福一方为百姓服务，不负平生，而不愿意在京城当差，所以在京城心情压抑，同时他也看不惯京城官员的习气。正当要被提拔升迁的时候，他却因为锋芒太露，得罪了朝中权贵而遭到弹劾。雍正元年（1723），他就辞官离京，回到常熟，住在城区的金童子巷。汪应铨为人诙谐风趣，返里后，县令误在公牒中将他名字点上朱笔，他得知后作诗一首："八尺桃笙卧暑风，喧传名挂县门东。自从玉殿标题后，又得琴堂一点红。"

早在康熙五十九年，汪应铨回家省亲，有一天与好友言德坚、陶贞一、谢晋、翁是平、苏本洁等人在读书台雅集，见台畔林荫深处有屋一处，是十分理想的读书之所，一打听是前任粮道刘殿邦所建的公馆，名蹑云山房，现为其子刘素中所有，正准备出售。汪应铨与大家商议后决定集资购买，将其改建为一所学校，造福百姓。经过多日奔波，大家筹集到银两将房屋买下。雍正三年，粮道杨本植又发动乡贤捐款，他本人捐出俸银500两，用于修葺房屋和聘请教师。此后邑中贤达纷纷解囊，游文书院渐成规模。邑人王序东捐出书院前一块山地，用于建书院的大门和通道。经过大家一番努力，书院正式开门收徒。汪应铨取《汉书》所谓"游文于六经之中"，而又合于先贤子游之文学，命名"游文书院"并题写院名。雍正六年，杨本植回家办丧事，临走时把游文书院交托给汪应铨、陶贞一、谢晋、丘芳等人管理。汪应铨主讲游文书院，其间讲授经学，教习学子，勤勤恳恳，恪尽职守。他生性恬淡，博学多识，至此则不求功名，致力于传授，在教育上很有声名，得到地方上人士的称道。后来，汪应铨还被聘到江宁钟山书院主讲多年。他在游历楚地期间，应湖北当地官员的邀请，参与编纂了《湖广通志》。回到江苏后，他担任《江南通志》的主编。

汪应铨文才极高，精熟经史，文章苍古典奥，著作有《闲绿斋文稿》和《容安斋诗集》。汪应铨还擅长书法，常熟博物馆就收藏有他的《行书集唐诗三首轴》。他的书法行笔自然流畅，结体舒展，书法端严纯熟，风格清俊秀雅，有文徵明的纯熟。

清乾隆七年（1742），汪应铨病卒，终年65岁。他的墓葬在鹫山麓祖茔旁，由康熙乙丑进士蒋涟撰写墓志铭。在常熟的王市镇以及虞山镇的山塘泾岸都有他的后代。近代以诗词著名的汪佑南，另一个以经营土布著名的商人汪凤书，都是他的族裔。

柏 谦

柏谦画像

柏谦（1697—1765），字蕴高，一作蕴皋，号东皋，上海崇明人。他年少时聪慧敦厚，勤奋好学。康熙五十四年（1715）中秀才。雍正元年（1723），选拔为贡生。雍正二年，顺天乡试中举。

父亲柏萃，庠生。雍正十年秋，崇明发大水，柏萃从急流中救出不少人。柏谦从小机敏，5岁时村上有强盗抢劫，村民纷纷出逃，柏谦大声疾呼："是间有三丈夫，何畏？"父亲问他三丈夫是谁，他答道："父伯父儿是也。"父亲大奇。柏谦天资聪慧，博览群书，讷于言辞，敏于文翰，就学于秀才李杜诗。中秀才后，又于雍正元年拔为贡生，次年顺天乡试中举。雍正八年庚戌科殿试中金榜第二甲第四十七名进士，选为翰林院庶吉士。雍正十一年，官授翰林院编修。雍正十三年，他曾任顺天乡试总阅卷官。乾隆元年（1736），为福建乡试正考官。乾隆三年，为福建乡试副考官。乾隆九年，到一统志馆、武英殿经史馆纂修《明史纲目》。当时因主笔人多次变动，交稿期限紧迫，柏谦凭自己的才学和刻苦精神，晨夜编纂，如期完成，头发尽白，因此声震朝野。皇叔怡贤亲王也仰慕柏谦的才学，请他为二王子讲学论文。

柏谦是个诗人。乾隆九年夏，柏谦接驾，参加翰林院宴会，用"柏梁体集式"

赋诗联句，得到乾隆帝的赞赏。柏谦曾写过《赵公堤记》《沈文镐〈清理田赋记〉跋》《重建尊经阁记》《近庵先生传》等，其中许多文章被刻在石碑之上。他的文章脍炙人口，曾刊行流传，风靡一时，是科举应试者的典范文章。

柏谦一生中，成就最高的是书法，他是清代著名的书法家。当年他就是因为书法出众，而被选为庶吉士。他的书法，介于唐代书法家虞世南和欧阳询之间，融二者之妙，自成一体，回翔馆阁，风格刚劲而又文雅。乾隆年间，邑人方益从别人手中购得灵公殿旁即今天燕园的地块，开始堆石建园，请柏谦题写“峰谷泉源”四字刻于壁间。

柏谦不仅是一个才华横溢的儒士，集诗人和书法家身份于一身，而且还是一个政声远播的清官，为官清正，著作甚勤，又常常能够帮助他人解决困难。乾隆四年（1739），为了解决崇明的沙田纠纷，柏谦亲自出面，陈请县令重新丈量核对，并取消巧立名目征收的苛捐杂税，受到百姓的拥护。柏谦对长辈极为孝顺，他的曾祖母喜食炒蚕豆，但年老无齿，他就嚼了喂她。辞官后，乾隆十二年，因崇明地处沿江，多水患，柏谦迁至常熟，遂定居常熟唐市镇。他乐虞山景色，掌教山麓游文书院，“孜孜诱导，示以雅正，因材上下，启发无方，进退精审，群士服其所奖借，并有器业登科目者，前后不绝”。受业弟子有何忠相、魏兆昌等百余人，识别和培养了一批有用之才。柏谦课余弈棋赋诗、种果栽花，悠然自得。他的著作有《槐荫堂稿》《碧山堂稿》《吴中十子》《虞山课艺》等，曾盛行于世。

柏谦卒于乾隆三十年八月初六日，终年69岁，葬于常熟虞山之麓。他的好友邵齐熊撰有《翰林院编修柏东皋先生行状》。

顾 镇

顾镇画像

顾镇（1720—1792），字佩九，号古湫，室名补溪草堂，清江苏昭文县（今常熟市）人。家族世居常熟支塘北街，因支塘镇处虞山之东，故称虞东先生。

顾氏家族是当地望族，远祖是元代从浙江上虞迁到常熟支塘古湫浜的顾细二，顾镇是第十四世孙。祖父顾应瑞，字辑伍，少时以博学闻名于乡里，喜治经学，为人平易耿直。年老时，一夜忽醒，披衣而起，焚香啜茗，高声朗诵《大学》章句，子孙皆环立而恭听。是夜应瑞端坐而逝，终年72岁。父亲顾黄钺，字山柔，号毅庵，秀才，好读书。顾镇自幼受家学影响，随父亲习经，尤喜《诗》学，每听古说异闻，退而作签记，后整理为札记四卷。父殁，入苏州紫阳书院问学于陈祖范先生，时已逾而立之年，其间受陈师精心教诲，得经史之要旨，学问速进。乾隆三年（1738），顾镇考中举人。乾隆七年，顾镇入湖南巡抚蒋溥幕，“凡簿书、章奏、兵刑、钱谷，皆司其成”。乾隆八年，顾镇旅荆南，广泛交游，同时也使自己的眼界得以开拓。此后顾镇客居北京，先后拜入陶正靖、黄叔琳门下求学，曾以所著《诗》学初稿求教于陶师，得其指点，获益颇多。从黄师问学时，曾于乾隆十年，为其校刊《夏小正注》，又为其校《诗统说》三十卷。乾隆十五年，经蒋溥荐举，获授国子监助教。乾隆十九年，以二甲十一名的优异成绩考中进士。这一榜的进士可谓人才济济，群星闪耀，其中钱大昕、纪昀、王昶、朱筠、王鸣盛，号称乾嘉学派五大汉学家。顾镇继续在国子监任教，推重一时，“四方挟册之士咸师之”。顾镇以接引后学为己任，“请业者户限为穿”。乾隆二十三年（1758），迁宗人府主事，充玉牒馆纂修。居京师，游黄叔琳、陶正靖之门，与王文治、刘大櫆、姚鼐、沈德潜等著名文人交游，学益进，成为著名的经学大师。在京期间，与人集资在盆儿胡同建常昭会馆，为进京赶考的学子提供便利。后因病辞职，受聘执教于金台书院，再主游文、白鹿、钟山书院，桃李满天下。

顾镇家族累世以经学相承，良好的家庭教育环境使顾镇练就了扎实的经学功底，为顾镇以后成为名扬天下的经学大师奠定了良好的基础。乾隆二十八年，顾镇因年老乞休，引疾归。时家乡支塘建正修书院，顾镇出掌书院教席。后受聘于游文书院。乾隆三十年，顾镇受南唐知府陈子恭之邀，掌教庐山白鹿书院。后来，他掌教金陵钟山书院。他耿直朴素，在掌教书院期间，教书诲人兢兢业业，每天阅文数百卷，不知疲倦。甚至因过度劳累而大量咳血，他也不愿放下手中批改作业的笔，深受学生爱戴，有学生为其撰刻《虞东顾夫子教思碑记》留存于世。其间顾镇还遍游当地美景，作有《游玉渊潭三峡涧抵栖贤寺记》《游秀峰寺青玉峡观瀑布记》《游金轮峰瞻云寺重过秀峰栖贤观泉记》等文章。顾镇诲人不倦，学生受业于其门下，经史水平往往猛进。学生中周昂、陆以煊、范春林、赵同翮等数百人皆学有所长。可见顾镇不仅是一位经学大师，还是一位教育名家。乾隆三十二年，顾镇诗学著作《虞东学诗》刊刻问世，受到广大读者喜爱，故于次年再刻。还乡期间他还编纂《支溪小志》四卷。另有《顾虞东先生文录》八卷。

乾隆五十七年，顾镇在家中去世，终年73岁。袁枚撰写墓志铭。顾镇有二子，长子顾言远，次子顾询。顾言远字起鸣，号虚谷。出嗣给顾星。在京城钦天监学习算术数年，担任教习一职。父亲去世后，回到家乡，从事教学。

蒋 德

蒋德画像

蒋德（1713—1766），字敬持，号秋泾先生，浙江嘉兴秀水人。清代乾隆间“秀水诗派”的重要诗人。雍正十三年（1735）举人。曾主掌山西平阳书院。乾隆三十一年（1766），来常执掌游文书院，主讲诗文。

蒋德父亲蒋凤起，廪贡生，一生致力于经学，但终身不遇。蒋德对经史子集融会贯通，对古今文体无不精究，下笔成文拔萃不羁，深得父传。中举后屡赴京试落第，终身为布衣却名震文坛。后北漂游学，在京师与名流交往，不改文人习气。吏部按例拣选，蒋德凭年龄和能力可选县令，蒋德却选择教谕一职，并说道：“禄虽贫，足以养，且不失我故业。安能裹章服，伺候上官，终日治簿书，与皂隶相对乎？”可见其性格。蒋德交友广泛，所交多为世之名士，如僧俗文士、达官显贵。蒋德曾在扬州停留数载，与扬州张哲士交好。蒋德很自负，作《游山》一首。程鱼门夸为“小谢”，蒋却勃然怒曰：“分明‘大谢’，何小之有？”《留别哲士》云：“竟挂秋帆决计行，关心天末倚闾情。便归只好留三月，浪迹无端已半生。人世乘除苍狗幻，名山期许白头成。殷勤相属还相慰，愁听西风雁一声。”哲士《寄怀》云：“恋友心空切，宁亲去敢迟？才为三夕别，已是百回思。避日帘仍下，追凉榻未移。不知江上路，秋暑可曾衰？”乾隆七年的一天，蒋德与王素修、周白民、边寿民、邱浩亭、周蓼圃，以及程茂、程晋芳等好友齐聚甘园，诗酒言欢。一个个“临流长啸发高咏，鸟为歌唱松为舞”，喝得酩酊大醉，频频举杯。乾隆二十三年（1758）冬日，蒋德与金农、陈对鸥、陈章、张铁青应客居扬州的诗人陶元藻之邀，每月联吟数次，因劳累过度，得咯血病。《两浙辅轩录》载蒋德“尝客扬州，与浙人全祖望、厉鹗、杭世骏、金农辈联文酒之会”。《雪桥诗话续集》载：“秀水蒋德秋泾，雍正乙卯举于乡，游京师，与徐飞山员外浩、郑炳也翰林虎文结诗文社。及门之士，朱竹君、石君兄弟最知名。”离开扬州，蒋德应邵齐熊之邀到常熟，做邵齐熊家的家庭教师。数年之后，山西平阳知府派人持币邀请他主平阳书院三年。到了平阳后，山西巡抚闻蒋德大名，提出让蒋德改主晋阳书院，待遇翻倍。蒋德婉言谢绝道，来平阳是应知府之邀，现在中间又出了个巡抚，可能不太合适。在平阳两年后，蒋德辞掉工作又回到常熟。当时游文书院久缺教师，粮道杨本植闻蒋德之名，遂聘为教师。蒋德对杨本植讲：“文体日下，由不力其本而欲速成也。”于是劝杨本植为书院多购书，让学生们从书籍中掌握各方面的知识。

蒋德在文坛上名声彰显，而生平行藏少为后人所提及，这与其诗文世所难觅有着直接关系。此外，蒋德“所与周旋多达官名人，莫不降礼虚襟，一见推服”。但是，蒋德“其性不苟徇于人”，“平生不好荣进，举止脱易，对人常行坐自适，不耐束带危坐”，因而长期不为世人所熟知。然而，作为一个科举失意者，他遗世的若干诗文中，一位秀水诗人的大略形象跃然纸上，蒋德不愧为“秀水诗派”中风格独树一帜的优秀代表。戴震为其诗集撰序云：“吾亡友秀水蒋君，故无诗集也……今蒋君前后所写诗，虽更举其盛年者增多，兹刻十之四，犹未得目为蒋君诗集在是也。”蒋德一生行藏罕有记录于世，其《秋泾诗文集》两册，为其弟子徐昆、朱筠所录合辑而成。但是迄今为止，尚未见其诗文全貌，只有若干诗文散见于他人诗话、诗文集。

乾隆三十一年六月十九日，蒋德在常熟去世，终年54岁。门生朱筠撰《蒋秋泾生别传》。

言如泗

言如泗画像

言如泗（1716—1806），字素园，江苏昭文（今常熟）人。孔门弟子言偃七十五世孙，圣贤后裔。清乾隆三年（1738），皇帝要举行“临雍”大典，祭祀儒家圣贤，言如泗受邀参与祭祀活动。事后，乾隆皇帝恩赐他为“贡生”，命他担任正黄旗官学教习。

乾隆十四年，言如泗被任命为山西省垣曲县知县。垣曲县城邻近黄河，黄河发水时，县城常遭淹没。言如泗上任后，率领百姓，采石筑堤，阻挡河水，取得成功。在垣曲期间，他注重农田水利，垒堤疏河，为民造福；又对县学（文庙）进行维修，并作《重修垣曲县学记》《弦歌书院记》等以重学育人。

乾隆十九年，言如泗由垣曲知县转任闻喜县知县，着手治理当地的涑水河，动工开挖了几条新渠，让很多农田得到灌溉，并撰写《修闻喜县治记》。几项治水工程给言如泗带来一定声望，上级考核为“卓异”，朝廷提拔他为保德直隶州知州。朝廷在新疆用兵，内地负责供应粮草，当时保德州粮食正好歉收，为了完成征调任务，言如泗费尽心血，巧为筹划，没有给当地百姓增加负担，受到百姓的一致拥护。

山西巡抚明德，听闻言如泗的才能，向朝廷推荐他。言如泗因父亲年老多病，请求辞官，回乡奉养父亲。父亲去世后，他在家守孝三年，后被朝廷任命为解州直隶州知州，管辖夏县、平陆、芮城、安邑四县及运城镇。他主持修纂《解州直隶州州志》《安邑县志》等文献，结束了州以前无全志的历史。他将本州及州属的安邑、夏县、平陆、芮城等县联系起来修志，编排次序为先州后县及专镇运城，主次分明，有条不紊，可分可合，各适其用，实用创新，堪称一大功绩。

言如泗体恤百姓，造福一方。运城的姚暹渠，作用是阻拦、排泄盐池外围流水，保护盐池生产，并非灌溉农田。按惯例，姚暹渠的维修应由运城盐商和普通百姓共同承担，而不法奸商推卸责任，置之不理，多年来该渠由百姓独自维修。言如泗身为知州，为保护当地百姓的利益，多次与盐运使交涉，据理力争。最终双方达成共识，由商民分担修渠任务，此举颇受百姓欢迎。

言如泗在职期间，非常推崇关羽，亲自主持增修解州关帝庙结义园及常平村关帝祖庙，并亲手书写御书楼北正门木匾一幅。该牌匾红底黑字，狂草飞白体，正中题“绝伦逸群”四个大字，右上角楷书题款一行“诸葛武侯语”，左下角楷书落款“言子七十五世孙如泗谨书”，运笔灵活委婉，字体方圆转折得法，韵味十足，为庙内题牌中的上乘之作。

言如泗爱民如子，扶正祛邪爱憎分明。他每到一地都亲力亲为兴修水利造福于民，传承文化兴学育人，又爱士恤民，严于治盗，使境内路不拾遗，夜不闭户，不仅受百姓称颂，还被朝廷列为“循吏”，入选《清史稿》。乾隆二十九年（1764），他赴湖北襄阳任知府。当地治安混乱，盗贼横行，但那些坏人听说言如泗来了，一个个溜之大吉，言公之威慑力由此可见一斑。

乾隆三十四年，言如泗因为下属官员犯罪，自己有失察之过，被朝廷免官。不久，皇太后大寿，朝廷开恩，言如泗官复原职。言如泗是位读书君子，官瘾并不大，接到朝廷的诏书后，并没有去上任。他回里后，兴建言子墓。乾隆四十二年，言如泗等集资修葺游文书院，增建照墙，辟山门，以达于桂花厅。厅之南，建巫公祠三楹，并修余屋。粮巡道苏凌阿撰记。言如泗著有《言子文学录》《言子家乘》《常昭合志》《初仕一览》《还初笔记》等。

乾隆十六年（1751），乾隆皇帝首次南巡到苏州，言如泗前往迎驾，得乾隆御书“道启东南”。乾隆二十三年，他在常熟虞山东麓的言子墓建第二进石坊，将“道启东南”刻成坊额，在石坊背面镌刻“灵萃勾吴”四字。

常熟兴福寺的米碑亭内有一块“唐诗、宋书、清刻”的石碑，相传是言如泗任襄阳知府时获得了由宋代米芾手书的唐代常建诗《题破山寺后禅院》，带回故乡常熟，请名刻手镌刻成碑并立于兴福寺。于是，名诗、名书、佳刻集于一石，千古韵事，流存于世。

言如泗的儿子言朝标，乾隆五十四年己酉科二甲四名进士，历官员外郎、夔州知府、柳州知府和镇安知府。为清代诗词名家。晚年主持游文书院。

嘉庆十一年（1806），言如泗在家乡去世，终年91岁。光绪年间，言如泗被列入“名宦”，受到朝廷的纪念。言如泗，这位爱士恤民的能臣廉吏，受到百姓的永久怀念。

言朝标

言朝标画像

言朝标（1755—1837），字起霞，号皋云、可樵，江苏常熟人。言子七十六世孙，清代名吏言如泗的儿子，清代诗词名家。乾隆五十四年（1789）己酉科二甲四名进士，任员外郎、夔州知府、柳州知府和镇安知府等职。晚年主持游文书院。

言朝标少负奇才，以先贤后裔的身份，博览群书。清乾隆皇帝南巡时，他以廪膳生献赋，行在钦定一等，获赐举人，以内阁中书用校书。其时四库馆协揆、河间人纪昀，上海人陆耳山并服其学识。己酉成进士，改官刑部。乙卯典试广东。嘉庆三年（1798），由郎中得授四川夔州知府。

言朝标胸襟高旷，视宦途逢迎之习不啻唾涕，是以为上司所不悦，致有改用简缺之奏。丹徒严鹿生，时在成都为县令，俱悉其事，赠其诗云：“十斛蒲桃羞换郡，一枝兰蕙忌当门。”其寄概深矣。久之始补保宁，奉讳旋里，服阕，分发广西，历任浔州知府、柳州知府、镇安知府，署右江道。

言朝标一身清气，不谄媚权贵。得赐进士出身以后，当朝权倾天下的军机大臣刚巧是大贪官和珅，言朝标不去巴结，当然得不到重用。言朝标淡泊名利，他在诗中吟道：“得还故土真奇福，难乞闲身是达官。”

言朝标任镇安知府时，已年过六旬，但精神依然饱满。据其后学陆宗言：“皋云先生性豪迈，声若巨钟……每见先生过我门前，一仆掖之走，须发皓白，两颊玉色如童子，躯干伟岸异常。”在镇安府知府事时，他以捕盗安民为己任，淡泊名利，不阿权贵，为仕清苦甚于寒士。其在四川任夔州知府时，夔州知府本肥缺，他却不积禄俸以娱晚年，担任知府时，竟四十年不识银钱数，堪称孝廉楷模。

言朝标年届七旬时，引疾求退，囊无余财，至杭州困于途。侄儿心香方署嵊县事，寄以俸金，他始得抵家。言朝标归里后主持游文书院。嗜古好学，擅词赋，兼工书法，诗文文采斐然，情辞婉丽，且发自内心，不拘成辙。诗作不袭前人，赋诗言志，不受束缚，匠心独运，自成一体。闲暇之时，作八分书，取法曹京。借助翰墨，他将对道家思想的感悟倾注于笔端，使诗书超越时空限制，借助诗歌的物象来充分表达情愫。

言朝标轻财帛，好古学，年近八十，依然手不释卷，置身于游文书院讲学。诗笔清超，爱惜人才，诗有中唐风格。他的廉静之风裁、儒雅之品质，为世间所稀有。言朝标深谙佛门礼数，曾在游文书院讲经数十年。他相信来世轮回之事，临终时作自挽联：“始笑前生，徒自苦耳；既知去处，亦复陶然。”足见他看淡生死。他之所以能耄耋之年活力常在，皆得益于志量豁达和摒弃一切俗念之气概，故而老当益壮，尽享遐龄之年。

言朝标一生赋诗无数，却疏于收藏，《孟晋斋诗集》是后人为其整理的。其中《湖田雨望》：“细雨溟蒙一望间，水村如画傍湖山。烟笼远树浮青盖，云拥高峰湿翠鬟。归寺僧穿双屐去，扶犁农着短蓑还。偶耕招隐人何处，泥滑声中鸟语间。”是他田园诗歌的代表作，以描述家乡常熟尚湖边的自然景观为主题。诗歌勾勒出了江南水乡的自然神韵，刻画出了江南烟雨的壮美与神奇。作者在创作时，将关汉卿“雨里孤村雪里山，看时容易画时难”的名句，巧妙而传神地引入自己的诗境中，做到神采益彰，化用得自然妥帖，全然没有斧凿的痕迹，显示出非凡的功力。

今常熟古城区的焦桐街，有一座清代建筑，一进两院。入门处有雕花石制门墩一对，上雕有麒麟、梅花鹿、植物、宝葫芦、祥云等吉祥图案。门楼朝里一面，保存着一副非常精致的砖雕门楣，门楣正中雕有四个楷体大字“庆协攸宁”，周围有花鸟、梅竹等浮雕装饰。这四个楷体大字为言朝标所书。那门楣下方刻有百余字的行书文字，遒劲有力，也为他所书。

钱 泳

钱泳画像

钱泳（1759—1844），原名鹤，字立群，号梅溪居士。无锡金匮（今无锡锡山区）人。他是清代著名书法家、金石学家、文史家、收藏家，常熟乃至江南遍处都有他留存的石刻、墨迹。他后半辈子长期居于常熟，创就了一番事业，在中国文化史上占有相当地位。

钱泳为吴越武肃王三十世孙。宋建炎初期，其祖由杭南渡，避至台州。宝庆中迁无锡堠山，明嘉靖间又迁至泰伯乡。钱泳历清代乾隆、嘉庆、道光三朝，是清代中叶无锡名噪一时的学者。钱泳自小聪颖，5岁时即能楷书，八九岁时工篆、隶，并随父悉心攻读古籍。14岁时，他在苏州得到一批汉魏碑刻拓片，朝夕临摹。后又受到工于书法和诗文的退职按察使金祖静及孙渊如、洪维存、冯鱼山、徐阆斋、成均法、时帆、翁方纲诸先生的指导，文学、书艺俱大进。17岁游吴门，后赴考举人落第，拂袖回乡，谋私塾（书馆）授教为生。

乾隆五十年（1785），钱泳27岁时被河南巡抚、尚书毕沅慕名聘入幕府，为之校勘著作《中州金石记》，鉴品书画和碑刻，还与当时的著名学者孙渊如、洪亮吉结交，讲论金石学，学业大进。乾隆五十六年，钱泳受聘到绍兴编纂府志，次年结束，到北方访古。乾隆五十七年，他34岁，上京师，入国子监，深得祭酒法式善赏识。当时，成亲王永瑆、名臣翁方纲都以书法名闻天下，钱泳得他们指授，书法益进。后来永瑆奉旨刻印《诒晋斋帖》，钱泳上京为之刊定。嘉庆三年（1798），钱泳携所藏武肃王画像入京，请翁方纲、成亲王等题记。

嘉庆七年，钱泳随后母华太安人举家由金匮迁居常熟张桥乡之钓渚渡。嘉庆十八年，后母去世，钱泳又移居常熟练塘乡之翁家庄。后来，他受聘至常熟游文书院教授书法和金石学，名重一时。

钱泳在常熟共居住了40多年，直至去世。他迁居翁家庄后，在康熙年间刑部尚书翁叔元的旧宅基上，建五进深宅大院。院西边有一条南北向的小溪，溪水潺湲，清澈见底，名曰“梅花溪”。铜桥坝上有石刻“梅花溪上”四字，为地方名儒支方廉所书。钱府前厅匾额“写经堂”为梁同书所书，后厅“述祖堂”乃老人起居之所，西有“茗狄馆”，东有“保春亭”，后辟花园供怡情漫步，取名“履园”。

钱泳在翁家庄定居时期是他的金石、书法最成熟、最有成就的时期。在履园内的写经堂里，他仿汉蔡邕写《石经》，写《孝经》《论语》《大学》《中庸》，刻石置于府学。又藏所刻汉唐诸碑于虞山石室。道光二十一年（1841），深研书法的成亲王在北京主持国内书法比试，钱泳由常熟赴京应试，成亲王嘉其书法功底，召入宫御字。钱泳因无意仕途而婉辞。亲王赐匾“博雅名士”，并让他冠戴五色翎顶。由此，钱泳名噪海内外书坛。各地修建庙宇堂观需立碑或书写名人墓志，无不以能求得钱泳书法为荣，乃至朝鲜、日本等国来华的贡使，也争相购求其墨迹携带回国。

钱泳学识渊博，涉猎广泛，阅历丰富，在文学上造诣很深，著有《履园丛话》《梅溪诗钞》《履园谭诗》《兰林集》等，在清代文坛上颇有声誉。《履园丛话》中，钱泳对常熟毛晋经营汲古阁有详细的介绍。汲古阁作为明末清初国内极为著名的藏书处和刻书处，在毛晋的经营下，当年到底有多大规模、多少建筑，在何方位、有何用途，以及毛氏父子传承的情况，钱泳在《丛话二十二·梦幻》“汲古阁”条里都有介绍。这段介绍的史料价值很高，后人对毛晋汲古阁的介绍，大都源自钱泳的记述。毛晋汲古阁三代而废，现今流世之物，只剩移置在常熟石梅小学桂花亭院内的洗书板用的荷花大石盆。钱泳的《履园丛话》还涉及政治、经济、文化、社会生活等各个方面，举凡典章制度、天文地理、文物典籍、金石书画、诗文词章、人物轶事、社会异闻，以及各地的风俗民情，都有所记载。它为后世保留了不少和常熟有关的人事珍贵史料，是研究常熟文化和编史修志不可或缺的重要参考书籍。

钱泳关心国家的水利建设，70岁时受南河河督张井所聘协助规划水利工程，提出建设性意见。后又向上递呈《速修三吴水利以盈国赋以益民田》的疏文，要求疏浚太湖支流，确保太湖周围的民田安全。80岁时，他给松江府送去《七省海道全图》和《晏海水师》。

钱泳原配华氏，系常熟宛山东北戴家湾人。生子曰奇、曰祥。继配吴氏，生子曰寿、曰富。道光二十四年（1844），钱泳病卒，寿高86岁。两年后的道光二十六年正月，钱泳次子钱曰祥（号益生）专程登门拜访体仁阁大学士翁心存，翁心存派其子翁同爵接待，钱曰祥表达了请求翁心存为其父钱泳撰写墓志的来意。是年五月，钱曰祥又致信翁心存，促撰其父墓志。《重修常昭合志·人物志》之《游寓志》所载钱泳传文，就摘取于翁心存所撰钱泳墓志。道光二十六年九月二十二日，钱泳被安葬于翁家庄附近接金匮县界的羊尖乡宛山。

2005年，山西书商彭令在南京朝天宫偶然发现了一本名为《记事珠》的文稿。后多位专家学者经鉴定，确定其为清代中期书法家钱泳的杂稿本手记，其中有部分条目来自钱泳亲手抄录的同时代苏州文人沈复（1763—约1838）之《浮生六记》，故其被认定为《浮生六记》散失的第五本《海国记》。

孙原湘 席佩兰

孙原湘夫妇画像

孙原湘（1760—1829），字子潇，号长真，晚号心青，自署姑射仙人侍者。昭文（今江苏常熟）人。清嘉庆十年（1805）进士，曾为翰林院庶吉士，充武英殿协修。乾嘉诗坛的代表诗人，“虞山四才子”之一。席佩兰（1760—1829后），名蕊珠，字韵芬。佩兰是其自号。昭文（今江苏常熟）人。孙原湘妻。亦工诗，为清代性灵派诗人袁枚随园女弟子之冠。

孙原湘幼时即有神童之誉，4岁就能诵汉、魏、晋及唐李杜的诗，8岁学习《孟子》、《论语》、四经、三礼，后随其父孙镐任居奉天（今辽宁）、山西，对所历名山大川皆发以歌咏，青年时代已名噪京都，却屡试不第。席佩兰出身书香门第，祖父是内阁中书席宝箴。家中良好的教育加上天资聪颖，使得席佩兰对诗的领悟远超出常人。她八九岁即学完《毛诗》，又得父授《绿窗吟》，对水墨丹青更是擅长，尤其善画兰，兰入画中栩栩如生。很快，她的才女之名就传遍常熟。

乾隆四十一年（1776）冬，17岁的席佩兰嫁给同样世家出身的孙原湘。孙原湘于嘉庆五年秋九月为诗集《天真阁集》作序，云：“原湘十二三时，不知何谓诗也。自丙申冬，佩兰归予，始学为诗，积两年，得五百余首。己亥，省先大夫于奉天治中，尽呈所作，先大夫训之……惟于先大夫训未尝一日忘尔。佩兰鬻钗钏，劝予陆续付刊，因手自淘汰，存其十之五六；断自己亥始者，明先大夫教也。”可见孙原湘作诗从其夫人席佩兰处获益匪浅。夫妇情投意合，经常在窗前灯下，一起吟诗作对，相互切磋，留有不少佳话。“赖有闺房为学舍，一编横放两人看。”孙原湘的这两句诗正是夫妇同学、琴瑟相和的生动写照。而席佩兰的“绿衣捧砚催题卷，红袖添香伴读书”更是写出了夫妇共读的伉俪恩爱情景。俞陛云《清代闺秀诗话》云：“虞山席道华，归孙子潇太史后，共案诵读，互相师友，唱和之作甚多。”

孙原湘也是袁枚的学生，且是以袁枚为代表的性灵诗派中的重要成员。也许是受丈夫的影响，佩兰对袁枚十分钦佩，很想成为袁枚的女弟子。在丈夫的鼓励下，她毅然写诗给随园老人：“慕公名字读公诗，海内人人望见迟。……愿买杭州丝五色，丝丝亲自绣袁丝。”袁枚收到席佩兰的诗后，开始还不相信她的诗才，甚至怀疑她的诗是由丈夫代作的。乾隆五十三年（1788）的春天，袁枚亲自到常熟登门造访孙原湘，借此见到了席佩兰。佩兰见随园老人上门来，十分高兴，拿出一张画照敬请袁枚题诗。袁枚却将小照放置袖中，立刻拉着孙原湘到别处去饮酒。这边两位诗友畅饮欢谈，那边佩兰磨墨题笺，当即写下赠袁枚的三首律诗。其中一首写道：“深闺柔翰学涂鸦，重荷先生借齿牙。漫拟刘公知道韫，直推徐淑胜秦嘉。解围敢设青绫障，执贽遥褰绛帐纱。声价自经椽笔定，扫眉笔上也生花。”袁枚读完这些“细腻风光”的诗，“方知徐淑之果胜秦嘉”。他又见佩兰的小照幽艳，相形之下自己不免有迟暮之感，竟然不敢贸然落笔，就把小照带到杭州转交给世交孙春岩观察的姬人王玉如处理，由孙的两个女儿云凤、云鹤题了诗词。其中孙云凤的《题席佩兰女史拈花小照》写道：“想承衣钵侍莲台，亲见天花落又开。诗境忽从禅境悟，不教散去却拈来。”另一首写道：“天然小像写丰神，国色无双四座春。夜笑西湖诗弟子，从游不及画中人。”可见在孙云凤这样的同辈女诗人心目中，也把席佩兰推尊为随园女弟子中第一人，她们对席佩兰是折服的。

袁枚为席佩兰的真心诚意所感动，欣然收下了这位有出众诗才的女弟子，并和她结下了深厚的师生情谊。他曾数次到常熟看望孙原湘席佩兰夫妇。农历三月初三上巳节，是常熟十分热闹的民俗节日之一。有一年上巳节，随园老人乘船来到常熟，由孙、席夫妇陪同游览虞山风光。席佩兰兴致勃勃，写下两首七律敬献给老师。诗中有这样的句子："花傍仙舟齐带笑，山迎才子也低头"，"一路莺花供鼓吹，二分蟾月伴诗仙"。表达了她与老师在一起时兴奋喜悦的心情。一年冬天，袁枚老人再次来到常熟，给他的女弟子带来了最珍贵的礼物，即刚印成的由他选编的《随园女弟子诗选》。席佩兰打开诗集一看，自己的诗作竟赫然列在首位，不禁激动万分，当即挥毫写下两首诗献给老师，其中一首写道："得攀骥尾原知福，直冠峨眉却过情。恰如春风吹小草，青青翻获领群英。"表达对老师的赏识的感激和愧不敢列卷首的心情。

袁枚称誉席佩兰的诗"字字出于性灵，不拾古人牙慧，而能天机清妙、音节琮琤"，对他的这位女弟子喜爱有加。《随园诗话·补遗》中说："余女弟子虽二十余人，而如（严）蕊珠之博雅，金纤纤之领解，席佩兰之推尊本朝第一，皆闺中之三大知己也。"席佩兰的诗集名《长真阁集》。在她编成这本诗集，想请随园老人作序时，却传来老人谢世的消息。佩兰不禁痛哭失声，为失去了自己的知己和恩师而悲痛万分。她把老师为自己写的一篇文章放在诗集卷首作为代序，以此表达自己对老人的崇敬之情。

嘉庆十年（1805），孙原湘46岁时方得中进士，为翰林院庶吉士、武英殿协修官。不久因疾辞官返里，先后任昆山玉峰、旌德毓文、通州紫琅、太仓娄东、常熟游文等书院讲席，教诲不倦，所授学生多有成就。

孙原湘主张"性情为诗之主宰"，其诗风神秀逸，又工骈、散文，兼善书法，精画梅兰、水仙。诗文与同时期的王昙、舒位鼎足，并称"后三家"或"江左三君"。《清史稿》本传称"位艳、昙狂，惟原湘以才气写性灵，能以韵胜"。孙原湘是乾嘉诗坛的代表诗人之一，有《天真阁诗集》三十二卷，《天真阁词集》六卷，《天真阁外集》六卷，《天真阁文集》十二卷，《天真阁骈文》四卷，共六十卷，有多种刻本传世。其稿本则残存数卷。

据李兆洛所撰《孙君墓志铭》记载，孙原湘卒于清道光九年（1829）二月二日，卒年68岁。孙原湘下葬后不久，席佩兰病卒。

瞿绍基

瞿绍基画像

瞿绍基（1772—1836），字厚培，一字荫棠，昭文县（今常熟市）古里人。廪贡生，清著名藏书家，清代四大著名藏书楼之一的常熟铁琴铜剑楼首任楼主。

据王家相《瞿荫棠广文传》、李兆洛《署阳湖县学训导瞿公墓志铭》载，瞿绍基之父瞿进思“家居课子甚严，邑中宿学，如江仙洲、吴荆庭、邵荻香、王研山、许秋涛诸君，并延至于家，令子受业”。瞿绍基生于富康之家，家境富裕，从小受到良好的教育。他喜好读书，遇到好书就出资购藏，从不吝惜钱财。为了收集更多古籍，他坚持省吃俭用，读书乐道，“自奉谨约，有一裘三十年之风，惟好聚书”。

瞿绍基力学工文，诗文皆典雅有法，肄业于游文书院，受到游文书院山长华石亭的极力称赞。乾隆五十八年（1793），瞿绍基被录入邑庠，后因岁科试频列高等而补为廪生。但瞿绍基科举不利，“六应乡举，三荐不售”。后来，瞿绍基被“援例以训导分发试用”，署阳湖（今江苏省常州市）县学训导，在任上“培植寒畯，甚有美誉”，“不及一年，而士辈皆颂贤明师”。其后，他以母老需要奉养为由辞职。辞官归里之后，他淡泊名利，却以藏书和读书为乐，购藏善本颇多。

早在瞿绍基被录入邑庠当年，其父亲瞿进思逝世。他长兄瞿绍堂多病，两个弟弟瞿绍坚、瞿绍型及三妹均未嫁娶，因而由瞿绍基独立操持家政。瞿绍基“性好施与，每遇俭岁，减租平粜，毫无所吝”。遇到水灾，他设厂施粥，投牒为里党先。邑有大工作，他必捐赀又劝成。

瞿绍基生性俭朴严谨，嗜书如命，不仅亲自校雠古籍数万卷，而且喜爱抄书，抄了宋程大昌《考古编》、高似孙《嘉定剡录》、杨伯嵒《六帖补》等书。他取《尚书》中“引养引恬”“垂裕后昆”之意，在常熟古里建成藏书楼“恬裕斋”以藏书。历时10余年，积书10万余卷，其中乡邦文献、旧抄本和名家校本是其藏书重要特色，他又旁搜金石、碑板，于是“恬裕斋”藏书为江南之首。瞿绍基笃志藏书，不为名利所动。传说喜好古籍的道光皇帝欲得其一珍秘本，曾多次派人到瞿家借书，还曾以三品官、白银30万两为条件，欲交换瞿家一部古籍。瞿绍基不舍，便以“先朝有诏，不便出兑”为由，让皇帝吃了闭门羹。

瞿绍基曾编《恬裕斋藏书志》4卷，《恬裕斋书目》4卷。藏书印有“虞山瞿绍基藏书之印”“绍基秘籍”等。瞿氏辗转购得吴中著名藏书家周锡瓒、袁廷梼、顾之逵、黄丕烈旧藏，此四家所藏宋元旧椠，本多精品。《铁琴铜剑楼藏书目录》著录的善本中，有宋刻173种、金刻4种、元刻184种、明刻275种，抄本490种、校本61种。

瞿绍基儿子瞿镛（1794—1846），同父亲一样笃学嗜古、藏书如命、爱书如金、乐善好施，但他与父亲亦有不同之处。他在藏书之外更兼及其他收藏，还搜集了大量金石、古陶、铜镜、名瓷、书画。瞿镛秉承父志，重建藏书楼，继续广采勤征，竭力收集、购买古籍，使藏书更为丰富。后来，瞿镛的两个儿子亦如祖父、父亲一样，收藏了不少书籍和金石。经过瞿镛、瞿秉渊、瞿秉清、瞿启甲等五代人的精心保存以及持之以恒的努力，铁琴铜剑楼终于成为虞山派藏书的集大成者，被称为清代四大著名藏书楼之一，历五世而不衰。瞿氏延请名流精心校雠，相替镂版刊成瞿镛所编《铁琴铜剑楼藏书目录》，并仿《留真谱》例，印成《铁琴铜剑楼书影》《铁琴铜剑楼丛书》，又影印宋元古籍于《四部丛刊》《古逸丛书》中，对保护古代文献遗产功不可没。

铁琴铜剑楼藏书精者尤在经部，继承了常熟派藏书家偏正经正史，尤其尊经的收藏传统。翁同龢《〈虹月归来图〉记》曾指出：“瞿氏三世聚书，所收必宋元旧椠，其精者尤在经部。”后人对铁琴铜剑楼藏书以“正宗”命其特色，可谓恰如其分。

在维护铁琴铜剑楼的藏书方面，特别值得称道的是瞿镛的两个儿子瞿秉渊、瞿秉清兄弟。他们生活的时代，正是太平天国起义时期。这时江南各地藏书家，如杭州汪氏振绮堂、孙氏寿松堂等，因遭兵燹均有损毁，甚至范钦的天一阁也不能免，唯独瞿氏兄弟不但千方百计保存了书籍，而且藏书还有所增加。

抗日战争时期，东南文献多毁于日寇战火之中，藏书家多不能自保。瞿启甲历尽艰辛把铁琴铜剑楼所藏善本全部运往上海。启甲不久于上海去世，由其子济苍、旭初、凤起继续守护世藏国宝。

新中国成立初期，瞿氏三兄弟秉承先人遗志，将部分藏书捐献给北京图书馆。嗣后，将其余藏书又全部献给中央人民政府，使这些极为珍贵的文化遗产物得其归。时任文化部副部长郑振铎曾代表中央人民政府致信褒奖：“铁琴铜剑楼藏书，保存五世，历年逾百，实为海内私家藏书最完善的宝库……此项爱护文物、信任政府之热忱，当为世界所共见而共仰。”

如今，江南的小镇上，铁琴铜剑楼巍然独存。瞿氏五代以毕生精力，执着痴情，精心呵护，而又公而忘私，慷慨捐献，才使藏书和藏书楼完整地存留世间，给后人留下丰厚的精神文化遗产。

王振声

王振声画像

王振声（1799—1865），字宝之，别号文村居士、文村老民。江苏昭文（今江苏常熟）人。近代学者，精音韵之学。清道光十七年（1837）举人。

王振声很小的时候就成为孤儿，依靠族父的照顾生活。他7岁矢志读书，族父感到非常惊讶，就想办法让他进了村塾读书。族父去世后，家境日益贫困，他白天与家人一起劳作，夜里篝灯自课，学习十分勤奋刻苦。弱冠补诸生，由道光戊子副榜，中丁酉举人。三试礼部归，益勤于讲习，“治经始宗汉儒，考证异同，实事求是；通小学，讨论章义，夙具神解”，经史百家、小学语录，无不涉猎。于校勘之学，尤贯穿精审。

王振声筑“遵晦斋”作为藏书之所，好友季锡畴撰有《遵晦斋记》一文。和季锡畴一起主持古里铁琴铜剑楼十多年，校勘古籍，编撰书志，故瞿氏的不少藏书中都有王振声的题跋。

咸丰八年（1858），王振声担任昭文县清粮局局长。咸丰十年七月，太平军分路攻常熟，八月占领常熟、昭文两县。咸丰十一年，梅李镇、支塘镇一带乡民不堪重负，王振声率众向太平军请命：“但被掠至今，将及一载，男不能耕，女不能织，惟恃假贷以为生。亲友虽多，有余者少，借润既不易，屡渎更取憎，忍饥诵经，讼门托盔，雨不能堪，一无为计。昨闻及雨梅近况，知其携带有限，而费用甚繁，亦恐鞭长莫及。惟记其移家时，曾以花米等物寄顿各乡相好，想渡江后必多取去，如有留余，恳其切实作札与弟，向取变卖，则彼不必取诸宫中，而弟得以借资糊口，实为两便；如已无存，亦望代为设法，且事不宜迟，庶得保残年。感甚！望甚！”请求减免军粮，后获准削减三成，王振声受到当地百姓称赞。

王振声为人恂恂儒雅，行事诚恳，从学者百余人。晚年主讲游文书院，讨论经籍，日草数千言，邑中推为耆献。王振声与季锡畴应瞿氏之邀，长期在铁琴铜剑楼任校勘之事。咸丰十年（1860），太平军攻占常熟。铁琴铜剑楼第三代主人瞿秉渊、瞿秉清兄弟恐遭侵掠，把藏书分散藏匿，其中经部图书存放于常熟碧溪周泾口的张家。王振声为保护铁琴铜剑楼藏书，随书一起转移，悉心保护，确保图书万无一失。他虽身处困境，但仍教书、读书、校书、著书不辍，而他自己的藏书却因无暇顾及而大部散失，其子也在战乱中离世。《铁琴铜剑楼藏书目录》，由瞿镛延请王振声和季锡畴负责编纂，凡二十四卷，“每书之后必载其行款，陈其同异，以见宋元本之善”。辨析版本尤精当，为世人所称道。稿甫成，仅刊经部三卷，适逢战乱，板毁于兵，未及刊完而卒。至光绪元年（1875），秉清昆仲延请苏州藏书家管礼耕、王颂蔚、叶昌炽进行重校，经史已竣，惟子集尚需时日。此事迁延近三年而未成。至瞿启甲时，其与兄启文、启科刊印经累代撰写、增补、校正的《铁琴铜剑楼藏书目录》二十四卷。两兄早逝，启甲乃独力支持，于光绪二十四年始成，至光绪二十八年问世，共收录图书1194种，其中，宋刻173种、金刻4种、元刻184种、明刻275种，抄本490种，校本61种。瞿氏祖孙三代历五十余年乃成，可知事之艰。王振声喜桐城派古文，有诗古文稿若干卷。著有《鱼雅堂全集》《十三经校勘记补正》《切韵指掌图校勘记》《复古编校勘记》《王文村文稿》《读易札记》等，与瞿氏藏书一起珍藏于国家图书馆。

同治四年（1865）冬，王振声以疾卒，终年67岁。

庞大堃

庞大堃画像

庞大堃（1787—1858），字厚甫，一字子方。嘉庆二十四年（1819）举人，道光中官国子监学录。博通诸经，潜心研究经学，著述宏富，著有《形声辑略》《古音辑略》《唐韵辑略》诸书，被尊为常熟境内的一代经学、音韵学名家。

庞氏祖籍吴江松陵，后为避战乱迁至常熟西乡塘桥（今张家港市塘桥镇）。庞氏始迁祖百源公勤俭兴业，耕读传家，子孙繁衍。至清代中叶，庞氏登科夺魁，一鸣惊人，祖孙三代竟出了4名进士、2名举人，其中1名探花，由此闻名遐迩，名震朝野，最终成为名列“豪门”第二位的常熟名门望族。

庞大堃的祖父辈就是有名经师，庞大堃自幼喜欢音韵之学，经多年研究，认为顾炎武、戴震等人的观点有值得商榷之处。在音韵学上，他认为：“不明等韵不可以读书，不明古韵不可以读古书。自昆山顾氏以经典用韵合之《说文》诸声，分郑庠六部为十，其义始明。婺源江氏演之而加密。江以传休宁戴氏，戴以传金坛段氏，授受相承，源流一贯。若曲阜孔氏，若高邮王氏，皆有所发明。而诸家分部互有出入者，以入声配隶无准耳。入声有正纽，有反纽。今音多从正纽，古音多从反纽。戴氏《声类表》作于段氏《音均表》之后，实足纠段氏之失，集诸家之大成。惟今音古音相间错出，粹难了晰，犹为未成之书。”他又提出：“谓欲明古音，必先究唐韵，乃可定其分合。”

庞大堃屡试不第，遂更致力于六籍，于群经皆有论撰。他博通诸经，潜心经学，著述宏富。父丧守孝辞归乡里后，他受聘在游文书院任主讲，亲自教授四书五经，学习句读经义。

庞大堃晚年专心于《说文》，“谓欲明古音，必先究唐韵，乃可定其音切”。在音韵方面成果颇多，有《唐韵辑略》《形声辑略》《古音辑略》《等韵辑略》等，受到江南士林推崇。其中《唐韵辑略》一书是他“以《唐韵》《广韵》《集韵》《五音集韵》及《玉篇》《篇海》之字按纽排纂，附注切音。为总图以提其纲，为略例以举其凡，为备考以核其实。又推之《玉篇》《广韵》《皇极经世》之论音，以畅其说。又推之天竺、西番藏经十二家之释字，以尽其变”著作而成的。从体例上看，该书是按照《广韵》206韵的顺序编排，同音之字归在一起，共注一个反切。从选材上看，该书主要依据大徐《说文》反切，同时参考小徐《篆韵谱》以及《广韵》《集韵》等韵书反切。庞氏此书并不在于恢复唐韵原貌，他以大徐反切为主，兼采其他韵书反切，其目的是要探讨唐人的韵部，探讨唐五代宋初的读书音系统。

庞大堃子钟璐，孙鸿文、鸿书，皆为晚清名士。庞钟璐考中进士后，庞大堃经常告诫儿子：“汝祖父毕生勤苦，未获一第，汝可食其报而隳其绪？”以自己父亲受挫于科场竞争的事例，要求儿子读书积德，继续努力。庞大堃送给儿子的诗句中，又有“愿儿益自励，勿负天恩隆”“春华幸努力，勉共继家声”等句，可见庞氏家族重视子孙的不断努力，在取得成就时能给予子孙及时的家教劝告。庞大堃是当代著名工艺美术家、工艺美术教育家庞薰琹的高祖父。

邵渊耀

邵渊耀画像

邵渊耀（1788—1858），字盅友，号环林，别号益友，晚号寿泉。清昭文（今江苏常熟）人。嘉庆十八年（1813）举人，官国子监学录。嗜学，工诗文，有《金粟山楼诗集》《小石城山房文集》。

《重修常昭合志·人物志》云其："幼有神童誉，同里吴蔚光呼为小友，一时名士皆器重之。年十五，补诸生。嘉庆十八年举于乡，官国子监学录。性冲淡，经史百家，尝分年自课，多习朝野掌故，教人真积力行，谓学者脚踏实地，方能向上，一切速化之术，不足贵也。貌丰伟，多髯，晚年病偏废，制一笋舆，时过戚好家，情话盎睟静穆，人皆知为有道君子。"一生嗜学，常与邑中藏书家陈揆、张蓉镜、蒋因培等人互赠藏书，交流心得。所居忠胜巷为明代杨仪万卷楼旧址，有藏书楼金粟山楼。

据《瓶庐遗恨》载，当时受聘来游文书院授教的大多是望重儒林的知名学者，除了翁心存外，还有吴大澂、许廷皓、钱泳、邵渊耀、赵烈文等人。这些人各有所长，荟萃一处，使游文书院声名远播，也使这里的学术气息空前浓厚。

邵渊耀是个老学究，他的《旧山楼记》让世人知晓了旧山楼的前世今生。在赵宗建面前，邵渊耀的身份极为特别。邵渊耀的母亲名赵同曜，故他在《旧山楼记》里称赵同汇为舅，这样算来他是赵宗建祖父一辈的。邵渊耀在《赵氏诗集合刻》中为赵元绍、赵元恺、赵奎昌三人分别写了序或跋，可以说他对赵家几代人都提携关照有加。在他的《小石城山房文集》里能找到他为赵宗建先人写的传及铭文，在赵宗建的《旧山楼诗录》里还能找到很多首与之相唱和的诗文。邵渊耀留下的有关赵家的文字最多，通过他的文字，我们能够清晰地看全赵家的家世脉络。《小石山房印谱》有邵渊耀的序跋：“甲乙精题品奇章，别有珍石交。千古重印可一心，真楮叶工疑鬼锋。端妙入神寄情多，俊语无量出清新。涉世无余癖，文房雅尚存。深藏如玉韫，冷赏得金昆。派别推松雪，流通继栎园。琅函能乞我，报玖意难谖。奉题小石山房印谱。录请翠岚、凤一词兄雅教。环林邵渊耀拜稿。”

邵渊耀撰写于咸丰七年（1857）正月的《旧山楼记》，通篇的典故，细细品读，含英咀华，满纸芬芳，自有独到之处。（此记今见于报慈小学重建的旧山楼门厅，收入《报慈小学志》。）

《旧山楼记》一开始写道：“外家浚仪氏自澄江迁虞，实东都楚邸之裔，为邑望族。居城中者，前少宰赠大宗伯文毅公，史称名臣，厥后簪缨弗替。而别枝之聚居镇江门外宝慈里者，亦累百年。地以古庵得名，在村郭间，负山面水，稻塍菜畦，景物闲外，群萃托处于斯者，有以自适，大率孝弟力田，不求闻达。”说明了报慈赵家祖上是开封赵宋皇室贵胄。浚仪是开封的县名，代称开封。东都指开封。宋太宗赵光义长子赵元佐，封楚王。“史称名臣”的文毅公即明代名臣赵用贤，谥文毅，住在城里，有著名藏书处脉望馆。而赵氏别一支脉则住在北门外宝慈里（又作报慈里），旧山楼赵家即其后裔。脉望馆赵家与旧山楼赵家到底是什么关系，邵渊耀在这里做了回答：两者同宗而各开一支。城里赵家世代官宦，城外赵家耕读逍遥，两支家风传袭各有特点。记之重点为报慈赵氏一脉：“舅氏涵泉赠公，豪爽而有隐操，所居舫斋曰总宜山房，花木秀野，雅称觞咏。子孟渊、退庵两兄，俱从幼识面。孟渊早亡，与退庵尤昵好，遂使令子詹簿曼华请业焉。”

邵渊耀识得赵家四代人，由他说来的赵家历史真实可信。赵同汇的性格，赵元恺兄弟的状况，总宜山房的热闹增扩，近百年来赵家的变迁掌故，老夫子娓娓道来。接着对于晚辈赵宗建的旧山楼，邵渊耀不吝溢美之词：“于山房东北缮葺，位置亭榭，益臻整洁，命曰宝慈新居。有双梓堂、古春书屋、拜诗龛、过酒台诸胜。而兹楼居其北，地最高朗，岚彩溢目，迩延远揽，足领全园之要。”如今原有的旧山楼早已不复存在，后人只能通过这篇《旧山楼记》而略知其昔日概貌。

庞大奎

庞大奎画像

庞大奎（1790—1864），字云章，号星斋。江苏常熟西乡塘桥（今张家港市塘桥镇）人。嘉庆年间高中会元，殿试三甲，历官翰林院庶吉士、知县、同知等职，官至湖北汉阳府知府。

塘桥庞氏，乃清代以来常熟境内仅次于翁氏的豪门望族。200多年来，庞氏名流辈出，簪缨不绝，延至当代，为邑人所敬仰。塘桥庞氏是晚清常熟"翁庞杨季、归言屈蒋"八大著姓之一，祖孙三代竟出了4名进士、2名举人，其中1名探花，由此闻名遐迩。首获庞氏家族进士功名的，即是"领袖南宫第一人"的嘉庆会元庞大奎。庞大奎属塘桥庞氏三堂（嘉荫堂、翼风堂、贻安堂）中贻安堂一支。取"藏书数万卷，以是诒吾子孙"之意命名的贻安堂一支，是塘桥庞氏中最显赫的一支。《群经献疑》作者庞敬熙，经学大师庞大堃，探花尚书庞钟璐，兄弟翰林庞鸿文、庞鸿书，以及南社诗人庞树柏、东亚体专创始人庞醒跃、一代工艺美术大师庞薰琹等，皆出自该支。

庞大奎自幼秉承家学家训，刻苦治学，少时受业于游文书院，"早年文笔轶群伦"。出生于经学世家、秉承家学的他，不仅"通经术"，而且"尤精《九章算术》，旁及星壬禽遁"。民国《重修常昭合志》称其"性孝友，能文章"。嘉庆二十二年（1817）赴京参加会试，庞大奎崭露头角，高中第一，即会元。庞大奎本有实力问鼎一甲，然而在嘉庆帝主持的殿试中，他仅仅得中三甲十四名进士，在是科二百五十五名进士中名列一百一十七位。殿试传胪后，他又参加了新科进士的朝考，终于因成绩居前列而获授翰林院庶吉士，从此踏上仕途。

翰林院散馆后，庞大奎到地方为官，历任湖北应山、江夏县知县，后擢荆州同知，调武黄、武昌同知，再任安陆同知，德安、施南、汉阳知府。庞大奎为官清廉，为官惠民，办事果断，为百姓办了许多实事，在百姓中留下很好的口碑。

道光八年（1828），庞大奎在湖北应山任知县时，县民杨勋诉说自己母亲吊死在邻居李甲的门口。庞大奎亲自去验尸，发现尸体的两手有反绑的痕迹，就对杨勋大声呵斥："若杀尔母，敢诬人耶？"杨勋惊骇伏法。事实是杨勋把自己母亲反绑勒死后，将尸体吊在李甲家门口，企图嫁祸于人。庞大奎接连破获了多起疑案、奇案，善断疑狱，抚平盐船水手劫贪官之变，深受民众爱戴。

庞大奎在湖北江夏任知县时，当地连降大雨，江水泛滥，平地水深丈余。庞大奎捐出俸金，募集船只，载上干粮，把灾民运送到高地避水。他还采取"计口授粮，复析地界，编甲乙户"的办法，为灾民提供口粮与竹席，让灾民得以"庇风雨"，免受饥寒之苦。他又亲自乘小舟往返于激流中，组织抢救灾民，几乎翻船溺水。在议赈时，庞大奎心系灾民，与上司总督意见不合，愀然叹道："同此灾黎，孰应饿死耶，执不可。"最终因触犯上官而被"撤任"。数年后，庞大奎任武昌同知，当地干旱，发生蝗灾，他带领丞尉等下属官员，奔跑在烈日下，四处扑捕蝗虫，同时召集渔民放鸭数万只啄食蝗蝻，几天时间就消除蝗灾。

庞大奎先后在江夏、武昌、汉阳任地方官十多年，这一带是闻名遐迩的武昌鱼产区。武昌鱼味道鲜美，当时盛行在立冬后腌制武昌鱼然后贩卖到外省，外省人争相购买，呼之为"楚鱼"。"漫说武昌鱼味好，未遑坩鲊寄慈亲"，为官清正、廉洁奉公的庞大奎，竟然没有将"坩鲊"（盛放在坩埚中腌制的鱼类）这样的土特产捎回老家，孝敬老母亲。

由于长年奔波，庞大奎积劳成疾，在生母病逝后回乡守孝，竟然未满一月便卒，令人扼腕叹息。曾任清朝体仁阁大学士、吏部尚书的翁心存得知庞大奎病逝，在为庞大奎撰写墓志铭的同时，还写下了两首情真意切的《挽庞星斋》诗。这两首诗收录在翁心存《知止斋诗集》卷十三中：

早年文笔轶群伦，领袖南宫第一人。
射策初除仙吏籍，牵丝重现宰官身。
棠阴成茇躬先瘁，薤本当门俗自淳。
漫说武昌鱼味好，未遑坩鲊寄慈亲。

袒庐归倚病缠绵，骨立鸡斯倍可怜。
幸我相逢刚一面，与君小别竟千年。
魂惊海澨传烽火，梦绕泷冈起墓田。
记得榻前呜咽语，只应衔恨到重泉。

“领袖南宫第一人”，是戴在庞大奎头上的一顶美丽光环，丝毫未能给他带来坦荡的仕迹。他官运欠佳，最高官衔不过是从四品的知府，却在历史上留下一个清正廉洁、爱民如子的循吏形象。

翁心存

翁心存画像

翁心存（1791—1862），字二铭，号邃庵，江苏常熟人。父翁咸封，官海州（今江苏连云港）学正。两代帝师翁同龢之父。晚清大臣，历仕工部、刑部、兵部、吏部尚书，获授体仁阁大学士。

翁心存出身书香门第，从小聪明伶俐，勤奋好学，后在游文书院学习。书院开设六艺课程，翁心存每门功课都成绩优良，获得老师好评，在同学中威望很高。游文书院有射圃，专门聘请教师教授骑射，好多学生怕吃苦，逃课时有发生，翁心存写诗劝同学不要偏废。嘉庆八年（1803），翁心存受业于海州石室书院，时年13岁。知州唐仲冕爱惜他的才华，亲自担任他的老师，为他传道授业解惑。嘉庆二十一年，翁心存到南京参加江南乡试，中举人。道光二年（1822），他赴京参加会试、复试、殿试，三战三捷，蟾宫折桂中进士。考后名入翰苑，被选为庶吉士，授翰林院编修。

道光七年，翁心存督广东学政，执掌一省文教大权。道光十二年，翁心存由翰林侍讲兼任江西学政。道光十四年，翁心存学政任满回京后，宦海得意，几乎年年升迁。道光十七年（1837），又奉命入值上书房教授皇子们读书，备受道光皇帝和王公亲贵的青睐。

翁心存身在京城，却时刻惦念着常熟老家已经八十高龄的母亲，而他在上书房当差，又深知宗室亲贵势力的强大，深感在夹缝中生存的危险，决定借奉养老母脱离权力之争的中心。经反复思考，他给皇帝上了一道情辞恳切的奏章，请求皇帝开恩，允准他回家奉养老母。道光皇帝览奏后，深受感动，嘉其孝义，答应了他的请求。

道光十八年六月，翁心存获旨允准辞官回籍奉养老母。第二年夏天，他被苏州府和常熟县聘请为常熟游文书院掌院。常熟地区，文化积淀深厚，向以“重文词、好文学”著称。翁心存受其师汤金钊影响，研究学问力主通经致用，故“其论学以躬行为本”，勉励士子关心国家大事，“以天下安危为休戚”。他亲自为书院编写《小题快隽》，辑录历代名家文章，供学生阅读。他主张“言雅为隽，气盛为快。导源经史，取材百家为宏富”。

书院的教育方法以考课为主，每月两试，一般在每月初五、二十五举行。初五的考试，由府县出题，阅卷，评定等第优劣，然后颁奖。书院师生对这一考试都十分重视。而二十五的考试，由书院主持，由主讲师出题、阅卷、颁奖，规模比初五月考小得多。翁心存课徒甚严，又循循善诱，诲人不倦。考课结束后，学台、知府前来亲自为优等生颁奖，奖品是宣纸、徽墨之类。

翁心存主掌游文书院的第二年，长子翁同书考中进士，点了翰林。紧接着他的小儿子翁同龢、长孙翁曾文也以优异的成绩考入游文书院。他每日授课之余，不是在柏古轩的“知止斋”中研究金石碑拓，便是指导同龢和曾文读书作文。他还常常在节假日里，带着儿孙到言子墓、读书台等处去游玩，一边指点虞山胜迹，一边启发孩子们体会圣贤书中的道理，借以砥砺他们的志节。在他的指导下，小儿子翁同龢很快读完了《资治通鉴》《周礼》《史记》等书。

道光二十年三月，知县来游文书院考课，翁同龢的制艺试卷名列全院第二。五月间，苏州知府按临常熟、昭文两县，翁同龢的试卷又名列第二。道光二十五年，翁心存的幼子翁同龢第二次前往苏州府应试，名列第三，考中博士弟子员。七月间，翁同龢、翁曾文叔侄二人一同参加院试，结果双双考中秀才，这年他们才16岁。之后，翁心存受聘并接任紫阳书院掌院，翁同龢又以第四名的成绩考入苏州紫阳书院，再次成为父亲的亲授弟子。道光二十七年（1847）年末，江苏学政李煊按临书院，翁同龢的试卷列一等第一。第二年，翁同龢赴京参加礼部拔贡考试，“遂得选拔第一，科试正案亦列第一”。

道光二十九年，翁心存为母亲守孝期满。道光皇帝让翁心存的大儿子翁同书传谕乃父，速速进京复职。四月，翁心存奉召回京入值上书房，教八阿哥读书。

道光三十年，道光皇帝驾崩，咸丰皇帝即位。翁心存由内阁学士擢升工部侍郎。翁心存曾两次入值上书房，是恭亲王、惇亲王、醇亲王、钟郡王、孚郡王、惠亲王诸王的授业师傅。咸丰六年（1856），翁心存幼子翁同龢高中状元。咸丰八年，翁心存充上书房总师傅，官至体仁阁大学士，终于入阁拜相，达到了封建时代读书人“修身齐家治国平天下”的仕途顶点。作为一名官宦，翁心存忠于职守，也敢于亮出自己的观点，他提出的建议多次被朝廷采纳。

咸丰十一年，翁心存以大学士衔管理工部事务。同治元年（1862），他充弘德殿行走，偕祁俊藻、倭仁、李鸿藻等人一起，教导年仅6岁的同治皇帝读书。是年冬，翁心存病卒。皇帝优诏赐恤，称其“品端学粹，守正不阿”，赠太子太保，入祀贤良祠，谥文端；赐其孙曾源进士，曾荣举人，曾纯、曾桂并以原官即用，曾翰为内阁中书。逾年，《文宗实录》告成，上以翁心存曾充监修总裁，赐祭一坛。

翁心存著作有《知止斋遗集》《知止斋日记》《知止斋文集》等。

杨沂孙

杨沂孙画像

杨沂孙（1813—1881），字子与，号咏春，晚号濠叟，江苏常熟人。道光二十三年（1843）顺天乡试举人，官至安徽铜陵知县、凤阳知府。清代著名学者、书法家、诗人。精研小学，擅篆书，在古文字研究、书法、诗词方面均有较高造诣。

杨沂孙出生于仕宦世家，据《重修常昭合志》记载，杨氏仕宦者大多政绩或学业斐然，出类拔萃于儒林文苑，堪称一时名流。嘉庆十八年（1813），出生于常州武进外祖丁家。他的外祖父丁履泰，是嘉庆四年进士、河南叶县知县。嘉庆十九年，杨沂孙随父亲到常熟恬庄（今属张家港市凤凰镇）。杨沂孙少时即好学书，五六岁时，父亲杨希钰课以识字，次第授经。杨沂孙的曾祖父杨岱，太学生。祖父杨景仁，嘉庆戊午科举人，由内阁中书迁刑部安徽司员外郎。祖母陶太夫人，是乾隆乙酉科举人、宝应县教谕陶廷墀之女。父亲杨希钰为太学生，应南北乡试凡十五次，未遇，奉亲教子，师表人伦。杨沂孙二弟杨泗孙，道光二十六年举人，咸丰二年（1852）榜眼，历任翰林院编修，武英殿协修、纂修、总纂，太常寺少卿等职。三弟杨汝孙，字书成，廪贡生，五品衔候选训导。

道光七年（1827），杨沂孙受业于常熟游文书院。道光八年，杨沂孙始出作会文。庞灿若（道光二十四年恩科举人）评阅，置为第一，逢人屡称之。伯父杨希铨每见其读书作文，既奖之，又复教之。道光十三年夏月，弱冠之年的杨沂孙考中秀才，父亲杨希钰赠予杨沂孙一方砚台以资勉励，砚上有铭文："不惜百金惜此砚，仓卒易之藏箧衍。携之渡江娱老健，念祖德兮诒子孙。长物皆失兮，一砚幸存；他日宴安兮，无忘今日遭屯。"

道光十五年，杨沂孙结识了包世臣的儿子包兴贤，从包兴贤处了解了邓石如，方知邓石如书法之精妙，从此，迷上了邓石如。他后来在《跋邓山民楹帖》中说："余年二十知好山民书，盖于毗陵先辈习闻诸论，又私喜习篆，故知之独早。其时吾苏无人称之者。道光丙午，山民子守之来虞，益得见其墨迹而识篆隶门径。及官新安，得山民书近八十幅，四体俱备，庚申八月之变，尽失之矣。""余初知山民，以吾邑翁竹君，后益服膺。恒思多聚山民各体书。及官新安而果如夙愿。然不久而尽失之，意常忽忽，以为大憾。私论山民书当为本朝第一，唯刘文清可颉颃。而篆隶两体刘皆无之，又在布衣，故为独绝也。"道光十八年，杨沂孙至江阴，拜李兆洛为师学习"小学"，时李兆洛先生主讲江阴书院。李兆洛为阳湖派代表，"近代通儒"。他博习诸学，通音韵、史地、历算、文学、考证等，工书法。杨沂孙跟随李兆洛学习了数年时光，打下了深厚的"小学"功底。书法上，更是大有长进，艺术眼光也与往日不同，这为他以后的书法成就夯实了基础。

道光二十三年，而立之年的杨沂孙顺天乡试中举。道光二十六年六月的时候，他在常熟接待了前来游艺的邓石如之子邓传密，与之盘桓交游数月。道光二十七年正月二十四日，杨沂孙与好友庞钟璐结伴而行启程入都，参加会试。是次会试，庞钟璐高中探花，而杨沂孙又名落孙山。庞钟璐后来则仕途显达，官做到工部、刑部尚书。是年十月初九，杨沂孙入嘉定县，做起了县太爷的幕僚。

杨沂孙考中举人后，久试不入第，正逢吏部大挑。咸丰三年（1853），杨沂孙选授安徽铜陵县知县。咸丰五年十月，杨沂孙以筹饷莅临安徽婺源，见到了当地的鲍姓老翁家中制作的砚台，其模式清雅，雕琢精致。杨沂孙非常高兴，便得其数砚而归。杨沂孙嗜墨，在安徽时多次亲自制墨，并称其为"咏春磨盾墨"。咸丰七年（1857），杨沂孙升为安徽凤阳知府。咸丰九年六月，杨沂孙署徽州府事。八月，上以皖南军营剿贼出力，赏知府杨沂孙花翎；又以筹饷出力，交部优叙。十二月，杨沂孙交卸徽州府事，仍赞军府。

同治四年（1865）五月，杨沂孙抵达京城。翁同龢得到消息，即访见，并邀请常熟在京的诸位官员在邵亨豫寓所公请杨沂孙、杨泗孙、赵元祜。是年十一月初六，随杨沂孙二弟杨泗孙住在京师的杨希钰卒，杨沂孙、杨泗孙皆回乡守制。兄弟二人辞官归里后，从此都再未出仕。杨沂孙专于学术与书艺，篆书名重一时，兼工篆刻。常熟也成了当时文人竞相往还的地方，莫友芝、吴大澂等，都来拜访过杨沂孙。杨沂孙与吴大澂还围绕篆书的取法与创作等诸多问题进行过探讨。杨沂孙曾经营农商业，家道大约因战乱而中落，此后便经常往来于家乡常熟和安徽皖城之间，以笔墨自给。

常熟的赵宗德、赵宗建兄弟，在城北有一处园林“半亩园”，环境十分幽美。园中有一座旧山楼，收藏古籍、书画、碑帖数万卷，是常熟文化名流经常聚会之地。杨沂孙、杨泗孙兄弟与赵氏兄弟交厚，是半亩园的常客。赏花饮酒之余，自然有诗作。同治六年初春，杨沂孙为友人赵烈文的赵吾园书写“天放楼”篆书匾额。同治九年十月，杨沂孙为表弟、铁琴铜剑楼主人瞿秉渊、瞿秉清兄弟用小篆题写《海虞瞿氏虹月归来图》，并赋七言长诗；另外还撰文叙述清朝以来常熟藏书的概况及瞿氏三代爱书、买书、藏书的历史。杨沂孙盛赞瞿氏“宁舍腴田百十亩，不弃秘笈一两橱”的恋书情结。宋、金、元、明各代的经史子集之书均是瞿氏收藏的目标，苦心收集那么多珍藏却遇到战乱，其中的艰难困苦非常人所能忍受与理解，但瞿氏将古籍善本看得比生命还重，且能“完璧归赵”，杨沂孙认为瞿家“因忠厚获善报”。

同治十年八月，应安徽巡抚英翰之邀，杨沂孙任《安徽通志》总纂。同治十一年八月，时在京任太仆寺卿的内阁学士翁同龢，因母亲去世回常熟守制。赵宗建特别在半亩园安排了一次颇具规模的雅集，邀请了常熟的许多名流。杨沂孙、杨泗孙兄弟亦在座。席间鉴赏金石碑帖，畅论书画之艺，杨沂孙与翁同龢交换了关于汉唐碑刻的看法。同治十三年，杨沂孙患病后坚辞《安徽通志》局事，离皖归里。杨沂孙归里后，抱幽忧之疾，数月而未瘳。素爱观书，展卷辄废；素能写字，握管旋弃。光绪四年（1878）九月，杨沂孙题写“游文书院”匾额。

杨沂孙60岁以后，有数年时间主要活动在皖城，以卖字为生。以他的家境及当时的名气，生活不是他卖字的目的。所以，他卖字不必迎合世好。他对卖字生涯渐感厌倦，常有不如归去之计，可是，家事的烦恼，让他心烦意乱，不肯作归计。犹豫再三，他采取了回避的态度，任其自然，不刻意处理，所谓：“缘至自当归，迟速任如如。”

光绪七年八月五日，杨沂孙卒，终年69岁。光绪八年二月，翁同龢得杨泗孙书并杨沂孙行状，委作墓志，怆然久之。

杨沂孙初学邓石如，后吸取金文、石鼓文、汉碑篆书等笔法，久而有独到之处，对大、小二篆融会贯通，为篆书艺术的拓展另辟蹊径。杨沂孙晚年学习石鼓文和钟鼎文，取其笔意，开创与诸家异趣的书风。他写篆书，将字形由瘦长变为方整，点画则参差错落，从而形成其个人风格中的一个主要特征，书写了篆书史上的新篇章，成为清代卓有贡献的书法家。今苏州留园和常熟半亩园、游文书院均挂有其题写的楹联、门额或匾额。马宗霍在《霋岳楼笔谈》中评其篆书说：功力甚勤，规矩亦备，所乏者韵耳。杨沂孙不仅擅长书法，而且精通诸子之学和训诂音韵之学，著有《管子今编》《庄子正读》《文字说解问讹》《在昔篇》《观濠居士集》等著作，他是清代书法史上罕见的书法、学问俱佳的学者型书家。

李芝绶

李芝绶画像

李芝绶（1813—1893），原名蔚宗，字申兰，号缄庵，别署裘杆漫叟。江苏常熟人。道光十九年（1839）举人。通文史，熟地方掌故。藏书多秘籍，精版本目录及校雠之学，编有《静补斋书目》。

李氏于明代由许浦迁至常熟城中青龙巷。李芝绶曾一再赴礼部试，惜终未能及第，后回乡掌教于邑中游文书院，培养出诸多才艺之士。他喜欢结识天下贤士，交游甚广，尤与铁琴铜剑楼瞿秉渊、瞿秉清兄弟，丁丙、叶昌炽、叶裕仁、杨沂孙、翁同龢、李慈铭、王振声、赵宗建等人往来密切。李芝绶是清末常熟著名藏书家，他藏书丰富，藏书处名“静补斋”，编有《静补斋书目》，以精于校书和鉴别古籍著声于乡里，日事丹铅，抄校不辍，年至七十仍手不释卷，可谓耗尽心血。诚如黄宗羲所言：“尝叹读书难，藏书尤难，藏之久而不散，则难之难矣！”

李芝绶与常熟古里铁琴铜剑楼瞿氏和王振声、季锡畴等人经常在一起探讨版本，遂精于鉴别古籍。其诗曰：“结庐人境少尘缘，风景模糊到辋川。通隐才真富文史，清时福自占林泉。遗经世守儿能读，载酒人来客如仙。尽忆童年钓游地，现在乔木已苍然。”

李芝绶积极参与诸多名士的雅集唱和。咸丰间，太平军占领苏州地区，瞿氏兄弟为了保存珍贵古籍，将古籍转移分散储藏，辗转迁徙，间关跋涉，历经千难万险，花费巨大心血，虽不免有散失，但大部分藏书还是较为完整，保存了精华。为了纪念这次艰难曲折的经历，他们特请江阴画家吴俊绘成《虹月归来图》以志庆幸，并先后邀请40余位名人雅士撰写题咏，如杨沂孙、张瑛、李芝绶、叶裕仁、叶昌炽等，翁同龢还题写了跋记，可谓一时盛事。李芝绶《虹月归来图序》云："犹忆咸丰年间，三城已陷，人心惶惧，而瞿氏一家丹铅不辍。予尝乘小舫诣其庐，信宿书斋，与王、季两君谈艺不倦，翻其藏本，如登珍珠船，如游波斯藏，未尝不叹其聚之难，而转虑其失之易也。未几，因闾里不靖，镜之昆季取宋元精椠散置各村幽僻处，迨邑城失守，捆载至沿海人家暂寄之。一遇惊风飚突，遂携之渡江。三年中间关跋涉，辛苦备尝……予虽不敏，仍欲乘小舫诣其庐为怀饼请也。"李芝绶于战乱期间不惜冒险乘舟前去看望瞿氏，对其保护珍贵古籍而历经艰辛之精神深表钦佩，亦感叹藏书之不易。

咸丰四年（1854），常熟人曾熙文历九年之功在西山塘泾岸筑成明瑟山庄，作为致仕归隐后课读其子之所。曾氏亦请江阴画家吴俊绘《山庄课读图》一帧，遍请名流题词，如陆宗泰、李芝绶、邵渊耀、王宪成、吴大澂、杨沂孙、翁同龢、邵亨豫、李慈铭等30余位，卷首系两江总督李鸿章书额"山庄课读图"。群贤毕至，名家云集。

叶昌炽《藏书纪事诗》有载："又在瞿浚之丈坐中见李申兰先生，须眉庞古，神观矍铄，玉舟太守之尊甫也。……但闻其邃于流略之学，治熟虞东掌故，颇收藏秘籍。"李芝绶有《静补斋书目》传世，2009年1月，被列入第一批江苏省珍贵古籍名录。

我国古代藏书家多喜为藏书批校题跋，以"辨章学术，考镜源流"。李芝绶亦有此雅好，藏书多批校题跋，或记藏书之来源，或考流传之内容，或述考订之情况，内容丰富，娓娓不倦，故其藏书具有版本学和藏书史的双重价值。

咸丰十年秋，李芝绶为避战乱而投止江北海门村镇，路上遇赵宗建，两人一起迁往通州。时赵氏箧中携"元刻《吕氏春秋》，经惠定宇手勘，有朱墨两笔"。李芝绶欣喜过望，因假此本，以乾隆经训堂丛书本为底本，先将朱笔录出，后因有练勇之举，匆促未竟。同治元年（1862），李芝绶得返故里，然人事嘈杂，未竟其业。直至同治七年夏，李氏才将墨笔临校一过，将原本归还赵氏，并感慨曰：“凡八阅，年所而克告竣。校书之难如此，勤学之士有不嗤其偷惰者哉！”

同治七年，李芝绶校《武英殿聚珍版丛书》道光、同治递修增刻本《大戴礼记》十三卷，并过录杨沂孙校语。同治九年九月，李芝绶得见旧藏武英殿聚珍版《仪礼集释》三十卷，称赞“世鲜传本”，遂嘱托家人分抄成帙。光绪七年（1881），李芝绶见藏书家太仓叶裕仁处藏有钱熙祚《守山阁丛书》本《经苑》，其中亦刻有《仪礼集释》，故借阅而归，令学生杨同森和季厚堃分卷细校。李氏亦对讹字脱句详加校补，并作跋云：“《经苑》中脱误有十七八行及三四行不等，并为签出，缴还叶氏。可知一书传刻，每易滋谬，读者不可不慎焉。次年壬午三月，缄翁手跋，时年七十。”据上述题跋，李芝绶认为“一书传刻，每易滋谬，读者不可不慎焉”，故每读一书必加以校勘，而李芝绶校书注意搜罗善本，重视名家校本，是典型的为读书、校书而藏书的藏书家。李芝绶虽遭遇战乱，流离失所，年老体衰，精力不济，但依然勤于校书，不曾停辍，对校书事业虔诚执着，令人敬佩。

清代私家藏书发展到了鼎盛时期，苏州地区私人藏书家无论是数量还是规格皆雄冠全国。瞿凤起先生曾赞曰：“当乾隆、嘉庆中，苏城藏书之风最盛，几乎他郡无可与之比拟者，如周锡瓒、袁廷梼、黄丕烈及顾之逵，有苏州四大藏书家之称。”而常熟一地的藏书家又在其中占有极为重要的地位，常熟派藏书家大都精于校勘和鉴别版本，故他们具有以校勘古书、读书著述为藏书目的的鲜明特色，而李芝绶无疑是此类藏书家的杰出代表。他广于收藏，精于鉴别，勤于校勘，收集并护持旧邦故典，为保存和传播古籍文献做出巨大贡献。

除了藏书外，李芝绶还曾主持刊刻书籍。清代书院考课兴盛，课艺总集的稿源相当充足，往往“戢戢如束笋”，如果选刊不及时，势必积压大量课艺。李芝绶作为游文书院山长，编纂汇刊《游文书院课艺》，收录同治十年、十一年课艺，十三年开雕，板存苏州长春巷西口传文斋客刻字店，每部纸张、印工大钱一百二十文。半页9行，行25字，白口，左右双边，单鱼尾。首页题“同治甲戌开雕”，有李芝绶、季年诒、庞钟璐、汪福安四人序。李芝绶序：“甲戌季夏，（俞）以书来谂，且嘱绶择辛、壬两年院中课艺之尤雅者，裒辑邮寄。公将捐廉，付之手民，为学者观摩之助。”凡二卷，四书文63题80篇，有评点。入选课作较多者：殷李尧、归纲、邵咸亨、陶炳权、曾之撰、徐元标、管辰㚇、顾钟瑞、陶文炳、陶文熣、管兰荪、李玉麟。42位生徒80篇课作，皆为经解、论说、考证之文，如陶廷琛《君子之至于斯也》、李宗懋《宋不足征也》等；亦有诸家评点。今藏苏州大学图书馆。此书为深入了解苏州地区的书院教学、科举考试和学术谱系等提供了丰富的研究资源，具有重要的学术价值。

李芝绶卒于光绪十九年（1893），终年81岁，其藏书大都传给李士瓒、李士玙。后藏书陆续散出，其藏书、校书成就几至湮没无闻，后人亦罕有提及，以至于隐微而不彰。

庞钟璐

庞钟璐画像

庞钟璐（1822—1876），字蕴山，号宝生。清代江苏常熟塘桥人。道光二十七年（1847）会试中进士，授翰林院编修。历任侍讲学士、光禄寺卿、内阁学士、代理工部侍郎等职。后又历任左都御史、代理工部尚书、刑部尚书等职。

庞钟璐生于书香儒学之家。曾祖庞泓，喜藏书，著有《辑翠山房稿》。祖父庞鹏举，亦好藏书，构建有“步云楼”藏书处，插架逾万卷。父亲庞大堃是位学有根底、颇有成就的朴学家，一生潜心音韵之学，购书数千卷，并编纂《步云楼书目》。家中老祖母虽年事已高，但常常也“喜与钟璐讲说书义，……遗命皆治家立身大义也”。庞钟璐自6岁启蒙识字起，便随父辈熟读四书五经，并师从钱赞襄、缪芷卿刻苦攻读古籍典制。晚清翁心存曾任常熟游文书院的主讲，世家子弟翁同龢、庞钟璐、杨沂孙、杨泗孙等均受业于此。

道光二十四年，庞大堃的独生子庞钟璐成为庞家继庞大堃、庞大奎后的第三位举人，颇受体仁阁大学士、同治帝师翁心存赏识，并成为翁心存弟子。道光二十七年中进士，殿试卷进呈御览时，排为第八。道光皇帝看过后，改排为一甲第三名，钦点探花，这是庞氏自明清以来族人中举登科的最高名次。咸丰二年（1852），朝廷对翰林院官员进行大考，选拔人才，庞钟璐列一等第四名，由此被提拔为庶子、翰林侍讲学士，署理国子监祭酒，后又转侍读学士，升光禄寺卿，迁内阁学士。

咸丰十年（1860）三月，庞钟璐因父丧回家乡守孝三年，其时正值太平天国起义，战争硝烟直逼江南，庞钟璐奉命出任团练大臣，政治生涯由此转入弃文从武的阶段。太平军攻破江南大营后，向苏、常一带发起猛烈攻势，四月初攻破常州。几天之内，苏州城、无锡、昆山、太仓、江阴相继被攻破，惟常熟尚有清军驻守。不久，朝廷下旨，正式任命庞钟璐为江南督办团练大臣，文人出身的庞钟璐于是担当起为清廷督办江南地区组织民团抗击太平军的军事重任。

庞钟璐在担任团练大臣初期，主要在常熟活动。他夙兴夜寐，日夜操劳。农历五月，太平军从江阴过来，攻打常熟。庞钟璐指挥团练队伍与太平军作战数十次。然而，由于团练乡勇缺乏严格的正规训练，装备又差，加上乡民身心俱疲，粮饷告竭，虽然庞钟璐两次向朝廷上书请兵，但救兵迟迟未到，常熟、昭文两地最终于八月被太平军攻克。

常、昭失守，对庞钟璐是一个沉重打击，他自责“督率无方”，据实上奏朝廷，“请交部严加议处”，但清廷考虑到“该县官绅固守百日有余，实属忠义可嘉，因久无援兵，以致被陷，殊堪悯恻”，故“庞钟璐自请严议之处，着加恩宽免”。咸丰十一年冬，朝廷下旨将各省团练大臣一一裁撤，庞钟璐也在裁撤之列。十二月，他被补授为内阁学士。同治元年（1862），他在接应李鸿章至上海镇压太平军后，正式从江南督办团练大臣任上退下，遵旨回京供职，任工部右侍郎。同治六年，他疏陈荒政十事，命偕大学士贾桢等督五城团防，历户、兵、吏诸部。他主持科举考试，选拔人才，深为众人所推崇。同治九年，他升为都察院左都御史，代理工部尚书。次年，又升为刑部尚书，官至一品，获赐在紫禁城骑马的特殊待遇。庞钟璐能在礼、工、户、兵、吏、刑六部均担任要职，并获得骑马紫禁城的殊荣，在清代并不多见。

庞钟璐为人和易廉介，衷怀坦然。他“立朝数十年，言依于事，准于当世之法，尺寸无逾越”，一生为官，将“修身、齐家、治国、平天下”牢记于心，以兼济天下之志留心世务，处理政事。庞钟璐为官之余，以收藏图籍为己任，其“铜鼓斋”藏书楼在常熟颇有名气，藏书万卷有余。因与翁同龢是同乡，两人相往甚密，他多次与翁同龢同到厂肆买书。藏书印有“海虞庞氏收藏图书”等，所藏之书散于咸丰兵燹。著有《文庙祀典考》《读均轩诗赋稿》等。

庞钟璐将家风传给后人，他的两个儿子也先后高中进士。父子三人同为进士，实属罕见。长子庞鸿文，光绪二年（1876）进士，授翰林院庶吉士，后升为太常少卿、通政司副使。次子庞鸿书，光绪六年进士，选为庶吉士，任翰林院编修，后补御史职，转给事中，继任河北大顺广道道员，代理天津道按察使，直至巡抚。

庞钟璐在母亲病故后，回塘桥老家守孝。光绪二年五月初六，庞钟璐病逝于家乡，终年55岁。朝廷赐谥号“文恪”。庞钟璐之墓在塘桥南面的太平桥边，墓志铭由状元翁同龢撰文、榜眼杨泗孙书写、探花潘祖荫篆额。“三鼎甲”合作而成墓志铭，足见庞钟璐非同一般。

杨泗孙

杨泗孙

杨泗孙（1823—1889），字钟鲁，号滨石，江苏常熟人。咸丰二年（1852）榜眼，授翰林院编修，历任武英殿协修、纂修、总纂，国史馆协修等。

杨泗孙出生于仕宦世家。据《重修常昭合志》记载，杨氏仕宦者大多政绩或学业斐然，出类拔萃于儒林文苑，堪称一时名流。杨家先祖为常熟大地主，仅靠田租，称富一方。祖辈善于投资，兴办商贸，渗透到全县多个行当。杨泗孙曾祖父杨岱，太学生，认识到做土财主的局限性，于是，延师为子女们授读诗书，鼓励他们在政治上有所发展，以摆脱土财主形象。杨泗孙的祖父杨景仁，索性离开祖辈居住的恬庄，携家移居到常熟县城。杨景仁在参加了十二次乡试、会试后，最终成功踏入了仕途，于嘉庆四年（1799）入京任职内阁中书，后迁刑部安徽司员外郎。祖母陶太夫人，是乾隆乙酉科举人、宝应县教谕陶廷墀之女。父亲杨希钰为太学生，应南北乡试凡十五次，未遇，奉亲教子，师表人伦。杨泗孙兄杨沂孙，官至安徽铜陵知县、凤阳知府，以善书扬名海内。杨泗孙弟杨汝孙，字书成，廪贡生，五品衔候选训导。

杨泗孙从小聪明，读书刻苦勤奋，遍览群书，博通经史，受业于游文书院。道光十九年（1839）参加昭文县试，拔府试第八名附生。道光二十六年丙午科顺天府乡试第二百二十八名举人。道光三十年，考取景山官学教习和国子监学正学录。咸丰元年（1851），补授国子监学正。咸丰二年，壬子恩科会试中式第二百零六名贡士，复试为一等第五名，殿试以一甲二名榜眼及第。登第后，杨泗孙入值南书房，为皇帝及皇族子弟讲学。咸丰五年，充国史馆协修。

杨泗孙秉性笃实，洁身自好，说话办事严谨缜密，深得朝廷器重。曾经多次参加典试工作，先后主持过湖南乡试、福建乡试、山东乡试。曾经参与会试工作，分别担任庚申科、癸亥科会试考官，兼任两榜分校官。咸丰七年，杨泗孙出任湖南乡试主考官。咸丰八年七月，在南书房行走。咸丰九年五月，杨泗孙任福建乡试副考官。咸丰十年，咸丰帝驾临承德避暑山庄，杨泗孙随驾热河，擢升侍讲。出任会试同考官。咸丰十一年，署日讲起居注官（清代官名，掌记载皇帝言行及修起居注事）加三级，仍在南书房行走，历中允，侍讲。

同治元年（1862），杨泗孙出任山东乡试副考官。翌年，又出任会试同考官。同治三年，杨泗孙出任顺天乡试同考官。同治五年，杨泗孙以眩晕头疾乞休回到家乡，不闻政治，不闻公事，以读书吟赋为娱，但乐为乡里公益之事谋划出力。同治七年，杨泗孙参与疏浚白茆港，兴修水利。同治十一年，杨泗孙返京供职，补授太常寺少卿。同治十二年正月十九，杨泗孙因病递折请开缺。正月二十日上谕："太常寺少卿杨泗孙病难速痊，恳请开缺一者，杨泗孙着准其开缺调理。钦此。"

同治十三年，杨泗孙受邀主讲于无锡东林书院。光绪八年（1882），杨泗孙因病力辞江阴、上海各书院讲席。光绪九年，杨泗孙疏浚福山塘与竺塘泾。光绪十五年，知府以去年常熟偏灾，派员拨银来赈，道出无锡。杨泗孙力疾见之，备陈西乡苦旱，患在水利不修，若能以工代赈，开挖淤河，则利赖数世。杨泗孙并函嘱指示一切，令商同当事，酌拨赈款，开浚奚浦、小陈浦等，潮汐遂得畅流。杨泗孙曾与他人共同修纂《常昭合志》，惜未修成，现存其采访稿本38册。

光绪十五年七月十九日，杨泗孙卒，终年67岁。墓葬在常熟虞山。

榜眼府是恬庄古街上最大最古的建筑，由杨泗孙曾祖父于乾隆年间建造，曾经名为中宅。后来杨泗孙在咸丰年间考中榜眼，回乡重修中宅，遂名为榜眼府。

姚福奎

姚福奎画像

姚福奎（1826—1900），字星五，号湘渔，又号潇湘渔父、冷斋羡仙等，室名三湘书屋。江苏常熟福山人。六芝斋主人沈小竹之婿，翁同龢父亲翁心存门下之士，咸丰元年（1851）举人，清代画家。

姚福奎居永宁巷，祖辈于清初由安徽休宁迁居江苏昭文（今江苏常熟）。同治十二年（1873），姚福奎始任松江府娄县教谕，在娄县任教官近二十年。光绪十八年（1892），任常州府学教授。晚年归里后，他主讲于游文书院。擅绘画，工诗词，亦能制谜。同治、光绪年间，姚福奎与淮安何庚香创“日河隐语社”于华亭（今上海松江）。在谜史上有一定的地位。著有《三湘书屋诗》《潇湘渔父词》《虞山画志补编》。

民初雷瑨辑、席氏扫叶山房石印的《娱萱室小品六十种》收吴光绶编《日河新灯录》。姚福奎是一个擅长丹青驰名艺苑的谜家，他传世的谜作有六十余条，曾被编入谜集《日河新灯录》中。他的谜可以说条条精彩，虎虎有生气。例如用白居易的《琵琶行》诗句“似诉平生不得志”为谜面，打《西厢记》曲文“弦上传心事”，扣合熨帖，浑成自如。又如以“钟期听伯牙鼓琴”，打欧阳修名文《醉翁亭记》的“在山水之间也”，用了《列子·汤问》里俞伯牙奏琴、钟子期知音的典故，谜中的“山水”二字，蕴含“高山流水”典实，颇耐人寻味。再如“雪却输梅一段香”，打《水浒传》人名“白胜”，面句采撷宋人卢梅坡《雪梅》诗句，其上句为“梅须逊雪三分白”，意为雪仅在白色上取胜，故扣“白胜”。这条灯谜运用“承上启下”手法，联想反衬，使得底面照应，却又不露斧凿之痕，足见姚氏制谜手段之高。《日河新灯录》有吴光绶《送娄学使姚湘渔常州府学任》五绝诗谜一首，每句隐一位古人，别具一格：“贤人姚广文，别有广文馆。从此赴兰陵，兰陵桃李满。”

姚福奎和吴鸿纶都是旧山楼楼主赵宗建的知心朋友。光绪二十五年（1899）七月十七日，翁同龢约请赵宗建、吴鸿纶、姚福奎、药龛和尚在瓶隐庐一聚，畅谈之余吟诗品画，开卷欣赏《长江万里图》。赵宗建为之作《吴儒卿、释玉峰、姚湘渔、赵次公同过山斋，次公有诗依韵奉答》：“悠悠魂梦依先垄，草草生涯筑此堂。何意残年得栖隐，尚随诸老共徜徉。长愁敢说江湖乐，暂聚应分星宿光。缕港渐淤纱布贱，吾侪何以济穷乡。”以诗奉答，知音难觅、友谊之重溢于言表。翁同龢心情格外愉悦，当天日记留有“五人统计三百六十四岁矣，谁与画五老图耶？”之句。

光绪二十六年三月初六，姚福奎逝世，终年75岁。姚福奎去世后，陆懋宗接替姚福奎执掌游文书院教席。陆氏讲授经学，提倡实学，由此当地士子多致力于经史研读，书院“文风为之丕变”。

赵宗建

赵宗建画像

赵宗建（1824—1900），字次侯，一字次公，号非昔居士。先世从江阴迁至常熟北郭。咸丰时官至太常博士。晚清著名藏书、藏墨家，旧山楼主人。

赵氏先世为宋室宗亲。赵宗建曾祖赵同汇、祖父赵元恺，皆为“按察使司经历”。父亲赵奎昌，官詹事府主簿。在乾隆年间，其曾祖赵同汇由江阴携带一株红豆树来到常熟，在北郊报慈购得明代吴讷别业“思庵郊居”和魏浣初“乐宾堂”两处遗址建宅，有藏书处“总宜山房”。赵宗建祖父赵元恺，通经义典籍，名噪一时，购有明代瞿式耜的“东皋草堂”。到道光十二年（1832），赵宗建父亲赵奎昌，又于报慈宅东辟地筑“半亩园”。赵氏三代皆以义侠闻名，均善诗文，邑称报慈里赵家。

赵宗建年幼时，父亲不幸去世，从其伯兄赵宗德生活，从小受业于游文书院，为翁心存门下士子。赵宗建聪明好学，文采斐然。他早时热衷功名，屡次参加科举考试，然而“数试不利”，仕途不佳。咸丰六年（1856）八月，赵宗建移居旧山楼，有《丙辰秋仲移居北墅旧山楼偶成》诗记之：“旧屋三间结构新，移家人外避嚣尘。四维水竹皆吾友，一带云山是比邻。岂为著书营别室，未妨种菜老吟身。寸心自有桃源地，肯向渔郎苦问津。”中年时期，正当太平军围攻常熟，赵宗建亲自“别将一营，扼东路支塘”。常熟被攻陷时，他增援西路守军，并且单枪匹马求援于总兵刘铭传，终于使得“沿江上下百余里无贼踪”。当“有旨嘉奖，赐以孔雀翎，发两江总督曾国藩差委”时，他又“谢而不赴”，甘愿“与邑人士辑流亡，补城垣，浚河道”，并且“从此不复问兵事”。

赵宗建后以太常博士就试京兆，“独居野寺，不与人通，已而罢”，主要工作是管理皇家图书，所接触的都是宋元精刻抄本。赵宗建与翁同龢是在游文书院读书时的同学，在北京时两人常常相聚。翁同龢在北京偶然得到一个消息，那就是怡亲王的后代端华，因参与了肃顺集团，被慈禧太后赐死，于是怡亲王府百年聚集的大量珍贵书籍，便散落于书商之手和琉璃厂古董铺。翁同龢和赵宗建两人也经常往琉璃厂搜寻古本秘籍，收藏到不少好书，其中就有南宋馆阁墨本《太宗皇帝实录》、司马光《资治通鉴》、朱子《大学章句》等。

赵宗建志节磊落，不趋达官，不久罢归。太平天国起义，战火蔓延，文物颇多流散。江南多有书画、典籍、古器物散佚，他广购博收，又至苏州、常州两地广泛搜求，藏书日益繁富。藏书鼎盛时，仅宋、元刊本及著名手抄本就有两百余种，其中最突出的除《古今杂剧》外，还有宋本《窦氏联珠集》，元本《资治通鉴纲目》残本，司马光《资治通鉴》草稿本，朱熹《大学章句》草稿本，钱谦益甲申、乙酉日记两本和信札、《红豆庄集》手稿等，件件几乎都是国宝级的秘本；至于明刻本、抄本和古董、书画等，则不胜枚举。赵宗建着重保藏，因而藏品很少流通，“稍旧之册，不以示人”，甚至叶昌炽来访时，赵宗建也“驾言出游”，避而不见，以免出示秘本，遂引起叶昌炽的怒懑。叶昌炽在《藏书纪事诗》中，称他为小藏书家，但他不是一般的小藏书家，而是小藏书家中的佼佼者。

光绪十一年（1885），赵宗建开始修葺半亩园，在园东地势最高朗处，另辟三楹楼房，建藏书楼名“旧山楼”，并由曾国藩题额。与楼相属的是“梅巅阁”，为专藏宝书的金屋，一般是“不以示人”的。楼前白松红豆，相依相恋；楼后小山窈窕，山上植梅五百株；山巅名“过酒台”，有石台石凳，西见虞山清远，而东墙外报慈桥畔有酒家。园中还有因藏元人王冕《梅花手卷》而命名的“梅花一卷廊”，还有“秦权汉镜铁如意斋”“拜诗龛”，诗情与野趣皆得。此后曾国藩几次邀请、委差，但赵宗建已无心仕途，生活的相对安逸、富足，让他决意专享文字、山水之福。赵宗建性“负豪侠气，善饮酒，崇风雅，作诗文清迈有气格，四方名士来游者，乐与款洽”。旧山楼成为文人雅集之所，翁同龢、赵烈文、宗源瀚等是常客。

赵宗建为自己的藏书编制有《旧山楼书目》，书目共两册，录无次序，共著录558种，后其子赵仲举补录147种，4000多本全是善本书。著录表明，藏书中大多是抄本、稿本。赵宗建还撰有《旧山楼日记》，虽仅十六则，但较详细地记述了所藏善本。藏书印有“非昔元赏”“次侯读书”“旧山楼秘箧”“庚申以后次侯所得”“下榻山楼”“赵次公真赏”“开庆堂赵”“赵不骞印”“铁如意斋”“赵押”等数十枚。张瑛、邵渊耀均作有《旧山楼记》。

赵家的书籍制作选料精良，用的是油拳出产的纸张和上等的徽州剑脊墨。赵宗建藏有一对圆柱形的“朱砂如意墨”，该墨一面铭“高邑赵忠毅铁如意，为常熟赵宗建所藏，咸丰七年秋，宗建摹式寄新安，饬工制墨，杨沂孙铭之曰”，一面铭“君子之器，名臣所持，二百三十六年于兹，不磨不折，棱棱如斯，摹之墨之，同志是诒，后昆是垂，以忠直是师”，铭文俱隶书阴识填金。此墨是其请徽州墨工所制的，由时任凤阳知府的杨沂孙题铭。

光绪二十四年（1898）七月，翁同龢罢归故里。赵宗建和翁同龢两人往来密切，不是翁同龢从城西往城北报慈山庄访赵宗建，便是赵宗建从北门老宅绕虞山到白鸽峰看望翁同龢。有时下大雨落大雪，都无法阻挡两位七十岁左右老翁的相聚步履，都无法分割两个老书生朴实无拘的友情。切磋书画，诗酒闲话，成了他们生命中黄昏时光最美的支撑。

翁同龢与赵宗建之间的友谊厚重可感，赵宗建病危时，翁同龢接连三日前往探视。光绪二十六年六月二十日，赵宗建在旧山楼病逝，终年73岁。怕离别伤情，翁同龢当天没敢登门吊丧，挽诗一首祭奠：“我世与君旧，结交等弟昆。谈禅证往迹，春梦都无痕。我疾君屡问，君病我不知。桑户与子张，并世信有之。或云世途险，羡君独长往。我谓人天劫，菩萨亦凄怅。故人不可见，见此金石心。月落山乌啼，何处寻知音？”字里行间一腔哀思。

赵宗建的旧山楼藏书由其子赵仲举继承；赵仲举卒后，大半归次子赵士策，部分属出嗣的长子赵士权。清末民初，赵士策收藏之书大量散出，其中不少被丁祖荫捷足先登购得。远在北京的书商闻讯纷纷赶到常熟收购，络绎不绝。包括燕园十六景图册等珍贵文献散失到外地。民国十三年（1924），军阀齐燮元、卢永祥在苏浙混战，齐燮元的军队曾驻旧山楼，将赵士策所留之书当作柴草用。兵退以后，残帙破纸与马粪相杂，楼上楼下一片狼藉。民国二十六年11月，日寇攻占常熟，赵士权之子赵钧千守家不去，与日军奋臂相执，骂敌不屈，被杀害于园中，所藏经籍、金石、书画悉被掠夺。至此，遗书之存全归乌有，赵氏藏书世家从此不闻。

翁同龢

翁同龢

翁同龢（1830—1904），字声甫，号叔平，晚号松禅，别署瓶庐居士、瓶庵居士。江苏常熟人。中国近代著名政治家、书法艺术家、书画收藏家。咸丰六年（1856）状元，历任户部侍郎，都察院左都御史，刑部、工部、户部尚书，军机大臣兼总理各国事务衙门大臣等职。曾为同治、光绪二帝师傅。

道光十年（1830）五月十九日，翁同龢出生在北京城内石驸马大街罗圈胡同寓所。道光十三年四月，随祖母张太夫人及母亲许氏回家乡常熟居住。他从小接受母亲与姐姐寿珠、端恩的启蒙教育，阅读了《三字经》《千家诗》《幼学琼林》之类的童蒙读物。6岁进入私塾读书，从表伯朱启宇先生接受四书五经及古文开蒙教育。道光十八年翁同龢9岁那年，其父翁心存为孝养父母而辞官归里，次年即受聘掌教游文书院。翁同龢考进游文书院，在父亲的指导下读《资治通鉴》《周礼》《史记》等书。在节假日里，他还常常跟着父亲到虞山上的言子墓、读书台等景点去游玩，一边探寻虞山胜迹，一边体会圣贤书中的道理。道光二十年三月，常熟知县到游文书院考课，翁同龢的制艺试卷名列全院第二。五月间，苏州知府按临常熟、昭文两县，抽考两县童生，翁同龢的试卷又名列第二。在随后的第一次鸦片战争时期，翁同龢随同家人避难于常熟及苏州乡下各地，仍孜孜不倦读书学习。

道光二十三年（1843），翁同龢14岁，开始走上科举考试的道路。二月始作八股文，九月应县试，正案列二十名外。两年后，翁同龢第二次前往苏州参加府试，名列第三，考中博士弟子员。七月，江苏学政张芾在昆山组织苏太地区院试，16岁的翁同龢和同庚的大侄翁曾文一同参加院试，双双考中秀才。道光二十六年，翁同龢再进游文书院进修。这年八月应乡试，没有考中。次年，翁心存受聘并接任苏州紫阳书院掌院。翁同龢学师对他有“品端学敏”之奖，保举他入紫阳书院研习，他再次成为父亲的亲授弟子。是年底岁考，学政李煊激赏翁同龢的赋，列一等第一。道光二十八年，参加科试正场，列一等第三。此后他又被荐赴京参加礼部拔贡考试，“遂得选拔第一，科试正案亦列第一”。

道光二十九年三月，父亲应召进京继续为官，20岁的翁同龢随父返回京城。四月，翁同龢与曾任协办大学士的浙江萧山人汤金钊孙女汤松喜结良缘。婚后不久，翁同龢开始走上仕途，任刑部江西司七品小京官。翁同龢在供职刑部的前后七年里，还兼任实录馆详校官，每天早上到实录馆校对，饭后赴刑部办事，晚上归侍父亲，秉烛理案牍，给父亲打下手，帮助整理资料。此外，他还不知疲倦地练习书法，刻苦攻读。咸丰六年（1856）四月二十一日，在保和殿举行殿试，二百一十六名进士中，翁同龢名列第一，独占鳌头，考中状元。翁同龢有一手好书法，策论又发挥出水平，故虽本列为第二，但主考官裕斋田复视后拔为第一。时隔七年后，翁同龢的侄子翁曾源考中状元，叔侄双状元在常熟历史上成为一段佳话。

翁同龢考中状元后，授修撰，任实录馆协修。咸丰八年，任陕甘乡试副考官，旋授陕西学政。同治元年（1862）三月，任会试同考官。六月，擢升为右春坊右赞善。七月，任山西乡试正考官。十月，任日讲起居注官。同治元年年底，翁心存去世，翁同龢回家守孝。同治四年，转左赞善升右中允，受命在弘德殿行走。翁同龢接受帝师之命，开始教授同治帝。以后历任翰林院侍讲、詹事府右春坊右庶子、国子祭酒、太仆寺卿。同治十年，授内阁学士，兼礼部侍郎。后丁母忧归乡。同治十三年，他守制三年期满，回京城，仍行走于弘德殿，并补内阁学士。

光绪元年（1875），翁同龢任刑部右侍郎。此年十二月，翁同龢奉命教授光绪帝。他想尽办法，循循善诱，避免使令敦迫，以夸奖为主，用柔色以温之法，帮助光绪学习。他对小皇帝的身体健康、生活也十分关心爱护，发现小皇帝身体不适就适当减免功课，问寒问暖，遇有太监对小皇帝怠慢便随时过问。光绪帝胆小，一次上课时突闻响雷，吓得滑下座位，翁同龢便将他搂在怀里安慰。这等体贴入微的关怀，小皇帝记在心中，师徒关系越来越亲近、融洽，几乎到了难以分离的地步。至光绪二十二年撤书房，翁同龢做光绪帝师共二十一年。

不久，翁同龢迁任户部，充经筵讲官，晋都察院左都御史。迁刑部尚书，调工部。光绪八年十月，廷命翁同龢在军机大臣上行走，翁同龢第一次出任军机大臣。光绪二十年，翁同龢再任军机大臣，深得光绪帝信任。在甲午战争中，他坚决主战。次年，清军战败，中日和议期间，翁同龢与李鸿藻极力反对割地，指出："宁增赔款，必不可割地。"又联合俄、英、德三国谋阻割地，惜最终情势无法挽回。次年，兼任总理各国事务衙门大臣。光绪二十三年，以协办大学士，兼任户部尚书。

翁同龢为官四十年所做大事，最有影响的是他为当时轰动全国、百余年来家喻户晓的杨乃武与小白菜冤案平反昭雪。他参与了对法、对日主战的决策，他与主和派进行坚决的斗争，充分体现他的爱国情怀。他支持盛宣怀等创办中国第一家自办银行（中国通商银行）。户部拨100万两"生息官款"存于中国通商银行，这实际上成为中国通商银行的最初营运资金。他力主变法维新，为光绪帝拟定并颁发戊戌变法的纲领性文件《定国是诏》，揭开了百日维新的序幕，被康有为誉为"中国维新第一导师"。由于变法触犯了以慈禧太后为首的顽固派的利益，翁同龢被开缺回籍。戊戌变法失败后，慈禧太后余恨未消，又下令将翁同龢革职，"永不叙用，交地方官严加管束"。

翁同龢回到家乡常熟，居住在虞山鹁鸽峰下的墓庐"瓶隐庐"。翁同龢在困寓虞山、落魄忧伤的日子里，修墓、祭祖、修族谱，整理自订年谱、日记，读书、赏画、读碑帖，又会友、吟诗、写字、绘画，但内心仍惦念着动荡的时局，担忧着光绪皇帝的安危。随着时间的流逝，他的心态逐渐归于宁静，在生命的最后岁月里享受着赋闲的乐趣。有诗《山居偶吟》："偶因放逐得安闲，总计平生仕隐间。老不废书聊识字，贫犹筑屋为看山。芒鞋竹杖常行乐，社酒村歌一破颜。愿祝太平今日始，近来朝报满人寰。"《山中即事》："不厌粗衣与菜羹，老夫即此足平生。未知世上风波恶，但觉山中草树荣。得句已忘还自喜，逢人无语亦多情。近来笔砚都抛却，添得松风流水声。"即是他当时心境的真实写照。

光绪三十年（1904）六月二十八日早晨，翁同龢在院内伏地面北叩首拜谢谕旨，一跪便昏倒在地，被仆人及时发现救起，从此卧床不起。七月四日夜，在南泾堂的临时居所，翁同龢溘然长逝，终年75岁。翁同龢临终口占一绝："六十年中事，伤心到盖棺。不将两行泪，轻向汝曹弹。"宣统元年（1909），吴中士大夫为他请命洗刷罪名，朝廷准予开复原职，后又追谥"文恭"。遗作有《瓶庐诗稿》《瓶庐文钞》。其日记由后人整理成《翁文恭公日记》《翁文恭公军机处日记》出版，为晚清著名日记，是研究清末历史的重要资料。

赵烈文

赵烈文

赵烈文（1832—1894），字惠甫，号能静居士。江苏阳湖（今江苏常州）人。曾任易州知州，是曾国藩的心腹幕僚。他饱读诗书，才华横溢，擅长诗词、易经、卜卦，通晓医药、金石、佛学、盐政，对军事、经济都有涉猎，对时局有独到见解，洞察分明，堪称“晚清最天才的预言家”。

赵烈文出身官宦世家，其先祖赵申乔是康熙名臣，官至户部尚书。烈文少有文名，然三次应乡试而不第。清代科举考试，书法优劣有着十分重要的影响，所有准备应试的学子无不重视书法练习。赵烈文酷爱金石，长于小楷。翁同龢晚年有诗：“纚纚千言重剖疑，兰陵静叟是吾师。”纚纚即指赵烈文。此外赵烈文与“常熟四大书家”王叔和、屈小农、刘雨宸、刘云樵也经常讨论八法，研习书艺。

咸丰五年（1855），曾国藩督师江西，与太平军作战，随行的幕僚大都远走。经赵烈文四姐夫周腾虎举荐，曾国藩破例“以二百金下访”，延请二十四岁的赵烈文入幕。赵烈文正好赋闲在家，于十二月到大营。曾国藩也可能是感觉到这个书生有个性，也可能是为了折一下他的傲气，命他参观驻扎在樟树镇的湘军水陆各营，让他开开眼界。没想到，赵烈文回到大营，不但没被镇住，还提了一堆意见，居然很不客气地说：“樟树营陆军营制甚懈，军气已老，恐不足恃。”曾国藩心有不悦，因为他最见不得说大话的书生。正在这个时候，赵老母生病，加上赵可能也看出曾的心思，所以就以母病为由，向曾国藩辞行。曾没有怎么挽留。

就在赵烈文要走而未走的时候，传来周凤山部湘军在樟树镇大败的消息。曾国藩请赵烈文讲周凤山部湘军不可倚重的道理，对赵烈文有了新的了解，因此对赵越来越器重，经常与赵烈文商谈军事，有时一日几次。

咸丰十一年（1861）六月二十八日，赵烈文从上海出发，于七月二十日到驻守在安徽东流县的曾国藩行营。此时曾已是两江总督兼钦差大臣，督办江南军务。他问赵烈文“愿留营否”，赵答待其湘楚之行结束后便来襄助。赵烈文这次给曾国藩上了一篇万余字的条陈，极论太平军、捻军之不足论，国家最大的威胁将来自洋人，提醒曾国藩重视洋务。对于赵烈文的建议，曾国藩深以为然，在当天的日记中写道：“惠甫上条陈一篇，识解闳远，文辞通雅，逸才也。”在曾国藩的请求下，赵烈文勉强到南京，协助曾国荃攻克南京。赵烈文在曾国荃幕府受到其肯定，最后大功告成，论功行赏，赵烈文以钦赐花翎直隶州知州保叙。在此后的十年里，他为曾国藩谋划政务，提供建议，深受曾国藩赏识，曾国藩多次在奏折里密保他。

同治四年（1865），清廷调曾国藩督师北上，镇压捻军，赵烈文未随行。临别时，他正式拜曾国藩为师。两年后，曾国藩第二次担任两江总督，赵烈文再次入幕。两人亦师亦友，成为无所不谈的忘年交。陈乃乾《赵惠甫先生年谱》记载，这一年赵烈文“居曾公幕中，每晚必叙谈，亲切如家人，上自朝政军事，以致诗文掌故，无不畅论”。

同治六年七月二十一日晚，阴云密布，酷暑难耐。南京金陵总督官署中，36岁的幕僚赵烈文与57岁的两江总督曾国藩汗流浃背，摇着蒲扇，品茗闲谈。曾国藩忧心忡忡地说：“京师来人说，京城社会治安很差，明火执仗的凶案时有发生，街市上乞丐成群，甚至有妇人光着身子没裤子穿，民穷财尽，恐怕会出大乱子，怎么办啊？”赵烈文神色自若地说：“天下大势，分久必合，合久必分。国家统一局面已持续很久，走向动乱分裂势在必然。但皇权深入人心，地方割据尚未形成气候，除非轴心已烂，否则不至于出现国家土崩瓦解的局面。我预测，将来的祸患必将是朝廷首先垮台，天下无主，地方各自为政，出现这种局面，估计不出五十年！”

曾国藩闻言，“蹙额良久”，他不愿相信自己费尽心血力挽狂澜的那艘千疮百孔的大船即将葬身汪洋，试探性地问：“会否南迁呢？”赵果断说：“恐怕是直接完蛋，未必能像东晋、南宋一样偏安江南。”曾仍不甘心，说：“本朝君德比较正，或者不至于到这种程度吧。”赵说：“本朝创业太易，诛戮又太重，夺取天下太过机巧。天道难知，善恶不相掩，后君之德泽，未足恃也。”曾国藩背脊发凉，沉默良久后，异常严肃地说：“吾日夜望死，忧见宗庙之陨，君辈得毋以为戏论。”赵烈文说：“如师身份，虽善谑，何至以此为戏。”半个月之后的晚上，曾国藩又把赵烈文约到两江总督衙门的后花园里，边乘凉边继续探讨问题，原本想用“勤政”“君德厚”“权柄不下移”和当朝的恭亲王奕䜣为人聪颖、慈禧太后遇事“威断”等来说服赵烈文，希望能从他口里听到自己想要的结果，心里得到一些宽慰。然而，赵烈文却并不赞同，他对曾国藩的每一个观点都持不同看法，认为清王朝大势已去，气数将尽，即使有“好太后”“好皇帝”也无济于事，何况没有，清王朝走向灭亡，谁也左右不了。

一个多月后，曾国藩再找赵烈文交谈，说：“如捻贼得灭，朝廷中兴，犹为不负此举，不然，何足道耶？”曾国藩心境之凄凉，对国家前途命运之悲观，可见一斑。曾国藩对赵烈文的论断仍无法或不愿完全相信，总感到清王朝还有一线生机。同治七年（1868）七月下旬，曾国藩调任直隶总督，赵烈文的幕僚生涯亦告结束。由于直隶管辖京城四周，曾国藩终于有机会第一次见到慈禧太后、同治皇帝、恭亲王奕䜣及文祥、宝鋆等高官，在几天之内四次受到慈禧太后的召见。直隶总督之职位不仅使他能近距离观察清王朝的最高层领导，而且使他能对全国的形势有更多了解，这时他才知道国家的颓败远远超过自己原来的预料，而朝中根本没有可以力挽狂澜之人。

同治八年五月二十八日晚上，曾国藩对刚刚来到保定直隶总督府的赵烈文坦承自己对时局、朝政的失望，对慈禧太后、慈安太后、奕䜣、文祥、宝鋆、倭仁这些清王朝最高统治者的人品、见识、能力、优点与弱点逐一分析点评了一番，分析点评的结果是他们皆非能担当王朝中兴重任之人。曾国藩不禁哀叹清王朝的未来“甚可忧耳”。最终，他不得不同意赵烈文两年前的论断：清王朝已经病入膏肓，大势已去，难以救药。

赵烈文对于清朝廷崩溃的形式和时间，以及清王朝政权垮台后的全国形势，预判之准确与精密，令人惊诧。具有如此眼光的人，古往今来并不多见。其实，早在咸丰十年（1860），当李秀成率太平军席卷江南之时，赵烈文就预感天下将要大乱，家乡不保，于是果断说服家人，逃到上海崇明岛。四年后，他回到故乡常州，赵氏宗祠屋宇虽然还在，但墙壁倒塌，旧宅茅草深深，面目全非。战争之前，赵氏家族男丁有140多人，战乱之后仅存“十七人而已”。

赵烈文任易州知州，居官五年，兴水利，修仓廪，增书院肄业生。曾国藩认为赵烈文“天分绝顶”，“再能勉力，便为全才”。曾国荃、李鸿章等人也十分器重他，多次上奏保举，为他谋差。但赵烈文不愿打着曾国藩的旗号升官发财，“爱钱无以对知己，不爱钱无以了一身”，生平志向只不过是“求一技之安，得以安隐读书而已”。曾国藩去世后没几年，光绪元年（1875），44岁的赵烈文以患病为借口，辞去官职。辞官后，他“如释重负，身心泰然”，此后未再出仕。为了实现归隐山林的梦想，他跑到常熟购得九万圩彭家场吴峻基所筑水吾园，花很长时间，盖了一座依山傍水的园林。园中有楼堂榭亭120间，走廊“内外通共八十余间”，石山两堆，大小桥六架。他还从上海、苏州等地买来许多奇花异草，“果树、花卉以千计”。十里虞山遥向其背，天然借景，构思精巧，别具特色。园内筑有“能静居”“天放楼”“柳风桥”“静溪”“似舫”等建筑景观。在新建的大园子里，他还专门建了一座藏书楼，命名为“天放楼”。他十几年不停地买书藏书，最终藏书数万卷。他自在逍遥，除了偶尔外出访友、寄情山水外，日常就在自家的花式园林里读书著述、把玩金石碑帖。

赵烈文见多识广，很有开放意识和经营头脑。赵园建成后，为了满足百姓的需求，每年春节期间对外开放，百姓可购票入园游览参观。同时还在园内养了不少动物。赵园是常熟历史上第一个向市民开放的私家园林，也是常熟第一个动物园。

光绪二十年，晚清奇人赵烈文在常熟赵园能静居去世，终年63岁。他留下一部两百多万字的《能静居日记》，让后人得以窥见晚清那些散落在历史荒野的碎片。

吴大澂

吴大澂画像

吴大澂（1835—1902），初名大淳，字止敬，号恒轩，江苏苏州人。著名金石学家、书画家、收藏家，杰出的边塞诗人，东北开发的先驱者。同治七年（1868）进士，授编修，历任陕甘学政、河北道、太仆寺卿、太常寺卿、通政司通政使、都察院左副都御史、钦差会办北洋事宜大臣、广东巡抚、河南山东河道总督、湖南巡抚、帮办东征军务、上海龙门书院山长等职。

吴大澂出生于江苏吴县的一个官宦世家，自幼浸淫于朴学文化，识见不凡，精于鉴别和古文字考释，亦工篆刻和书画。他才华横溢、学识渊博，不但在学术上颇有建树，而且时刻关心国家生死存亡，17岁就"愤然有经世之志"。中进士前，吴大澂曾在苏州紫阳书院肄业，山长为著名学者俞樾。后应苏州道台兼金石大家吴云之邀，为其办理文墨事务，修纂《焦山志》。又应苏州同乡、大学士、兵部尚书彭蕴章之邀，教其子孙课读。

同治七年，34岁的吴大澂考取进士，被钦点为翰林院庶吉士后，告假回乡，应江苏巡抚丁日昌之邀，入书局襄办校刻。在往武汉拜访湖广总督李鸿章（吴大澂乡举时李鸿章以江苏巡抚为监临，故李亦算吴师门）后，被留在幕府。同治九年，李鸿章奉命处理天津教案，并转任直隶总督，他随李北上，年底销假回京。次年散馆，吴大澂考列第三名，授职编修。当年直隶干旱成灾，他在京中组织赈灾慈善活动，创建慈幼堂，为穷人办学，还提供一日两餐和衣履棉被。

同治十年（1871），沙俄乘中亚浩罕国军官阿古柏侵占中国新疆乌鲁木齐并向东亚进犯之际，出兵侵占了伊犁地区。清政府与之多次交涉，沙俄拒不撤兵。光绪元年（1875），清政府任命陕甘总督左宗棠为钦差大臣督办新疆军务。光绪三年，左宗棠进军新疆，收复了除沙俄侵占的伊犁地区以外的全部新疆国土。光绪六年三月，清廷发布谕旨：赏吴大澂三品卿衔，饬赴吉林随同铭安帮办一切事宜。吴大澂被派到东北督办三姓、宁古塔、珲春等地的屯垦和防务事宜。五月十五日，吴大澂出京，轻车简从，行船驾马，赶赴吉林，开始他的军旅生涯。这一年吴大澂46岁。

吴大澂到吉林之前，清廷为了镇压太平天国和捻军起义，将东三省的驻防八旗兵抽调一空，因此吉林根本没有专门保卫边疆的军队。吴大澂看到边防空虚，很是担忧，与吉林将军铭安统一思想，改编原有的八旗兵，废除世袭制，改为招募制，开启军制改革先河。

光绪七年，确定防守重点地区为三姓、宁古塔一带；向清朝奏请将与俄接壤处全部开垦，每隔三四十里建立一屯，招民居住垦耕；又开放三姓属界倭肯河等处，招民开垦；因地旷人稀，除动员当地人领地开荒外，又从关内大批招募垦民；奏请朝廷派官员赴山东招募；并奏请拨发京旗苏拉（闲散人）200户；又招俄境流民归来开垦，自立村屯；并配给牛马、种子，以示体恤。流俄朝鲜族人，在边陲开放的促动下，也不愿为俄民，愿入中原故土，纷纷归来。是年四月，四大防军和靖边各军由吴大澂统辖。他又奏请在三姓、珲春各地修筑炮台。三姓炮台为光绪八年由吴亲自至巴彦通沿江一带勘定位置，历时两年建成炮台五座。另于三姓开辟驿道，修建渡口，筑造桥梁，设置驿站，使水陆畅通无阻，以利军事行动。吴大澂在宁古塔筑了一座楼，题名“抱江楼”，实为军事瞭望塔。三年后旧地重游，吴大澂写下了一首《题宁古塔抱江楼兼呈容峻峰都护》诗：“忆昔临江筑小楼，与君樽酒话中秋。自从一去三年别，那想重来两日留。旧事思量纪龙节，新图商榷定鸿沟。国恩未报归程远，敢把闲情寄白鸥。”

光绪十一年（1885）四月，吴大澂奉诏以北洋事务大臣的身份，再次赴吉林珲春，以“一寸土地尽寸心”的报国情怀，与沙俄进行勘界谈判。谈判异常艰难，俄方态度强横，中方代表也决不退让。至第二年五月，吴大澂和珲春副都统依克唐阿等人与俄方代表巴拉诺夫在岩杵河谈判。吴大澂态度明确，立场坚定，对俄方的一切无赖行为和无理要求，予以坚决驳斥。他严正指出：“图们江口本属中国，自古以来是通海要道，‘土’界碑虽然立在距离图们大江口27里处，但俄方不得阻碍中国船只出入江口。”在吴大澂的力争下，沙俄外交部不久答复：中国船只出入图们江口，俄国不阻拦。光绪十二年10月12日，中俄正式签订《中俄珲春东界约》及《中俄查勘两国交界道路记》，吴大澂等迫使对方归还非法侵占的我黑顶子一地，争回图们江出海权。签约立碑之日，吴大澂心情十分激动，挥毫写下了“龙虎”两个巨大的篆字，并勒石于凉水屯东7公里的山坡上，永作纪念。吴大澂还在中俄交界之地立碑建铜柱，亲自书篆铭文“疆域有表国有维，此柱可立不可移”，刻于铜柱上，题书凸显了捍卫国土尊严的浩然之气。

光绪二十年7月，中日甲午战争爆发，吴大澂时任湖南巡抚。8月15日、17日，他连电“奏请统率湘军赴朝督战”，不久，获清廷允准。他任帮办东征军务，率湘军北上参战。吴大澂本是一员文官，率兵打仗并不在行。光绪二十一年初，因运筹不当，他折戟辽东，致使湘军几乎全军覆灭。吴大澂欲拔剑自裁，被左右格阻之。他自叹道：“余实不能军，当自请严议。”光绪帝谕称：“湘军初次接仗，辄即败退，吴大澂身为统帅，徒托空言，临敌疏于调度，致损军威。姑从宽交部议处，以示薄惩。”3月17日，吴大澂被撤去帮办军务之职，赴京听候部议发落，所率湘军残部由湘军名将魏光焘暂行统带。吴大澂是苏州人，与当时光绪皇帝的老师翁同龢为同乡，翁同龢替吴大澂竭力周旋，总算让吴大澂没有受到严厉惩处。他即仍回湖南巡抚任上。光绪二十四年，朝廷复降旨将其革职，永不叙用。吴大澂被革职后回到苏州老家。

此后一段时间，吴大澂受邀到常熟游文书院授讲。《瓶庐遗恨》一书中称，当时受聘来游文书院任教的多是望重儒林的知名学者。除翁心存外，还有吴大澂、许廷皓、钱泳、邵渊耀、赵烈文等人。这些人各有所长，荟萃一处，如群星灿烂，使游文书院声名远播，也使这里的学术气息空前浓厚。

吴大澂在常熟结识了许多的文人雅士，众人诗酒吟唱，相得甚欢，其中就有虚廓园主人曾之撰。吴大澂为这座著名的常熟私家园林题写了“虚廓园”三字，还写下了《游虚廓园》诗。

后来他为生计所迫，曾任上海龙门书院山长，授徒自给，又变卖个人所藏字画、碑帖、古铜器以补日用。

光绪二十八年（1902），吴大澂郁郁而逝，终年68岁。翁同龢特遣人送去挽联“文武兼资，南海北海；汉宋一贯，经师人师”，横批“一卧沧江”。

吴大澂是清流派官僚的代表，他在捍卫国家主权与领土完整方面，有功于中华民族，称其为爱国贤臣名副其实。他在金石、书画、鉴赏、收藏方面的成就，少有人能望其项背。他留下的《愙斋集古录》《说文古籀补》《古玉图考》《权衡度量实验考》等著作，直至当今仍为金石古文学界的必备读物。吉林省珲春市保存着爱国主义教育基地防川龙虎阁、中俄珲春口岸、吴大澂主建的抗俄炮台旧址、吴大澂亲立的铜柱旧址等。当地称他为民族英雄，辟建了吴大澂广场。

陆懋宗

陆懋宗画像

陆懋宗（1841—1915），字德生，号云孙。江苏常熟人。晚清书法家。咸丰十年（1860）庚申恩科进士，朝考一等第29名，选庶吉士，历官翰林院编修、武英殿协修、国史馆协修。屡任顺天会试同考官。

陆氏先世由太仓迁常，居住于城内报本街。懋宗幼时天资聪慧，为文敏捷，读书过目不忘。同治十二年（1873），癸酉科顺天乡试中式第十九名徐景春者，策试时竟不知《公羊》为何书，在文章中将公羊二字拆开，被当时的磨勘官梁僧宝签出。徐景春举人头衔被革，同考官陆懋宗被革职，连同主考官协办大学士全庆、左都御史胡家玉、侍郎童华、侍郎潘祖荫也都被降二级调用。

光绪元年（1875），陆懋宗推恩获赏检讨。入京都供职不久，以母老需归养为名，回到家乡。当时江苏巡抚吴元炳慕其才，聘请他入幕为顾问。他居幕府二十年，多所赞誉，不轻语人，很得人心。

清官府掌握对书院入学士子的录取权，同时对书院的山长掌院人选及师资选聘是很慎重的。乾隆元年（1736）的上谕特别指出：凡书院之长，必选经明行修、足为多士模范者，以礼聘请。自乾隆元年以后，对书院山长的任职资格逐步明确，担任山长的人，必须是通晓经学、品行端正的人；不仅如此，还需是众人之中的楷模。陆懋宗也算得上是一位“为多士模范者”，先后在上海松江、青浦等地讲学，主掌苏州之平江、正谊、紫阳、学古等书院。

光绪二十五年（1899），陆懋宗等邑绅利用常熟城区会元坊养济院余地建造海虞试院，知县沈祖燕将其建为常熟校士之所，翌年落成。光绪二十六年，姚福奎去世之后，在邑中社会贤达的推荐下，陆懋宗执掌游文书院与学爱精庐的教席。晚清至民国初，书院正经历由旧学向新学的转型阶段，陆懋宗虽是旧式人物，但思想并不守旧，在办学方法、聘请教师等方面，常与邑中徐兆玮、丁祖荫、曾朴等人探讨；对待思想比较激进的学生也是层层引导。他讲授经学，提倡实学，由此当地士子多致力于经史研读，书院“文风为之丕变”。光绪三十一年，陆懋宗等人发起向两江学务处呈请成立常昭教育会，游文书院改为官立学堂“公立高等小学”。次年，常熟成立劝学所，陆懋宗担任总董。光绪三十二年，在游文书院设立师范传习所；三十三年，又在海虞试院办速成师范学堂，由陆懋宗担任国文讲席，为常熟培养了一批教师力量。

陆懋宗天怀冲淡，于学无所不窥，无所不学，平生著述弃而不留，而尤精书法。其书端庄腴润，功力极深，较邵息庵稍开展。家居四十年，墨迹遍邑内。晚年不问尘事，流连山麓间，啸歌自得，有林下之风。

地处常熟虞山中部山巅的维摩寺，始建于南宋隆兴元年（1163），至南宋淳熙三年（1176）时，右丞相兼枢密使、邑人曾怀（1106—1174）的家人奏请为功德院，孝宗赐“显亲资福禅院”额。明宣德四年（1429）始改名“维摩寺”。因寺院坐西朝东，每当日出，层林尽染，景色绚丽。寺中有望海楼，又称望江楼，回廊曲折，颇具幽趣。昔时文人雅士常结伴夜宿于此，清晨登楼观日出，其景云蒸霞蔚，极其壮观，“维摩旭日”为“虞山十八景”之一。清乾隆三十年（1765），景州知州、邑人屈成霖出资重修寺宇，并于寺后辟建园林，营建泉池台榭。山门楹联“大观江海合，杰构宋梁余”，原为曾怀所书，已毁，至清末由陆懋宗重书。

言子墓在虞山北麓乾元宫下，影娥川上。太平天国战火波及，破坏严重。同治十一年（1872）正月，总督曾国藩拨款修葺。光绪二十七年，巡抚聂缉槼复拨款加修，由陆懋宗撰并书《重建先贤言子林墓记》碑。

1915年11月，陆懋宗去世。徐兆玮撰挽联：“词馆鲁灵光，回首玉堂，应有庚申传信录；高贤陶靖节，怆怀桑海，忍哦甲子纪念诗。”

庞鸿文

庞鸿文画像

庞鸿文（1845—1909），字伯纲，号纲堂。常熟人。庞钟璐长子。晚清官员。光绪二年（1876）进士，选庶吉士，授编修。曾任湖北学政，多次主持广西、云南乡试，后又调任国子监司业，擢升太常寺少卿、通政司副使等职。

庞鸿文出生于常熟城区望仙桥庞家。在常熟近代史上，“翁庞杨季，归言屈蒋”是八大著姓，阀阅世家。庞家为书香门第。庞鸿文的父亲庞钟璐，道光二十七年（1847）探花及第。幼年的庞鸿文曾随着父亲进京，他和弟弟庞鸿书的童年、少年、青年时期大部分在京城寓所度过。兄弟俩都在父亲的直接督导下完成了求学历程，他俩才思敏捷，文章伟丽，深受传统治学之道的影响。

光绪二年丙子科大试，庞鸿文考中进士，选为翰林院庶吉士，授编修。他学习努力，精通词、赋、骈偶等文体，研究和探讨经史及治国之学，对军事、律法、盐政、粮漕、水利等学问，都做过深入研究。他曾任湖北学政，多次主持广西、云南乡试，分别校阅光绪十一年秋季乡试试卷和光绪十六年春季会试试卷，选拔人才不拘一格，教育后人注重品行第一。此后，他调任国子监司业，擢升太常寺少卿、通政司副使等职。至此，庞鸿文二十多年居清简之位，掌文衡之职的出仕经历，可谓一路畅达，平稳而又顺当。庞鸿文弟庞鸿书，光绪六年（1880）中进士，改庶吉士，授编修。他在当翰林的十年中，与其兄庞鸿文留心时务，对于兵刑、盐漕、河渠诸书，无不研究。后迭署天津道按察使，升湖南按察使，晋布政使，授巡抚。

在变幻莫测的京师政坛上，庞鸿文有一位位高权重、乡谊深厚并有共同维新认知的大人物足以依恃，他就是两代帝师翁同龢。庞家和翁家世代友好，通家之谊十分牢固，庞家在京师的寓所便是翁心存、翁同龢赠送的。排起辈分来，父亲庞钟璐拜翁心存为师，与翁同龢有金兰之交，庞鸿文还得喊翁同龢一声“世伯”。

在光绪二十四年由维新人士发起的维新变法中，翁同龢无疑是一位重要的人物，他全力支持光绪帝，一手促成维新变法。作为翁同龢的同乡及晚辈，庞鸿文积极支持翁同龢，成为维新变法的同情者。但短暂的变法维新仅维持了三个月时间便在保守势力的围剿下彻底失败。政变之后，随着翁同龢被逐，光绪帝被囚，戊戌六君子被杀，慈禧太后再度垂帘听政，并掌握实权。朝中稍有维新意识的大臣都缄默不敢言。庞鸿文看到形势急转直下，亦自知“事不可为”，出于读书人的内在正气，他不愿同朝廷顽固保守派同流合污，对刚升迁获得的通政司副使之二品官位无所留恋，以“抱幽忧之疾”为名，退出官场，携眷归里。

远离了复杂多变的官场生活，庞鸿文居家十年的生活倒是风轻云淡，过得十分悠闲惬意。他在家潜心学问，专心著书立说，时常与乡里文人士子交往酬唱，吟诗作画，寄情于虞山琴水之间。每天午后，他会坐小轿到石梅茶馆，与二三好友喝喝茶，聊聊天，谈古说今，纵论东西，等到太阳快落山的时候再坐轿回家。然而，庞鸿文虽说不在其位，不谋其政，但他那颗关心国事的心始终未曾冷却，治平之学无法见用于世的遗憾依旧梗于心头。于是，他将晚年精力全部投注于常熟的社会发展事业上。

常熟素有学道名邦的美誉，文化昌盛，教育事业发达。但一直以来，教育是以儒学为主，直接为科举应试服务的。到19世纪末，时变势亦变，亲眼见过维新风云且思想开通的庞鸿文意识到传统儒学不可弃，西艺西政亦有诸多长处，因而提出融洽新旧学术的办学口号，以纠正时弊。其时，常熟的新派知识分子已经开始创办新式学堂。光绪二十八年（1902），庞鸿文、邵松年发起，将游文书院改办为常昭学堂，这是常熟早期创办的新学之一，开启了新式教育，为培养更多的学子提供了优良的条件。三年后，清政府废除科举考试，常熟因事先开办新式学堂，很快就实现教育转型。

常熟既是富饶的鱼米之乡，又是文风昌盛之区，历来有编修地方志的优良传统。自1840年鸦片战争爆发以来，道、咸、同、光四朝，天下多故，外强侵侮，内乱频仍，文化事业亦遭到严重破坏，地方志的编纂被迫中止。乾隆五十八年（1793），邑人言如泗历十数寒暑撰成《常昭合志》。以后历嘉庆、道光两朝近六十年，没有续修县志。咸丰末年太平天国战争后，公私所藏图书遭受巨劫，半付一炬，半散四方。直到同治元年（1862），始有辞官归里的杨泗孙打算编纂新的县志，后因种种原因，没有完成，仅成《常昭合志采访稿》。光绪初，礼部侍郎李士瓒将此稿带至京城，希望有在朝为官的常熟人能将县志编纂完成。当时在朝的常熟官吏都以各有职司为由推托，无人敢接手。只有庞鸿文、鸿书兄弟同官翰林，比较清闲，因此李士瓒就将编志事委托给他们。庞鸿文接手志稿，仔细阅看，发现嘉、道、咸三朝之事都缺略，觉得难度极大，很难完成，便敬谢不敏，退还原稿。不久，戊戌政变发生，一大批赞同变法的朝廷官员被清出朝堂，庞鸿文也在其中，当时他刚由太常寺少卿升为通政司副使，便以疾告退，返回故里。回归之后，邑中在籍绅士陆懋宗、俞钟颖、邵松年等便去游说当时的常熟、昭文两县令，请求把修志事委托给庞鸿文。庞鸿文推托再三，不敢承领，但经不住众人的一再劝说，并有不少绅士愿意共襄大事。庞鸿文想到县志不修已逾百年，再不续修，则故老无存，遗编愈少，后人再要编纂将无从下手，于是答允下来。庞鸿文于光绪二十六年庚子二月初一开始搜寻资料，从瞿氏铁琴铜剑楼、李氏静补斋借来旧志，校勘编摩，至翌年三月，在海虞试院召集邑中士大夫商量编纂之事。以后的日子，庞鸿文就专心致“志”，“即有时下乡扫墓，亦箧卷帙于舟；有时出郭游览，亦囊笔墨于舆。遇通碑必摩挲，遇笔记必披读，遇朋旧会集必以是为谈资，下至田夫走卒，苟可广见闻，亦必咨之”，真正做到了虚心求教，不耻下问，事必躬亲。他在家中也是全身心扑在修志上，“甚或触寒暑、抱疾疢，苟可支厉起坐，未尝自休也。夜往往燃两烛。向患不寐，枕上犹以是转辗于胸中”，可谓殚精竭虑。至光绪三十年（1904）甲辰春，全稿初定，令写生分录成册，全志分五十卷，定名《常昭合志稿》。大功告成，庞鸿文自撰叙文，记述从南宋以来常熟历修县志的经过和编纂本志的经历。庞鸿文主修的《常昭合志稿》通称《庞志》，是庞鸿文为后人留下的一份珍贵的常熟历史教科书，是前人修志的集大成者。它分类明确，归属合理，编次得当，通俗易晓，为后人修志提供了极其珍贵的资料。

宣统元年（1909），庞鸿文去世，终年65岁。

俞钟颖

俞钟颖画像

俞钟颖（1847—1924），字君实，号祐莱，晚号城南渔隐、南郭老人。江苏常熟人。翁同龢外甥。历任总办章京兼同文馆提调、湖北荆宜施道监督、广东按察使、河南布政使。

同治十年（1871）、十一年，俞钟颖应邀在游文书院任掌教（主讲教师）。同治十二年拔贡（第二名）。同治十三年，致书时任游文书院山长（即院长）的李芝绶，请他将书院学生在两年中研读八股文的作业择优汇编。李芝绶精心挑选，编成《游文书院课艺》一书，对每篇文章进行点评，并将汇编本寄给俞钟颖。俞打算拿出俸薪将其付印，作为书院学生学习的范文，以提高学生的制艺水平。李芝绶在序中写道："甲戌季夏，（俞）以书来谂，且嘱绶择辛、壬两年院中课艺之尤雅者，裒辑邮寄。公将捐廉，付之手民，为学者观摩之助。"编成的《游文书院课艺》凡二卷，收书院学生研读四书之文63题80篇，入选者有殷李尧、归纲、邵咸亨、陶炳权、曾之撰、徐元标、管辰熙、顾钟瑞、陶文炳、陶文煃、管兰荪、李玉麟等42人，共计80篇课作，都是经解、论说、考证之文，其中也有俞钟颖的文章。由此可见，俞钟颖对游文书院有深厚的感情，希望学子都能"学而优则仕"。

光绪二年（1876），俞钟颖考中顺天乡试副榜。光绪九年，充总理各国事务衙门章京，后升总办章京兼同文馆提调。光绪二十一年冬，俞钟颖介绍同乡曾朴和张鸿入同文馆习法文。光绪二十二年（1896），俞钟颖出任湖北荆宜施兵备道兼沙关监督，调署汉黄德道兼江汉关监督，在处理对外事务方面显现了一定的能力。光绪二十四年八月，俞钟颖与日本驻沙市领事永陇签订《沙市口日本租界章程》十七条，得到张之洞的赞赏。光绪三十年，俞钟颖因母老乞归，归里后，出任城南商立初等小学堂（常熟市城南小学前身）第一任经理。后又与地方士绅邵松年、俞钟銮创办报本小学。光绪三十三年，俞钟颖被授职广东琼崖兵备道，到任后修炮台、设学堂，安抚民众并重修《琼崖合志》等，治绩卓著。

宣统二年（1910）四月，俞钟颖升任广东按察使。宣统三年四月，又迁河南布政使。不久武昌起义爆发，俞钟颖即成立筹安会，维持官钱局流通银票，以稳地方秩序。是年十月二日，他被开缺另候简用，遂辞官归里。1924年，俞钟颖逝世，终年77岁。

俞钟颖著有《学圃老人行年录》《庚申避乱记》《学圃老人奏疏公牍》《学圃老人诗文集》《归田集》《邑乘摭遗》《遁渔随笔》《儒寡局征信录》《渔隐老人诗稿》《俞钟颖集》《彨斋随笔》《南郭草堂杂记》《萍缘集》等，另有《南郭草堂诗文集》和《彨斋奏疏文牍存稿》未刊。

俞钟颖有子鸿顺（字遇之）、鸿筹（字运之）、鸿觐（字自强）。其次子俞鸿筹（1908—1972），擅诗文，为民国时常熟著名诗社“虞社”创始人之一，后于震旦大学预科及上海法政学院毕业。抗日战争中，从事爱国抗日活动。1945年初，被日军逮捕，受严刑而不屈。著有《松禅老人逸事》《唐律疏义校注》《舍庵诗词残稿》及《中国藏书家考略补订》等。

邵松年

邵松年

邵松年（1849—1924），字伯英，号息庵，室名澄兰堂、兰雪斋，常熟人。中国近代著名书法家、收藏家。同治九年（1870）举人。光绪九年（1883）进士，授翰林院编修，充国史馆协修。光绪十七年任河南学政，创设明道书院，重印《中州名贤文表》三十卷，编辑《续中州名贤文表》六十八卷。

光绪二十一年，邵松年归里侍奉老母，此后一直在常熟生活。他在地方上极具声望，地方官凡县内公务常与之商榷，他也不辞劳苦，为家乡文化教育事业奔波。戊戌变法失败后，不少常昭籍京官被革职归里。常昭两县县令会同邵松年、陆懋宗、俞钟颖、庞鸿文等人商议重修县志，由庞鸿文领衔，邵松年为之出力不少。邵松年还曾担任常昭学务所总董，总揽常熟、昭文两县教育事务。光绪二十八年，邵松年和庞鸿文将游文书院斋舍改建，创办常昭学堂，这是常熟早期创办的新学之一。光绪三十四年，他出任常昭两县自治筹备公所所长。

邵松年是收藏大家，精通书画。家中设“兰雪堂”专门收藏碑帖书画，“古鲸馆”专门收藏古琴。所著《澄兰堂古缘萃录》十八卷，成书于光绪二十九年，主要收录邵氏自藏书画及其外舅杨庆麟所藏书画，全书按时代排列，卷一为唐宋书画，卷二为元代书画，卷三至卷七为明代书画，卷八至卷十六为清代书画，卷十七、卷十八为碑帖。有石印本，为邵松年手书。常熟是书画之乡，历史上出现过众多的书画名家，嘉庆年间郑抡逵编有《虞山画志》，收录元代至嘉庆间本地画家477人。邵松年编《续虞山画志》，是对《虞山画志》的补充，补入书画家79人，1922年有石印本。其他编著还有《书画书录解题》《琴庐谈苍》《一斑吟草》《海虞文征》等。收藏的精品中，有王石谷《临安山色图》、文徵明《溪山积雪图》、唐伯虎《春秋醉翁图》等。他还收藏有价值连城的稀世珍宝《神龙本兰亭序》，这奠定了他近代大收藏家的历史地位。在他所收藏的古画上能见到他的题跋，如《题王石谷留耕图》："一路青山几送迎，骑牛背上识先生。斯图应并垂霄壤，莫笑延陵不解耕。"又如评鉴北宋山水画巨匠郭熙："溪山清趣郭河阳，作会曾推作画王。鬼面皴与蟹爪树，思翁鉴别语焉详。"

邵松年擅长书法，尤精小楷，能画，笔墨娴雅，为时人所好。1917年，他担任《重修常昭合志》协修时，中华书局董事、美术部主任高野侯为其编印《邵松年小楷》流传于世。

1921年，暮年的邵松年绘了幅《松下读书图》，图上有俞钟颖、杨同槵等十三人的题诗。整幅长卷气势恢弘，画面生动传神、意境幽雅，书法各具特色、异彩纷呈，诗文格律工整、用典考究，是一幅诗、书、画俱佳的作品。

邵松年是两朝帝师翁同龢的得意门生。翁同龢的《瓶庐诗稿》一书，最早便是由邵松年勘定的，于1919年请名工陶子麟刊刻印行。藏家认为，该书校正、书写、刊刻、纸墨均上乘，为民国间刻书印刷精品。邵松年题写的常熟"山景园"牌匾沿用至今。

常熟北郊谢家桥集镇之南有双忠庙，庙前有两株南宋古银杏，树干高大粗壮，枝繁叶茂。晚年的翁同龢曾六次至树下拜谒并题写诗词。光绪二十九年（1903），他路过谢家桥时，第四次瞻拜古树，回家后绘了一幅《双忠祠双银杏图》。1913年，庞鸿书得到了此画，与几位老友欣赏叹息之余，自然而然也想看看这两棵被翁同龢多次摹影填词的树。于是冬至后三日，俞钟颖的朋友慰农雇了船，约上庞鸿书带着《双银杏》图，并有邵松年、俞钟颖、翁奎孙、钱博夫共六人结伴同行，冒着寒风，乘船出水北门，沿着帝师的足迹，特地到谢家桥观瞻大树。他们瞻仰大树，对照画图，睹物思人，何其感慨！回去后，庞鸿书请俞钟颖和邵松年先题书，而后自己在图下靠右题书。次年春，翁同龢外甥俞钟銮应庞鸿书之邀在图左边题书。邵松年题书："双忠庙前双株树，老干参天薄云雾。阅历沧桑千百年，霜皮黛色犹如故。一如潜龙出幽壑，气挟风云有余怒。一如巨兽张爪牙，势欲攫人深可怖。五人合抱不能圆，作势蟠空荫周布。居其右者半心空，大材若被神灵妒。我初得见松禅图，欲往从之空洄溯。今日招邀出郭来，谢家桥畔舣舟住。以图证树并奇崛，尺幅虽小体则具。乃知图为树写真，大笔淋漓有神助。吁嗟乎！此树不生丛林名刹里，往来足供骚人赋。又不生通邑大都古道旁，比诸樾荫群奔赴。托根乡曲枌榆间，日为村童牧竖争攀附。犹喜樵斤不敢寻，一半尚赖神呵护。盘根错节真奇材，溷入风尘易隐埋。惜无石壁可题字，记我六人曾继松禅来。癸丑长至后三日，慰农买舟约同郦亭、逋渔、柏园、博夫至双忠庙观古银杏，郦老新得是图，携以自随，归后作歌，嘱即书于此图之下，借志一时游兴云。息庵邵松年初稿。"

邵松年另一贡献是编印了《海虞文征》。常熟是吴文化发源地之一，自古人文荟萃，被称为"学道名邦""文献之邦"，历朝编修的志书数量之多在国内罕见。前人在编纂县志时，往往收录一些古人诗文。随着志书后续编修时不断增加，志书的体量越来越大，再要编入诗文就会增加书的内容，而选的诗文又难以概括常熟风物全貌。庞鸿文修《常昭合志稿》时，不再专列一卷收录前人诗文。而邵松年也参与其事，借此机会得览各种志书，就将旧志中的附载诗文，有志所不及载或载不能详者，随时抄录，积三年，将所抄诗文仿《文选》旧例，依类编次，编成《海虞文征》一书。是书汇集清代以前的"一邑掌故、先达事迹暨一切因革"，"诗文无论是否邑人，凡有关邑中者悉采入之"。范围是自两晋至明末的常熟地方文献（包括碑刻、墓志等）及诗文选，分门别类，汇编成帙，共三十卷。编竣后在光绪三十一年（1905）由鸿文书局石印出版，共十六册。邵松年编辑的《海虞文征》与庞鸿文编修的《常昭合志稿》相辅相成，保存了丰富的历史资料，成为常熟历史文献集大成的两座宝库。台湾曾有缩印本出版。

邵松年于1924年去世。其墓位于虞山五丈涧，为市级文物保护单位。

丁祖荫

丁祖荫

丁祖荫(1871—1930),原名祖德,字芝孙,号初我、初园居士。常熟人。近现代知名官吏、学者、藏书家、校勘家。历任常昭劝学所总董、海虞自治公所总董、江苏省咨议局议员、常熟县教育款产经理处总董、常昭公立高等小学堂西校校长、常熟县知事、吴江县知事等。

丁祖荫少年时就读于江阴南菁书院。光绪十五年(1889)庠生。光绪二十三年,丁祖荫与同邑曾朴、张鸿、徐念慈、殷次伊、潘任等,借用城东学爱精庐创设中西学社,翌年创办中西蒙学堂,首开县内新式学校先河。他与曾朴共主校务,后独任校长。他又在自家的壶隐园创办丁氏小学,独立担负经费。常昭公立高等小学堂成立后,他任校长。其时该校分东、西两校,东校为后来的塔前小学,西校即后来的石梅小学,他将两校校长之任一肩挑。丁祖荫先后共创办五所小学,其中一所是女学(竞化两等女学),为常熟新学的推广做出了贡献。

光绪二十九年,丁祖荫和曾朴创办女子世界社,在上海编辑印行《女子世界》杂志,他任主编。该杂志为近代早期的妇女杂志之一,为伸张女权发出呼吁,制造舆论。翌年,他与徐念慈、曾朴在上海创办小说林社,刊发新小说和翻译小说。他还发起组织常昭学会。后常昭学会改组为常昭教育会,他被推举出任会长。他同时还是中国教育会会员。光绪三十三年（1907），常昭劝学所成立，他任总董兼视学员。同年设立禁烟公所，他任董事。清末试行地方自治，宣统元年（1909），县城海虞市成立自治公所，他当选为总董。是年选举江苏省咨议局议员，丁祖荫当选为常熟县的省议员。宣统二年，县城成立自治会，会内设议事会和董事会，丁祖荫任董事会总董。

1911年10月辛亥革命爆发后，刚到达上海的丁祖荫被地方人士推举为常熟县民政长，后任县知事（均相当于县长）。他在任职的一年半期间，拿出个人全部薪俸拨充县城路灯费用，便利行人，廉洁可风。他编辑《常熟县行政报告》公报，开创了县级地方行政长官编印官方公报的先例。是年夏秋之间，常熟、昭文两县遭受严重水灾，殃及27个乡镇，20余万人遭灾，曾经发生灾民上城抢粮、吃大户事件。丁祖荫任民政长后，为稳定局面，多次下乡察看灾情，讨论赈灾事，有时就借宿乡下。他关心民瘼，积极向上争取赈灾款。1912年春他写了一首《春初视察东南乡灾况有感》，表达了他忧心民生、深感作为一县之长肩负重任的心情：“兵荒民瘼两颠连，患难家乡一系肩。岁在初元多世变，县犹常熟几丰年。青山历历谁为主，赤子啾啾欲问天。休羡河阳花满树，东郊尚有未耕田。”他从维护大局出发，尽心尽职做了很多有利民生、恢复地方经济的事。

1913年他调任吴江县知事后，以“严治”著称，主张乱世用重典，抓捕了许多盗匪，治乱和恢复社会秩序取得一定成效。丁祖荫在吴江，办教育、兴水利、正漕赋、严司法、禁鸦片，一切都按照自己的方式处理，政务多有兴革。他极为勤政，在办公桌上设一毡一簿，将每日须完成的公务一条条记在上面，在与下属吏员交谈时也将有关情况默记于簿，往往从早晨一直到正午手写不停。部属受命，对他尊重如师，因此吴江县衙内风气大为改观，人称弊绝风清。他的治邑成绩为江苏全省之冠，省长韩国钧极为欣赏他，以“能”称之，并多次把他制定的规章向全省推广。而丁祖荫如此殚精竭虑，身体也垮了，又值袁世凯复辟帝制的端倪已现，他便产生了思归之意。1914年，因历年捐款兴学，成绩卓著，丁祖荫获民国政府大总统特别奖，获授一等金质金鹤奖章及总统亲书的匾额一方，省长还要保升他为道尹。但丁祖荫此时已无意仕途，屡递辞呈。吴江各界民众极力挽留，但他去意已决，连写七次辞职信，始获应允，得以归里。临行时，吴江乡绅特地赠送了《红梨去思图》，并纷纷题诗，有诗写道："闻说好官去，湖水清复清。不尽低徊意，秋风写离情。""虞阳丁夫子，卓哉贤县公。教养培元脉，民刑振颓风。政猷拓警界，匪胆寒盗雄。宽猛郑子侨，遗爱将毋同。"称他为"虞阳丁夫子"，表示了对他在吴江治政的肯定和对他离任的惋惜。丁祖荫把在吴江时的施政经历和制定的种种制度公文，编成《松陵文牍》一书。

丁祖荫回归故乡后，遇公事积极参与。那时正是北洋政府主政时期，军阀混战，主要是苏浙军阀齐燮元、卢永祥交战，溃军几次过境，频频骚扰地方，勒索钱粮。丁祖荫与县内贤者，出面周旋调停，花钱消灾，地方幸得安宁。他对地方社会事业建设不遗余力。他曾任县禁烟公所董事，办过私立海虞图书馆，出售教育用书，全力助推新式小学教育发展和民智开启。他积极推动公立图书馆的设立。1914年，丁祖荫倡议创办常熟公共图书馆，得到社会各界的支持，尤其是得到瞿启甲、徐兆玮、张鸿、曾朴、宗舜年等社会贤达的全力相助。1915年3月，丁祖荫等人联名向常熟县教育款产经理处呈文，请求建立县立图书馆。4月1日，县知事同意筹办图书馆，并任命瞿启甲为筹办主任。丁祖荫、张鸿、王兆麟、俞钟颖、丁国钧等人纷纷献出藏书，江南图书馆馆长缪荃孙闻讯后亦慨然出书相助。丁祖荫、徐元绶等人还派人分赴苏州、杭州一带，出资2000余元购买了一批书籍。县立常熟图书馆一开办即拥有雄厚的基础，与丁祖荫等人的全力相助是分不开的。

1917年，丁祖荫受县知事礼聘，出任《重修常昭合志》总纂，地方名士耆宿纷纷参与，共襄修志大业。丁氏亲自为全书制订凡例，编定《例言》，规定收载范围、分卷统门、文图表谱诸问题。他查阅考证大量旧志、典籍、史书、笔记、文集，撰写许多条目，纠正前人所编旧志中的一些错误，补充最新的资料。为编志，他日夜操劳，几乎废寝忘食。1924年志稿大部完成，共二十二卷。他过世后，后继者继续修订完善，在抗日战争前开始排版印刷。《重修常昭合志》是常熟地方志中的集大成者，为后代留下了极为珍贵的地方历史资料。

1918年3月，丁祖荫出任常熟县教育款产经理处总董，负责筹划管理全县教育款产，参议邑中学务。在他任期内，地方教育事业得到大发展，新办学校如雨后春笋。1926年他又被聘为地方款产处主任。因为连年军阀混战，每次溃兵过境，地方上总要付出巨款充作军饷，故他上任时查账，发现地方财政匮乏将竭，向商户乡绅借垫的资金也发放殆尽。他综理微密，开源节流，一年后余积储银竟有十万多元。1927年，国民革命军北伐抵常，成立新政府。丁祖荫被认为是守旧乡绅，不受信任而被解职，新成立的国民党县政府很快就将他辛辛苦苦积下的钱粮耗费过半。

丁祖荫不仅在治理县政方面卓有建树，还是一个搜罗古书并喜爱读书藏书的"书痴"。他家中藏书楼名"缃素楼"，为清末民初常熟著名的藏书楼之一。所收善本古籍数万卷，有的来自赵氏旧山楼、莫氏铜井文房旧藏等，其中不乏珍本精品，如被郑振铎誉为"国宝"的《脉望馆抄校本古今杂剧》，是明代藏书家赵琦美手抄的，历经钱谦益、季振宜、黄丕烈、钱大昕等人递藏，为海内孤本，最终由他收藏。还有顾千里校勘本、黄丕烈点校本、赵琦美手抄本等。家藏抄本见于文献记载的达20多种，稿本也有近50种。他十分重视常熟地方文献的搜集整理，也精于目录校雠，曾经校阅过多本地方文献，校阅编辑并出版了许多珍贵旧籍，使之得以保存并流传。其中有《虞山丛刻》14种、《虞阳说苑》32种以及《虞阳说汇》《逸史》等。他的诗作被编定为《一行小集》。他的日记保存在上海图书馆，虽然所记比较简单，但因为他长期参与地方政事和公益活动，所以日记有一定的史料价值。国民政府成立，丁祖荫不但不受重视，反而处处受到排挤，而此时他的一些故交也纷纷谢世，他感到在家乡待不下去，便于1930年春移居苏州大公园旁。同年7月22日，他因病逝世，终年60岁。

丁祖荫的藏书，在抗日战争中大量散失，有的流入书市。丁祖荫的忘年交潘景郑先生在生活非常困难的情况下收购了不少丁祖荫校本，这些校本现大多被上海图书馆珍藏。其中《脉望馆抄校本古今杂剧》，由郑振铎出重价收购于书商，珍藏于国家图书馆。另外，常熟图书馆现亦藏有少量由丁祖荫撰写题跋的图书。

蒋凤梧

蒋凤梧

蒋凤梧（1873—1949），字韶九，晚号忍成居士，常熟人。教育家。曾任苏州公立第一中学堂监督，苏州草桥中学、苏州铁路学堂学监，常熟县立女子高等小学校校长，江苏省第九师范学校校长，常熟县教育局董事会主席，江苏省立第一师范学校（今苏州中学）校长，福建省教育厅厅长，常熟私立中山中学校长等职。

蒋为常熟八大姓之一，蒋氏世代以攻读为业，素有传承。光绪二十一年（1895），蒋凤梧成秀才。丁祖荫等创办中西蒙学堂后，蒋凤梧在该学堂任教，历时八年。光绪三十一年参加江苏省学务总会，同年自费至日本留学，在弘文师范学校教育科学习。光绪三十三年毕业回国后，当选为江苏省学务总会干事，后又任视学员。同年9月，任苏州公立第一中学堂监督，此后又担任苏州草桥中学、苏州铁路学堂学监。

1911年11月7日晚上，常熟、昭文两县的地方人士集合在县自治公所，商议一件历史性的大事，那就是响应武昌起义，宣告昭文县并入常熟县，实行地方对清廷的独立。当时代表常熟教育界参加会议的就有蒋凤梧。在推选地方行政长官时，蒋凤梧和学界的新派人士一致推荐为常熟新式教育做出巨大贡献的丁祖荫出任此职。虽然其时丁祖荫不在常熟，但新派学界人士用坚持挫败了守旧的退休官员攫取地方大权的企图，取得了决定性的胜利。

1912年，各政党纷纷成立地方组织，蒋凤梧被选为共和党常熟分部副部长。同年3月，任常熟县立女子高等小学校校长。1913年4月，当选为第一届国会众议院议员，并担任江苏省第九师范学校校长、常熟县教育局董事会主席。1916年2月至8月，他任江苏省立第一师范学校校长。1917年9月，任福建省教育厅厅长；1919年年底去职。1922年，第二次恢复国会时，蒋凤梧再次当选为众议院议员。

1923年，瞿启甲、徐兆玮、蒋凤梧三位来自常熟县的国会议员赴京参会。当时北洋军阀中直系派的头领曹锟正做总统美梦，他许下承诺，凡投他票的议员，当场兑现5000大洋，意图通过公开的行贿来攫取大总统的职位。曹锟贿选，该怎么面对？瞿启甲和徐兆玮表示坚决不受贿，蒋凤梧也把银票退还，三人联名发表拒贿声明，拒不参加选举，毅然离京返回故里。

1925年2月，蒋凤梧担任淮扬道尹（为省级政府派出人员，相当于地区级官员）。军阀时代贿赂舞弊十分常见。有一镇守使荐其亲戚至蒋凤梧幕下，并开价要几许薪金。蒋凤梧不为所动，答道："我做官不带钱来，也不带一分钱归。下面开支均有公家支付，不能应你要求。"为此而与地方军阀发生矛盾，最后他辞去道尹官职回到常熟。

蒋凤梧回至常熟乡间，在蒋氏尚湖庵之侧，筑造小楼两间，名曰"照山楼"，和佛教三宝弟子数人，诵经茹素，居小楼、避风雨，延揽山水，淡泊明志。1935年，蒋凤梧受诸善士嘱托，主持南京慈悠院。临行时，杨无恙画一佛像，上有长题，赠给凤梧，以为寓斋供养。

1937年11月，日寇攻陷常熟县，蒋氏之屋亦被焚毁过半，全家生活日益贫困。有人曾多次上门劝说他出任维持会伪职，被他严厉拒绝。家乡贤达之士对他的言论行为皆表示赞赏和敬佩。迫于战争，他携家人避居上海。1945年8月，抗日战争胜利，蒋凤梧回到常熟。当时汪伪办的江苏省第七中学停办，该校原有的初中部学生转入孝友初级中学或其他学校，高中学生因县内无高级中学而失学。为此，蒋凤梧与教育界、实业界人士王益厓、蔡德恭、夏素民等发起，联合地方各界知名人士，在旱北门大街原集善医院院址创办私立中山中学。是年10月开学，成立校董会，众人一致推荐蒋凤梧出任校长。蒋凤梧对教育有自己的想法，他认为教师责任，首在教人，其次才是教书。教师要从自己做起，如若自身品行不好，便不能教人育人。他每隔七日必亲自为学生讲道德教育课，循循善诱，语重心长。两年后，他眼见国民党统治日趋腐败，遂辞去中山中学校长之职，连当选的县议员也辞去了。

蒋凤梧爱憎分明。一日，他在茶馆品茗，恰有在日伪政权里任过伪职的汉奸蒋志范也来喝茶。这个蒋志范是众所周知的无耻文人，在上海教书时就一直品行不端，丑行为人所不齿。常熟沦陷前，他在抗敌后援会召集的民众大会上信誓旦旦称决不做亡国奴，表示誓不与日本人共戴天日，号召人民一致起来和日寇决斗。但日军入侵常熟后，他立即投降日军，出任伪维持会学务处处长，还恬不知耻地在集会上吹捧日军。抗日战争胜利后，蒋因年迈而没有受到严厉惩处，仅被罚在文庙前跪下请罪。蒋凤梧对同族中这个败类极为厌恶。两人一言不合，蒋凤梧举杖便要击蒋志范脑袋，而蒋志范掷茶杯还击。幸被旁人拉开，蒋凤梧未受伤。蒋凤梧之举虽急躁，却博得人们赞赏。蒋凤梧性刚而体弱，目睹政府腐败，不胜忧愤，曾两次胃出血，幸而痊愈。后又患眼疾，做手术摘除一只眼以保全另一只眼。1949年春，益友金叔远去看望他，蒋凤梧说："闻人之死，我辄羡之。"颇有厌世之意。谈及哲理，崇尚孟子的仁义，对近代律宗的弘一大师十分钦佩。不久，蒋凤梧在门口的小河中自溺而逝，卒年77岁。殁后，中山中学为他立碑纪念。

居住在焦桐街的秀才金叔远，常熟解放前曾任东吴大学、同济大学教授，他和蒋凤梧是同年生，两人皆是博学多才、有气节的爱国老人。叔远性格温柔无躁，听到凤梧之死，撰文而悼："君子生也，人重其清贞；君之死也，人哀其阨屯。或曰君胡为水死，予曰佛不贪生，君不胜家国之恨，不止贫病交迫而已。列子云：久生之苦，久生奚为。亦既多病，四大不和，死亦何畏之有。"

宗子威

宗子威画像

宗子威（1874—1945），原名嘉仪。溥仪登基，为避讳，改名子威，亦名宗威。是南宋著名抗金将领宗泽的第二十七代孙。光绪三十四年（1908）拔贡进国子监，曾任北洋军阀政府交通部秘书多年。湖南大学教授、诗词骈文家、现代著名诗人，精研国学多年，腹笥渊博，才华横溢。

光绪三十四年，溥仪即位；次年改元，是为宣统元年。清廷为了庆贺新帝登基，在科举制已废除的情况下，仍然举办己酉科拔贡科举考试。宗子威和俞可师在江南应试，分别高中常熟县和昭文县第一名。是年，宗子威受聘于石梅公校，任修身、国文、经学、历史教员。宣统二年（1910），宗子威和俞可师两人同赴北京参加朝考。第二年，两人又同被分发到河南开封候补，这时，清朝灭亡，民国成立。1914年春，宗子威把自己的胞妹宗秀松嫁给了俞可师，两人成了郎舅，在浓浓友情之外又添深深亲情，从此他们志趣相投，胜似兄弟。两人返归故乡以后，宗子威先任《常熟日报》主笔，后入县署任实业科科长。俞可师先后任海虞市议会议长、常熟县农会会长、实业科科长、常熟电气公司经理和江苏省电业联合会执监会委员等，为常熟乃至苏州、无锡、常州电业的发展做出了贡献。

1915年起，宗子威受聘于北京高等师范学校，开始了教育生涯，曾担任老舍先生的语文教员。老舍在北京师范学习的五年中，成绩一直居于上等，受校长方环和国文老师宗子威的影响，开始写诗、写散文和演讲，光芒毕露，这是在文化基础上奠定他将来创作生涯的第一步，也是他将来走向社会的一个重要起点。宗子威还在北方各大学兼职任教，1929年又受聘于张学良少帅创建的东北大学，讲授诗、赋、古文辞，深受校方倚重和学生欢迎。

“九一八”事变后，宗子威辗转回到北平，与家人团聚。当时北方战云密布，时局动荡，他思乡心切，于1932年“一·二八”淞沪抗战后，携眷回到常熟。其时常熟城北虞山下刚建成一座新公园，清明前一天，宗子威、俞可师郎舅二人去北门扫墓，归途中到公园栗里茶室品茗，俞可师有诗《寒食偕子威品茗公园》记其事：“小小园林跨涧阿，阿依树木十年多。半泓活水亭为系，一角青山堞若驮。襟上酒痕沧海劫，松间茶社白云歌。夕阳画出春光好，游子才归栗里过。”

1933年，宗子威到达湖南，曾到过长沙、新化、蓝田、溆浦等地，在湖南国学专科学校、湖南大学、上梅中学、国立师范学院任中文系教授。田翠竹的《晚晴楼忆语》中说：“先生（即宗子威）诗作，充满爱国之情，一唱三叹，余音绕梁，我每读一遍，即增加对先生的一分敬仰之忱。”柳亚子说：“子威先生，吾吴耆宿。”称赞他“香岛遗珠余感慨，蓝田种玉岂彷徨”。著名诗人樊增祥写诗赞他：“万卷蟠胸富积储，三唐正路野言除。文章绮丽翱翔凤，心地灵通活泼鱼。七字冥搜经百炼，一珠探得弃其余。寻常莫当诗钟打，忌用坊刊小说书。”宗子威的诗作《即席诗韵奉柬》：“懒看北胜与南强，丁字沽头一水苍。诗品源流钟记室，食经滋味段文昌。座中落落谁宾主，眼底纷纷几霸王。鹰集不知归燕志，声名早擅旧文场。”饱学诗文，落笔自有高屋建瓴之势。

抗日战争时期，长沙屡遭敌机空袭，宗子威避走新化，任教于上梅中学。1938年4月11日，宗子威在上梅中学课堂上宣讲抗战，引起强烈反响。当时聆听他讲课的上梅中学学生曾昭仁，在同年4月27日出版的《新化日报》上发表文章《悲痛的一点钟——四月十一日记》，对此做了如下记述：

宗子威先生匆忙的步子踏进了教室。同学们的敬礼尚未完毕，高亢的音调已爆出了他的嘴唇。“各位，昨晚不是有岳麓山被敌机轰炸的消息吗？湖大，壮丽的屋舍，数不清的贵重藏书，有名的李北海碑……这些这些，现在已成为二十七架敌机淫威之下的牺牲品了，这岂非汉奸作孽！这能不使人痛心！”他重重地拍着胸膛，滔滔悲述所看到的一切。

“不打紧，诸位！”最后宗先生的语气忽又转变了，“这不过因我曾在那里教授五年，对他们起了极难舍的留恋，其实呢并没有多大关系。这只是我们物质的损失，我们有的是脑子，我们的精神是绝不会受损失的！”宗先生的话实在不错，教育与国防的关系原是密切不可分离的，现在的学校和书本虽已遭了敌人的轰炸，我们必当建立起不能轰炸不受摧毁的精神教育来！

1938年10月，湖南大学正式西迁，著名国文教授宗子威以及许多著名学者随同学校迁往辰溪。一时间龙头垴上名师荟萃，讲席生辉。1939年，宗子威在新化与贺涤尘、柳敏泉等共同组织“荑江吟社”。当时外省高校纷纷避难迁至新化，一时文人云集，入社者甚多。诗社发行社刊，以吟咏宣忧思，号召众人同仇敌忾，佳作甚多，堪称“抗战诗史”。

宗子威先后在湖南辰溪、溆浦任教。抗日战争时期，艰苦备尝，耗尽了他最后的体力与精力。1945年8月，抗战胜利的消息传来，宗子威却永远地闭上了眼睛，终年72岁。

宗子威工诗文，著有《度辽吟草》《燕游剩草》《劫余吟》，以及《小说考订》《骈体文存》《诗钟小识》《子威剩稿》等。王芸孙先生称他“精研国学多年，腹笥渊博，才华横溢，发为骈文旧诗，极为工丽。在北京时，为诗社巨子，与樊樊山乡丈齐名，蜚声海内”。

徐念慈

徐念慈

徐念慈（1875—1908），原名蒸乂，字念慈，后改字彦士，别号觉我、东海觉我。晚清诸生，昭文（今常熟）人。晚清著名教育家、翻译家、出版家和小说家。中国近代科幻小说创作先行者，中国近代重要文学家之一。

徐念慈出身书香门第，家境富裕。有一弟徐粹庵、一妹徐韵芬；父徐金篆，邑诸生（即为县里的秀才）。幼时聪颖过人，论事很有主见。青年时代“弱冠精通英、日文字，擅数学，能文章，以时誉鸣乡里”。人称他“少小挺英姿，天赋自瑰异”。他对科举所需的帖括之学不甚上心，勤习算术与外文。20岁左右便通英、日文，擅长数学和写作。21岁时，徐念慈考取秀才，岁科两试均在一等前列，取得廪生资格，可是他却鄙视这种科举制度，不愿进入仕途。

光绪二十三年（1897），在新学潮流的催动下，徐念慈与志趣相投的丁祖荫、曾朴、殷次伊、张鸿等在常熟创办探讨中西教育异同的学术机构中西学社，“日夕与侪辈讨论学术，靡间寒暑”。徐念慈与开明士绅丁祖荫、张鸿、曾朴、潘任等人，倡导新式教育，虽遭顽固势力百般阻挠，但最终还是冲破各种阻力，在常熟开办中西蒙学堂。次年，他又自行筹款，悉心规划，将该学堂增扩为中西学堂，在此当了6年半老师，兼教历史、地理和算术课程，编写教材讲义。光绪二十八年（1902），蔡元培、蒋维乔、黄宗仰等在上海创办中国教育会，以教育掩护革命。徐念慈亦参与其中，并集合邑内同志组织教育同盟会。光绪二十九年，徐念慈加入兴中会，并将教育同盟会改组为中国教育会常熟支部，与丁祖荫、殷次伊共同主持。同年，他翻译了英国马斯他孟立特的冒险小说《海外天》，以后又翻译美国西蒙纽加武的科幻小说《黑行星》，日本押川春浪的军事小说《新舞台》，英国卫梨雅著的军事小说《英德战争未来记》等小说几十种，被认为是“开拓翻译新途径的前锋”。徐念慈的文学根底很深，又喜爱科学，懂外文，思想敏锐，这促使他很早就对著译科幻小说产生兴趣。他在《绣像小说》杂志上，连载发表了《月球殖民地小说》。当代研究科幻小说的著名作家叶永烈先生认为这是中国最早的科幻小说。此外，他还创作出了中国历史上第一篇完整的科幻小说《新法螺先生谭》，被视为是中国近代创作科幻小说的先行者。

光绪三十年，徐念慈在常熟大东门塔前公立小学创办速成算学社，开近代中国函授数学教育之先河。同年秋，徐念慈与丁祖荫、曾朴等发起，创办常熟公立竞化两等女子学堂，他任教务主任。女界学风，由此渐开。徐念慈在开学歌中写道：“辛峰兮郁葱，文明秀气钟。我辈姊姊妹妹，入学勤课功，愿及时发愤将普通科学攻。男女原平等，自由之神铸像铜。组织新社会，女权恢复是英雄。改革旧社会，解脱奴隶有几重。”竞化女校创办时，先设在东门内醉尉街，设在曾园内，招生仅二三十人。民国初，迁至石梅游文书院原址，改名为常熟县立女子高等小学校。光绪三十一年，徐念慈加入江苏教育会。光绪三十三年9月，他被推选为江苏教育总会干事。同年，他又发起成立常昭教育会。

光绪三十年秋，徐念慈与曾朴、丁祖荫在上海创办小说林社，并担任小说林社编辑主任。他在《小说林》上发表《余之小说观》，提出小说离不开人生，小说反映人生的见解，在当时具有重要的进步意义。他创作的白话小说《情天债》，反映了民主革命思想。光绪三十三年2月，小说林社正式推出《小说林》月刊，该刊是晚清四大小说杂志之一，徐念慈任总编。《小说林》最突出处，在于作者们对小说有较高的理论认识。徐念慈指出："小说者，文学中之以娱乐的，促社会之发展，深性情之刺戟者也。""小说固不足生社会，而惟有社会始成小说者也。"然而，徐念慈在经营上经验不足，他看商务印书馆以教科书为中心，便"起竞争之心"，提议编辑部增出参考书，建立小说林社股东会专事供应参考书与大书店进行竞争。对此，总经理曾朴认为太冒险，失败的风险很大，竭力反对，但徐的提议却在股东会上通过，并被付诸实施。在徐念慈的力推下，小说林社增设宏文馆，编辑辞典、地图之类的书籍，出版了《植物学》《矿物学》等6种参考书，在编之书达18种，此外还要出"帝国最新十大词典"。由于成本过高、资金有限、推销不易，资金周转困难。他虽拼命努力却无济于事，连员工薪水都不能按月支付，只好先后在上海竞存公学、爱国女学、尚公小学兼课，以维持生计。

光绪三十四年（1908），徐念慈积劳成疾，胃病加重，又因误服猛剂，吐泻不止，不幸英年早逝，时年仅34岁。8月5日举行追悼会，曾经合作共事创办新学的曾朴在悼词中对他的贡献做了高度概括："初本以算术著，继乃以教育著，近更于小说界崭然露头角。盖棺戢雄志，吾为中国哭斯人。"好友丁祖荫为他撰了行述，后在编纂《重修常昭合志》时，把徐念慈列入"人物志"。徐念慈去世三个月后，《小说林》杂志出了纪念徐的终刊号。就在这一年，小说林社被以3000元盘给有正书局。小说林社存在的时间不长，却出版了120多种小说，在"小说界革命"中起到重要作用。

徐念慈是热心新学的著名教育家，又是成就卓越的文学翻译家。他开展编辑出版活动，译介域外优秀文学作品，从事科幻小说创作，为中国近现代文学的发展做出了贡献。

萧退庵

萧退庵

萧退庵（1876—1958），原名嶙，字盅孚、中孚，后又更名蜕，号蜕庵、退庵等。常熟人。光绪二十四年（1898）庠生。南社社员，享誉民国书坛的著名书法家。曾先后在上海城东女学、爱国女学执教，在常熟县立女子高等小学校任管理兼国文、地理教员。

萧退庵出身书香门第、艺苑世家。他幼年承家训，少时读书好古，治学严谨，博通经史，兼精小学、训诂，尤工书法，能诗善文。初治六书、三礼、舆地之学，然不肯应试，绝意进取，父亲责令他随长兄赴江宁参加秋闱考试，他以病不去，在家精研医学，医名、书名著于乡里。

萧退庵曾从无锡名医张聿青学医，以医术精湛而闻名。他曾被推为上海中医公会副会长，移居苏州后，任苏州中医学协会顾问。虽生活清贫艰难，但他心地仁慈，给人看病常不收诊费，并免费施药于贫病孤鳏，造福民众。

辛亥革命后，萧退庵赴上海寓居，他和李叔同都在杨白民开办的城东女学任教。后在爱国女学任教，曾继蔡元培之后代理校长。他倡言革命，勉励学生爱国自强。他先后参加南社和同盟会，以文字鼓吹革命。

萧退庵早年师从篆刻名家邓石如，书工诸体，精篆籀、行书，皆自成一家。其篆书美丽庄重，体匀流转，血肉丰盈而不肥钝；行书得北碑和唐碑之精髓，用笔取苏轼、刘墉之长，深沉敦厚，圆浑苍润，峻拔奇逸。他真、草、隶、篆、行五体皆能，艺术成就全面，声名远播朝鲜、日本。1927年移居苏州，先后住在山塘街、金狮河沿、大石头巷等处，靠鬻书为生，后长期居住在圆通寺，布衣粗食，优游林泉，寄情翰墨。其间，萧退庵积极参加艺术社团，和同道好友互相切磋。苏州地方名人张仲仁、贝哉安、吴子深、费仲琛等发起成立冬季书画济贫会，萧退庵与吴湖帆、王同愈等加入。每年秋冬时节，他们捐赠书画精品展览出售，把所得费用全部用于救济缺衣缺食的贫穷百姓。1928年，萧退庵与黄宾虹、汪声远发起组织国画补习社。萧退庵一生鬻书，子弟众多，著名的书法家邓散木、沙曼翁都是他的得意门生。在上海，邓散木享誉书坛，篆刻和诗文都佳；而苏州的沙曼翁各体皆精，深得乃师之法，还工于金石篆刻。曾为虎丘试剑石题字的越溪龙池庵雨丰和尚，洞庭东山显庆寺的闻达和尚，也是退庵先生的佛门弟子，书法造诣也十分了得。

1935年，苏州北局青年会举办“百乐艺林书画展”，萧退庵和张辛稼、吴待秋、蒋吟秋等五十余人参加了展览，展五日，观众达五千余人。1936年7月，吴秋岩联合萧退庵、吴待秋、陈迦庵、樊少云、顾墨畦、吴敩木等书画名家，秉承以艺会友的宗旨，成立“绿天文艺馆”。同年7月16日，《苏州明报》出“绿天文艺馆展幕纪念特刊”一期，由萧退庵题写刊头。1942年，以“举行美术展览、出版美术月刊、提倡美术教育”为宗旨的江苏美术协会在沧浪亭成立，萧退庵、赵子云、卫东晨、柳君然等二十余人加入。1945年夏，应天放楼主人金松岑之请，萧退庵为张善孖、张大千昆仲所作《冷香阁图》题引首“苏州虎丘冷香阁雅集第二图”十二个篆字。在民国书坛，萧退庵是具有代表性的书家，有“江南第一书家”之誉。国学大师钱仲联先生将他喻为“地文星圣手书生”。

萧退庵一生最好的朋友有两人，一为李叔同（弘一法师），一为印光法师。李叔同出家前，有一次突然得病，数次求医无效，经萧退庵诊治后即痊愈，李对他敬佩有加，二人结下深厚友谊。李出家后居杭州玉泉寺，1919年托杨白民转请萧研究止咳丸制法，有《致杨白民并萧蜕公》函。萧退庵经常往返苏沪，与李叔同和印光法师讨论书道，交流书法心得。萧退庵后皈依于苏州灵岩山寺谛闲法师，法号慧脱，署款有脱居士、本无、皋（罪）松、幻一等，旨在忘却芜杂的社会现实，寻求心灵的一方净土。萧退庵59岁时应印光之请为灵岩山寺大雄宝殿书联（当时印光正在灵岩下院报国寺闭关），联曰：圜悟藏性彻证自心道通天地有形外，慈起无缘悲运同体恩遍圣凡含识中。抗日战争全面爆发后，印光应妙真法师之请移锡灵岩山，萧退庵又专程前往拜谒。1940年，萧退庵以篆书题写“印公老人八秩德相”。灵岩山西南麓的韩世忠墓碑一度被飓风吹倒，碎成十几块，妙真法师主持修复“宋韩蕲王墓神道碑”，碑额篆书由萧退庵题写。当时，常熟监生堂住持玉辉，三峰寺雪参、逸溪，宝岩寺含辉等都因萧退庵的艺德双馨和深悟佛理而纷纷投其门下。

萧退庵性情高傲拔俗，不好交游，对权贵和势利场中人不屑一顾，尚气节。常熟沦陷期间，他蓄须且着僧服。一次，汪精卫大开寿筵，遍邀当时作家赋诗题字，伪省长李士群向萧退庵求取笔墨，许以重金，萧退庵婉言谢绝，并对人言：“汪同我过去均为南社社友，应知我野性难驯，不善逢迎。”其风骨可见一斑。

萧退庵虽离开常熟多年，但仍心系故土故人。王伊编纂成《三峰清凉寺志》二十卷后，因经费短缺，一直没有刊行。1941年，三峰寺住持逸溪把书稿交给他的老师萧退庵，萧退庵审读书稿后，为寺志题签、书端并题跋，又和弟弟萧蛊友一起节衣缩食，把寺志刊印。

晚年的萧退庵生活孤独而困窘，形单影只，常在茶馆独自小坐。真正识其学识和书艺的极少，他鬻书的生计难以维持。篆刻名家赵古泥曾为萧退庵镌“虞山第一世家”印，后因生活贫困，萧氏将此印售与上海王某。新中国成立后，1953年，在友人的推荐下，萧退庵被聘为江苏省文史研究馆馆员，但因年事已高且身体欠佳而未任。1958年5月26日，萧退庵逝世于苏州，终年83岁。临终时，他撰写了一副对联“能读万卷书，气象远矣；作退一步想，身心泰然”，表达了心清意洁、高远旷达的胸怀。

萧退庵一生醉心于书法并成为一代书法大家，他修身重于修艺，修艺赖于修身，不求闻达，不趋时，不媚俗，在岑寂清贫的书斋里，对艺术潜心探索，博取广收，给后人留下了丰厚的艺术财富。有诗人对他礼赞有加：“心系龙蛇隶篆功，合参经史五明中。乐栽桃李江东圃，善继岐黄高世风。野衲身敧南苑碧，杜鹃血映释须红。僧携无问浮生事，争识出蓝年少翁？”

钱育仁

钱育仁（前排左二）与图书馆人员合影

钱育仁（1880—1958），字安伯，号南铁。江苏常熟人。清优廪生，早年列名南社，颇有时望。历任《新常熟报》及《自由报》记者、虞社社长、常熟图书馆馆长，并任《重修常昭合志》编纂委员会委员。著有《荔圆楼骈文》《荔圆楼集》《荔圆楼续集附外集》《荔圆楼忆语》《虞山方言考》等。

光绪十九年（1893），钱育仁考入游文书院读书。光绪二十五年己亥科试，以一等一名得岁贡。时人曾有“道路争看小秀才”诗相赠。后四次赴省试不第。科举制被废除后，他绝意仕途，潜心文学，从师研习骈体文，文风独树一帜，是虞山派骈体文的重要创始人之一。

清末，反对清廷腐朽统治、进行社会变革的思想在知识分子中间的影响越来越大，具有进步倾向的钱育仁深受孙中山革命思想的影响。光绪三十一年，力主杀害女革命家秋瑾的浙江巡抚张曾敭调任江苏巡抚，全省各界人士联名电京抗议。常熟人曾朴和《上海时报》主笔狄平子最先发动，亲自领衔发文声讨。钱育仁也闻风而起，撰写了《警告苏人士》一文，声明秋瑾之被杀为冤，并称张曾敭“惨酷无理戮杀无辜，草菅人命”；又说张来吴之日，“即吾苏人死刑宣告流血纪念之日也，设他日以处秋瑾诸人者处公等，或又甚之，公等虽欲噬脐，其何及已”。宣扬了正义，警醒了百姓。

辛亥革命后，钱育仁曾任国民党常熟分部文字科主任，兼国民党机关报《新常熟报》及《自由报》记者。钱育仁利用记者的身份，发表大量评论，以期开启民智。他在《新常熟报》发刊词中写道：“本报对于同盟会，助长其进行，发挥其党义。保障共和，则非种必锄也。监督行政，则威武不屈也。道德之隳落也，则思所以改进之。民智之锢蔽也，则思所以灌输之。舆论之混乱也，则思所以指导之。记者挟三寸之管，与恶魔战，与社会战。幸而胜，则党之荣也；其不胜，则记者虽为之牺牲，亦无所扰焉。……三千毛瑟，拿翁闻而坠心。”这份宣言充分揭示了报纸保障共和、监督行政、改进道德、开启民智、揭露社会腐败以及宣扬舆论自由的作用，也展现了作为记者为正义而牺牲的决心。钱育仁认为，记者挟三寸之笔，应起到三千毛瑟精兵的作用，即使拿破仑听到也为之心惊，只有如此，记者才算是名副其实。

1913年，宋教仁案发生后，孙中山领导“二次革命”，讨伐袁世凯。江苏督军程德全宣布独立，时任新庄乡乡董的钱育仁振臂响应，在常熟全县率先发表独立声明，坚决声讨袁世凯。钱育仁将独立声明同时刊登在《新常熟报》和《自由报》上。两份报纸被袁世凯当局勒令停刊，钱育仁也遭到通缉，藏入无锡须企文家的复壁之中才幸免。事后他谈到此事时说道：“余以嫌疑被省吏名捕，亡命在外，狱急时亲友惧祸及，鲜敢容者。”并作诗记之：

癸丑秋讨袁军失败，余被省吏名捕，遁居某邑农家斗室，黑暗不见天日。一灯荧然，读书自遣。中秋夕，浮云蔽月，冷雨敲窗，感而有作。

居然名入党人碑，缇骑西来去国时。
出昼岂容三宿后，饯行谁赠四贤诗？
飞章告密收文举，复壁仓皇匿赵岐。
热血早拼今日洒，杜陵萧育是男儿。

袁世凯死后，钱育仁重新担任新庄乡乡董，紧接着《自由报》复刊，在复刊祝词中钱育仁又重新强调了报纸的作用：“《新常熟报》《虞阳报》《自由报》各报，握秃笔，出片纸，力持正论以监督行政，指导社会。虞之民，目有视，视报纸；口有述，述报纸；心有慑，慑报纸。如云之起，如日之升。噫，盛矣。”对于《自由报》的复刊，钱育仁将其比为“屈蠖求伸，蛰龙应震”，同时认为“经一度之磨折，则增一番之历练，即多一分之光明”，同时也重申其“不为委屈，不为利诱，惟以伉直之气，严正之论，与邑人士相见”的报人立场。

1920年，钱育仁与常熟诗坛好友陆宝树、金鹤翔、蒋祖垚、俞鸥侣联合俞啸琴、郑北野等人创办了诗社“虞社”。此后，他主持虞社，定期在虞山脚下的石梅组织诗会，还组织了规模较大的三次社员雅集“吟梅雅集、梅花百咏、香国百咏”活动。钱育仁主持虞社，“日手一编，潜研国学，以文字与海内外名流相见”。1928年春至1935年底，钱育仁担任虞社第三届社长八年之久，特别是1931年，钱育仁举家迁居常熟城内书院弄，更方便了他与城区诗人的交流，也使虞社的业务开展更加便利。在其主持下，虞社进入发展的黄金时期。在《虞社》诗刊上发表诗作的社员遍及全国十八个省区市，最盛时达550多人。邑之诗人孙师郑、宗子威、杨云史、杨无恙等都有作品刊登，外地的社会名流如当时国内较有影响的学者章太炎、钱基博、唐文治、樊增祥，以及南社骨干柳亚子、高吹万、胡石予、范烟桥等也先后成为虞社社员，发表诗作。《虞社》从月报改为旬报，后来又改为每月出一册，共发行两百多期。同时辑录《虞社菁华录》一册，保存了社员数以千计的优秀作品。

1937年11月，日寇侵入常熟，作为诗社主体的常熟籍社员纷纷到上海租界或后方避难，诗社宣告解体。虞社在存在的十七年中，对常熟地方社会以及全国文坛均产生了重要的影响。

1940年4月，常熟县立图书馆馆长胡炳益辞职，钱育仁出任馆长。这时常熟已经处于日伪政权统治之下，钱育仁做了一年馆长，既受困于经费的不足，还要受到日军的骚扰。驻常日军宪兵队几次闯入图书馆，威逼馆员销毁“侮辱皇军”和宣传抗日的书籍、报纸。钱育仁身为馆长，为了应付，也为了尽可能保护馆藏书报，与馆员们商议后，不得已从书报中挑出书籍3000余册、报纸三捆送给宪兵队敷衍了事。但馆藏珍本古籍都得以保全。1942年5月，钱育仁愤而辞职。

1944年10月，常熟出版了一本名为《虞山游览指南》的小册子，主要介绍常熟城内外的风景名胜，以及住宿、餐饮、人力车费用等。钱育仁作序："他年环山路成，铁索车上山，避暑养疴选胜者必踵趾相接；抑且围尚湖为公园，辟浒浦为商埠，就福港筑游泳池，划沙洲为模范市，秩如井如，进步腾跃。西人称瑞士为世界公园者，安见虞山不足为中国公园耶？"他比较精确地预测到了七十多年后常熟的面貌，不得不让人佩服其远见卓识。

钱育仁继妻缪令芬，操办家中一切事务。她相夫教子，治家有方。1923年6月，在北京的常熟籍官员曾将缪令芬事迹呈报北洋政府内务部，内务部颁赏黄绶银质奖章及大总统黎元洪书"至性过人"四字匾额。在钱育仁夫妇的精心抚育下，钱家诸子各成一业，其中钱人虎"擅交际，通四国语言，使习政治外交"；钱人俊少言寡语，"使习中医"；钱人平"喜丹青，使习美术"；钱人元"性情而虑密，使习化工"。钱家诸子均有成就，尤其是钱人元，他是著名高分子物理学家和化学家、中国高分子物理研究与教学的奠基人、中国科学院院士、全国政协委员。

萧蛊友

萧蛊友

萧蛊友（1881—1947），原名守谦，字仲渊，号冲友、冲居士等。常熟人。萧退庵之弟，清末民国著名书法家、藏书家。早年入上海数理化专修学校，毕业后留校教授数学，归故里后执教于常熟石梅公校。

萧蛊友的父亲萧阮生，清附贡生，同治、光绪之际，曾在庐江县衙内任小吏，仅年余即告归。晚年杜门不出二十余年，喜好抄书。在家风熏陶下，萧阮生三子萧麟徵、萧退庵、萧蛊友均以书法名著乡里。张鸿称萧阮生为“萧夫子”，而其三个儿子被当地人称为“常熟三萧”，在文化领域各有建树。萧氏三兄弟中，文学以萧麟徵为最，而书法则以萧退庵、萧蛊友最为著名。萧蛊友书法初学欧阳询，后学李北海并晋唐小楷，旁及文徵明、黄道周、恽格；隶学《曹全》《史晨》《张迁》诸碑，方圆并运，并参以篆意，风致独特。萧退庵称赞其“俊逸超妙，可比冬心”。

除醉心于书法外，萧氏兄弟还笃志于藏书，家有藏书数万卷，斋室有旋闻室、劲草庐、铄伽罗心室等。萧家的晨星楼在太平军进攻常熟前，就已有藏书数万册。同治二年（1863），李秀成率军围攻常熟城，萧氏全家避难乡下，仅携带了《萧氏宗世谱》轴装卷残稿本等几件传家之宝。待复归故里，家中藏书荡然无存。后被劫之书陆续流入书肆，经萧家全力搜求，至清末民初，藏书已近两万册。“一·二八”淞沪之役起，萧家避兵于常熟西乡河阳老宅（现张家港凤凰镇），失书近十箱，皆近人著作。八一三淞沪抗战爆发，萧家又避兵至无锡甘露，储于晨星楼之书又散失部分。

抗日战争胜利后，藏本被劫者渐出于市，萧盅友节衣缩食，到处搜罗，使晨星楼藏书复达数万册。他在《清末民国时期常熟藏书》一文中写道："光宣之际，吾邑藏书有铁琴铜剑楼、旧山楼、天放楼，余如宗舜年、徐虹隐、庞翼霄、丁初我、沈养孙诸前辈，均喜收藏旧籍，尤注意于地方文献，然不数十年间散佚殆尽。旧山、天放之书，子孙不能守，早易他姓。丁丑之变，宗氏咫园、庞氏之书化为灰烬。丁氏善本均在苏城，兵燹之余，拾取无遗。徐、沈两家独幸无恙，但屈指十载，两姓主人先后物化。虹隐楼地处乡僻，子姓以管理不便捐献政府。而沈氏后昆分拆为二，长者久售于书估，其仲以坐享，没入于公。即所谓希任斋者，无复有存。此昔年沈养孙所予编书目，如丛书、诗文评等，均付阙如，想稿已遗佚。其所著藏书，引云、题跋，想当时，鸠聚之勤，与夫恒相夺之之态，跃然纸上，而今转瞬之矣。"这从侧面记述了清末民国时期常熟几大藏书楼的遭遇。晨星楼与天放楼、咫园、缃素楼相距百余米，萧盅友与赵宽、宗舜年、丁祖荫又志趣相同，楼主们来往密切，交换图书亦是常事。而经历战乱，这几家藏书都遭浩劫，是常熟藏书界的巨大损失。

丁祖荫在常熟城西家宅壶隐园建缃素楼，缃素楼与萧氏晨星楼相隔仅200余米。萧盅友妻苏淑华乃苏去疾唯一留在常熟的后裔。在交往中丁祖荫了解到萧氏晨星楼所藏《苏园仲文集》《苏园仲诗集》刊本毁于兵燹。1920年春，丁祖荫把自己珍爱的写本书《苏园仲文集》手校后赠予萧盅友，并题"庚申初春，初我从刊本校一过，即以持赠盅友先生"。萧盅友系昭明后裔，他时刻铭记"不以叱咤风云的政治显赫而彰扬于外"的祖训，不图虚名，藏书甚富，外人知者极少。丁祖荫为编纂《重修常昭合志》，辑刊《虞山丛刻》《虞阳说苑》等，需要萧盅友提供晨星楼秘不示人的乡邦文献，遂将珍藏的写本手校后赠予萧盅友。从萧氏晨星楼现存的丁祖荫写给萧盅友的一些信函中，可知他俩嗜爱古书，志趣相投，过从甚密。萧盅友曾编撰有《忏摩精舍书目》，自记其"予年二十即喜购书，三十年来所积数万卷，人生必读之书大略具备"。其藏书印有"江南萧氏""昭明后裔""萧冲友"等。

庞树柏

庞树柏

庞树柏（1884—1916），字檗子，号芑庵、绮庵，别署龙禅居士、剑门病侠。常熟人。近代诗词学家。同盟会会员、“三千剑气文社”创始人之一、南社首任词选编辑。

庞树柏出生于常熟八大家族之一的西塘桥（今张家港塘桥镇）庞家。父名鸿儒，庞树柏为家中次子，其兄名树松，弟名树棠（早卒）。庞鸿儒对庞树松兄弟教督甚严。庞树柏自幼聪明好学，“九岁能作韵语，十四岁毕十三经”，对唐诗宋词一经过目诵读，便烂熟于心。他小时候在游文书院就读，受到良好的教育。庞树柏十五岁那年，其父因争漕赋触怒官吏，被下狱，不久忧愤而死。才过了不到四个月，其母钱氏也殉夫而死。这一家庭变故对庞树柏打击极大，成为影响他一生的重要转折。

此后，庞树柏赖亲戚资助继续读书。光绪二十六年（1900）春，庞树柏与兄庞树松、挚友黄摩西等在苏州组建“三千剑气文社”，以诗文宣传革命。光绪三十年，21岁的庞树柏肄业于江苏师范学校。此后数年，他先后在江宁思益、上海澄衷、苏州木渎各学堂任教，后又在常昭公立高等小学堂西校任国文、历史等科教员。光绪三十三年（1907），鉴湖女侠秋瑾被清廷杀害，陈去病、柳亚子等在上海集结同道，成立神交社，庞树柏亦参与其事。不久，庞树柏由柳亚子介绍加入同盟会。宣统元年（1909）11月13日，由陈去病、高天梅、柳亚子等人共同发起的20世纪第一个革命文学团体——南社，在苏州虎丘张国维祠成立。它以“洗前代结社之弊，作海内文学之导师”为文化宗旨，与同盟会桴鼓相应，用文字激荡时代风潮，提倡民族气节，发扬爱国民主思想。成立之初，南社第一次虎丘雅集到会17人，其中14人为同盟会会员。与会者选举陈去病为该社文选编辑，高天梅为诗选编辑，庞树柏为词选编辑（庞树柏还任上海《国粹学报》编辑），柳亚子则为该社书记。南社追随孙中山先生，提倡科学和民主精神，将中国传统文化与西方先进文化相结合，为推翻封建统治振臂高呼，被誉为辛亥革命的“宣传部”。

1911年10月10日，武昌起义爆发。时任上海圣约翰大学中国文学教授的庞树柏，与湖南桃源宋教仁、江苏丹徒徐天复等参与制定上海响应光复的计划，随后又参与筹建沪军都督府，奔走颇力。是年11月4日，上海光复。苏州形势也亟亟待变，人心浮动。自雍正四年（1726），常熟县分为常熟、昭文两县，同城而治。此时的常熟知县为浙江钱塘人翁有成，昭文知县是满族人魁福。以庞鸿书（曾任贵州巡抚）、邵松年（曾任河南学政）、顾兰培、严树声等为代表的地方老派士绅，与新学界士绅代表丁祖荫等都希望和平光复，避免流血。魁福在众绅劝说下以进省述职为由离开昭文。时任江苏巡抚程德全责成常熟知县翁有成兼理昭文县事务，翁即在常熟县署举行接印仪式。11月5日，江苏宣告独立。此时，驻守福山的淞北营由营官龚先耀带队入城，宣称奉沪军都督府之命收复常、昭。一时间，常熟政局错综复杂，动乱一触即发。

11月6日，庞树柏肩负策动常、昭两县独立革命的重任，从上海赶回常熟。一到家乡，他即与地方士绅联络，鼓动谋划常、昭反正。11月7日，地方士绅与吴淞光复军领队龚先耀等在于公祠开会商议，知县翁有成被请到会场，众人要他当场表明对革命的态度。翁有成懦弱无能，到场后不知所措。龚先耀急于夺取官印，借以发号施令，而翁有成不肯交出。此时龚先耀拔刀出鞘，威逼交印。庞树柏恐当场杀了知县引起混乱，急忙大声劝言力阻，请翁有成十五分钟内将印取来交出。见此情景，翁有成不得不派人将县印送到。这天晚上，常熟、昭文二县士绅在会元坊自治公所举行士民大会，宣布光复，昭文并入常熟。众人接着讨论地方政权的组织形式，决定仿照苏州分设民政署、财政署、司法署三个部门。

是年夏秋之交，江南暴雨成灾，城乡大片农田被淹，几乎颗粒无收。新政府成立后，仍加紧催租征税，以致民不聊生，怨声载道。庞树柏在县议会拍案而起，要求给农民减免租税，撤除县署冗余差役，触犯了豪绅地主和衙门吏胥的利益。恐惧失业的差役雇用地痞流氓数十人，密谋趁庞树柏在湖园茶室饮茶之时，手执点燃的线香，以向庞树柏请愿为名，伤害庞树柏。幸亏有人提前给庞树柏通风报信，他迅速越窗避匿，才免遭毒手。

1913年，孙中山发动“二次革命”，庞树柏作《拟沪军都督北伐誓师文》。他联络革命人士，准备发动常熟民众，响应反袁斗争。由于走漏风声，反动的地方政府下令通缉庞树柏等人，他被迫离开常熟，逃亡上海。庞树柏脱走后返回上海圣约翰大学，兼任教于爱国、竞雄诸女校。任教之余，他还兼任沪军都督文牍。他在学校里教授中国传统文学，为多个领域培养了杰出人才。他虽然没有系统的有关教育思想的论著，但他注重因材施教，强调男女教育平等，注重教育对社会发展的推动作用，为传统教育的现代化进程做出了贡献。“二次革命”失败后，他日趋消沉，不问政事。1916年10月1日，绝意世事，以文酒搏塞自遣的庞树柏抑郁而终，年仅33岁。

庞树柏接受儒家传统教育的熏陶，又经历现代教育的濡染，在诗、词、文的创作中传递着经世致用的思想，同时将之运用于教育实践。他为时代潮流所激荡，不遗余力地以文字鼓吹革命，并且积极策动了常熟辛亥光复，又在随后组成的新政权中起着骨干作用，寻求改革官署风气。他有与时俱进的革新意识和奋勇果敢的冲锋精神，这使他不仅成为南社才子中著名的诗家和词人，并且成为常熟地方革命派人士中卓有声誉的代表人物。

庞树典

庞树典画像

庞树典（生卒年不详），字芝符，号鲖隐，常熟塘桥（今张家港塘桥）人。庞鸿文长子，清监生，初授国史馆誊录。宣统三年（1911），任常昭公立高等小学堂西校校长，后兼任常熟县立女子高等小学校校长。

光绪二十九年（1903），庞树典参加科试未取，次年留学日本弘文学院师范科。光绪三十一年，以同知衔候选通判派充江苏学务处参议、游学预备科监学。后任江苏提学使署学务公所科员，充省视学。

1914年，为兴修运河淮扬段和江南水利工程，分别在江都县和吴县设立筹浚江北运河工程局和江南水利局。江南水利局于当年10月正式成立，庞树典任江苏巡按使署水利处调查员，次年任江南水利局测量事务所主任，后改为江苏省长公署水利处调查员。

以环太湖流域为中心的江南地区水利事业历来为执政者所重视。“水利不治，农田之忧也。苏为财赋重地，京仓半仰给焉。旱潦不均，偏灾时有，讲水利以重农功，诚有司之急务矣。”江南水利局是民国前期负责江南水利建设和管理的机构。1916年，时任江苏省淞泖测量队主任的庞树典和袁承调查淞（吴淞江）泖

（泖湖地区）各河概况，并提出疏浚淞泖计划。1919年，庞树典被派为江浙水利联合会会员，他提出《江南水利计划说略》，力主拓黄浦江上游之泖，浚北支辅南支，与上海浚浦局工程相会，工省费少。1920年10月，在苏州设苏浙太湖水利工程局，在杭州组织苏浙水利联合会，筹议太湖水利。1921年，庞树典任苏浙太湖水利工程局秘书。1927年4月南京国民政府成立后，江苏省政府建设厅开始主管全省水利工作。是年5月，江南水利局撤销，与苏浙太湖水利工程局合并成立太湖流域水利工程处，直隶于国民政府。

《省署调查员庞树典水利画图说》载入《江南水利志》，说明庞树典在江南水利建设中立了功劳。之后这位治水功臣落职归里为民。庞树典工诗文词，深研经学，尤精《管子》，著有《管子补注疏议》。

俞可师

俞可师

俞可师（1884—1945），字启汉，又字企韩，号憩园。清末拔贡，常熟人。清末民初著名实业家、教育家。

光绪三十一年（1905），俞可师科举考试中秀才。随后的三年里，先后执教于常熟中西学堂、竞化女学堂、石梅高等小学堂。宣统元年（1909），清廷为庆贺宣统皇帝登基，在已废除科举的情况下，仍然举办己酉科拔贡科举考试。俞可师高中昭文县第一名，跟考中常熟县第一名的宗子威，一起荣获江苏省提学使樊樊山所颁发的“贡元”金字匾各一块。同年，俞可师任六合县视学员。翌年夏，俞可师与宗子威同赴北京参加朝考，榜立三等，两人一同被分发到河南开封候补，分别担任河工、视学员等职。两位同乡同住一处寓所，情同手足。1912年初，俞可师原配夫人邵京仙产后患病，逝于开封。宗子威夫妇尽力襄助办理丧事，事后，又协助俞可师扶柩回籍，途中备尝艰辛。返归故乡以后，俞可师先后任海虞市议会议长、常熟县农会会长。1914年春，宗子威把自己的胞妹宗秀松嫁给了俞可师，两人成了郎舅，他们志趣相同，胜似兄弟。俞可师与宗秀松结为伉俪后，对夫人的教育事业全力相助，为地方的教育事业鞠躬尽瘁，协助夫人创建市立女校（现常熟实验小学），与夫人同堂弦诵，共执教鞭，终使学校成绩斐然，名重省县。

1915年，担任常熟县政府实业科科长的宗子威受聘于北京高等师范学校，开始了教育生涯。县政府委俞可师继任实业科科长之职。他与邑人共同接办常熟电话公司，出任民营常熟电气公司首届董事，此后还兼任江苏省电业联合会执监会委员等。1919年五四运动期间，俞可师以农会会长、商会会董身份投身爱国运动，参与发起救国集会，进行爱国演讲，声援抵制日货，组织罢市罢课共讨国贼等。

俞可师为发展家乡的社会事业倾注了很大的精力，付出了很多的心血。1918年，俞可师兼任常熟县农会会长，开展农况调查、农技培训等，还设立农事实验场。20世纪30年代初，县政府规划将北门虞山山麓的一个苗圃建造成公园（即现虞山公园），他参与筹划、设计和建造工作，公园里的松、柏、枫等很多树木都是由他出资购买并亲手种植的。公园中有座栗里茶室，是常熟公园中最大的一个茶室，建后不久即成为虞城医务界、书画界以及文士诗人的品茗雅叙之地。抗日战争爆发前夕，城中各界人士多次在栗里茶室举办展览会，宣传抗日。1932年，上海“一·二八”淞沪抗战爆发后，邑人在栗里茶室举办过两次画展，为“一·二八”抗战将士募捐，此爱国行为得到了社会各界的赞赏。这一年清明的前一天，俞可师陪同宗子威去北门扫墓后，两人在栗里茶室品茗，俞可师赋《寒食偕子威品茗公园》诗：“小小园林跨涧阿，阿侬树木十年多。半泓活水亭为系，一角青山堞若驮。襟上酒痕沧海劫，松间茶社白云歌。夕阳画出春光好，游子才归栗里过。”

1927年，俞可师卸去担任多年的县实业科科长、统计室主任等公职，潜心经营常熟电气公司。自接任董事兼经理后，他除整顿机构、增添设备、拓展业务外，为谋求公司发展，提高供电技术和管理水平，还经常往访上海，并求教于交通大学有关专家，得到了张廷金、钟兆琳、支秉渊等教授的大力帮助。公司还聘任支秉渊等人为技术顾问，请他们进行直接指导。由于先进科技的支持，公司业务迅速发展，供电能力与质量均居相邻各县之首，一时声誉卓著，境内各用电者得益匪浅。1934年，全国民营电厂联合会年度会议在常熟召开。此后，常熟电气公司又获得国民政府建设委员会颁发的荣誉奖状。

1937年冬，常熟沦陷，电厂惨遭破坏并落入敌伪之手，俞可师等原班人员被迫停止工作，避于他乡，但念及身为经理，俞可师仍冒险随带部分员工和公司账册簿据，辗转黄桥、如皋、鹿苑等地。其时有人出面游说动员他回常复业，他均予拒绝，坚决不在敌伪统治下任职，携眷属避居上海。他思想开明，具有爱国意识，对抗日革命志士深予同情与支持。1940年寓居上海时，他在延安路的寓所是中共上海崇明县民众抗日自卫队的联络点，总队队长茅珵及其妻常熟人宗筱薇，以及钱伯荪、曹师柳等常熟实业界人士时常出入其所。太平洋战争爆发后，租界无法存身，俞可师返回常熟。他工诗词，常结社联吟，著有《憩园诗存》《憩园词存》《影松山房唱和集》。

1945年抗日战争胜利后，电气厂由县当局接收，俞可师为将该厂早日收回民营，多次奔波于沪虞道上，与有关当局交涉。他热心地方公益，为家乡造桥修路，常熟小东门东高木桥沿河的石驳岸，就是他斥资修造的。就在这一年，俞可师因劳累过度，猝发心脏病殁于沪上，年仅62岁，与宗子威去世仅相隔100多天。

俞可师生前已深悟国欲振兴，必先振兴实业。他对交通大学的办学质量尤为信任和推崇，故全力培养和嘱咐诸子女要学专门技术，报考大学要首选交通大学。1933年至1937年，他与宗秀松所生的四个子女先后考入上海交大，长子炳元学习电机，长女德华学习铁路管理和会计，三子炳昌学习机械，四子炳良学习土木工程，一时轰动了教育界，在常熟各地传为佳话，并被载入交大校史。俞可师曾到上海看望子女，与四个子女在交大校园标志性建筑物前合影，他怀着欢愉之情赋诗一律寄以深切期望：“春树阴成绿满郊，呢喃雏燕贺新巢。蜂知酿蜜探花蕊，雁序团沙似漆胶。累叶书香几书种，一堂同学四同胞。毋忘母校童蒙日，风雨鸡窗阿母敲。”俞可师的几个儿女都成了高级知识分子，为国家建设奉献聪明才智。其中尤为突出的长子炳元，自交大毕业后，从事电机工程研究，并受派赴美国学习，新中国成立后，受命于工业部，屡负重任，成果累累，为新中国水电事业做出卓越贡献，被誉为我国水轮发电机制造的先驱和奠基人之一，曾当选第三届全国人大代表。四子炳良，自交大土木工程系毕业后，即在京、沪两地从事筑路和建筑工程工作；1954年，在北京参与筹建隶属于建工部的建筑机械技工学校，并担任副校长达15年，培养了一大批新中国急需的建筑人才；参与新中国成立10周年北京十大建筑中的人民大会堂、北京火车站、工人体育馆等大型工程的基础工程工作，在新中国成立初期的基本建设中发挥了重要作用。

1996年冬，值交大百年华诞之际，俞可师之子俞炳昌于病中委托其夫人卢蕙英女士自美国越洋回国，代向母校恭贺校庆。为了感谢当年的培育之情，他提出向母校捐赠款项，用以改善学校办学条件，同时设立“俞炳昌卢蕙英清贫子弟助学基金”，奖掖品学兼优的贫困学生。交大接受捐助。鉴于俞可师先生对交大办学质量的信任，亲送众多子女赴交大学习的盛情，交大决定将学校科技馆国际会议中心107室命名为“俞启汉厅”，厅内置铜匾介绍他的生平事迹。

吴双热

吴双热

吴双热（1884—1934），原名光熊，字渭渔，常熟人。师从罗振玉，命以别字“双热”，寓“热心热血”之意。民国前期著名报人，通俗小说家，“鸳鸯蝴蝶派”代表作家之一。

吴双热出身书香门第，从小受到良好的家庭教育，与诗书文章为伴。光绪二十八年（1902），19岁的吴双热参加童子试，考入苏州新创办的一所新式教育学校。两年后参加院试，补博士弟子员（俗称秀才）。同年转入江苏两等师范，讲习科毕业。光绪三十年，任苏州初等小学教师。游文书院校址内创办虞南师范后，吴双热进师范学习，常以笔墨自遣，与同邑徐天啸、徐枕亚结为金兰之契。一年后，吴双热、徐枕亚同时从虞南师范肄业，吴双热执教于苏州某初等小学。教务之暇，他开始向报刊投稿，将第一篇稿子《梦之小学》投给中华书局编辑的《中华教育界》，得到平生第一笔稿费14元。这对他以后撰稿发文起到了促进作用，他从此产生了脱离教育界做自由撰稿人的想法。1912年，他撰写的哀情小说《兰娘哀史》《孽冤镜》，与徐枕亚的小说《玉梨魂》同时在报上连载，引起读者极大关注，报纸销量大增。吴双热一举成名。这年秋天，经徐天啸推荐，吴双热与徐枕亚同进民权报社任编辑。他再次在报上发表小说《孽冤镜》。1913年，《兰娘哀史》出版单行本，后被改编为文明戏上演，在上海滩轰动一时。吴双热趁热打铁，发表章回小说《快活夫妻》及杂谈《双热嚼墨》丛著。《快活夫妻》凡十余回，单诵其回目，便有快活夫妻呼之欲出的感觉，如“闭着秋波俏装瞎子”“胭脂双掌绰拍几声”“口角鞋杯十分风味”“醉中人面一塌糊涂”等，吴方言运用十分圆熟。

1913年冬，《民权报》因发表针对袁世凯的文章而被当权者查封后，吴双热回到常熟，创办《琴心》周刊。他身兼编辑和发行人两重身份，撰写大量时评、新闻、小说等。吴双热善于挖掘社会新闻，能将发生不久的新闻写成连载小说，供大众娱乐。《琴心》办了三年，后因经济原因于1916年停刊。

《琴心》停办后，吴双热马上主编《虞阳日报》，同时为《常熟日报》撰写时事评论。1917年，他独立创办《小虞阳》周报。1919年秋，吴双热远赴广州，协同徐天啸主编《大同日报》，这一时期发表的作品有《片片桃花录》《双热新嚼墨》。1921年，他在常熟创办《药言》周报（寓意为良药苦口），还编辑《饭后钟》等报刊。他喜作幽默讽刺之文，笔锋所指，扫荡一切，加之他性情诙谐，涉笔成趣，深受读者欢迎，名著一时，时人称他为滑稽小说家。他将报纸看作报晓之钟、警世之钟，通过嬉笑怒骂的方式来唤醒国人的进步意识。这种近代的办报精神使得封闭保守、求稳悠闲的常熟人开始觉醒、蜕变，推动了常熟文化的近代化发展进程。曾辅佐吴双热创办《琴心》的赵士俊这样评价他：“双热为报界巨子，宅心正大，则其所办报纸，而言论必有造于地方也。”办报耗费财力，又耗费精力，却不能养家，后来吴双热不得不放弃心爱的编报事业，应南京正谊中学之聘，任国文讲师，先后共五年。

1927年春，北伐的国民革命军一部抵常熟，常熟政坛为之一变，常熟县政府成立，国民党成为执政党，回到家乡的吴双热一度任县党部秘书。但他对县党部并不完全听命，还是喜欢从事老本行，搞新闻工作。刚巧常熟发生了一件轰动全县的谋杀大案，吴双热根据此事写成了剧本《败叶摧花记》，该剧在上海演出，受到国民党上海党部的警告。

1929年，国民党常熟县党部书记石民佣，想以党报《新生报》控制常熟的舆论。当时常熟城里已经有《大众日报》《虞阳日报》等八家大小不同的民间报，各报为了抢新闻，千方百计挖掘石民佣的隐私，发现他与一个小学校长有情人关系，便在报纸上揭发了出来。此事引起舆论大哗，石遭到政敌的抨击，恼羞成怒，依靠党部权力，逼令县政府将八家登过他艳事的报纸全部封停。吴双热也因此得罪了石民佣，石便对吴双热的儿子下手。

吴双热唯一的儿子吴心恒，1906年生。1928年冬，江苏省民政厅设区长训练所，发文到县招收学员。吴心恒被录取，到南京参加培训，1929年夏卒业，8月，由省民政厅委为常熟县第一区区长。但他在任三年，性好交游，不善治生，无有建树，反而欠下大笔债务。而当时吴双热辗转于上海安徽旅沪公学、镇江中学等校执教，对儿子的行事无暇过问。石民佣趁机发难，使吴心恒受到追责，被撤了职。他所积欠的债务，只好由父亲来清偿。后来吴心恒虽然仍被省民政厅委任为第三区区长，但一年过后依然毫无政绩。吴双热不得已向戴季陶恳求，吴心恒到南京在戴手下任小职员。为了不成器的儿子，吴双热心力交瘁，才50岁的人，就早衰成白发老翁。

1934年4月，吴心恒跟随考试院院长戴季陶考察陕西，获悉西北农林专科学校将成立，立即写信给许公武，请其为父亲介绍担任教师。8月事成，吴双热立刻到京，与学校当局接洽，回到家中后，整理行装，准备出发。不料归家才两日，他就感染病毒，发病急剧，于9月7日病逝，终年51岁。

徐天啸

徐天啸

徐天啸（1886—1941），原名风，名啸亚，字天啸，别署秋魂室主、天涯沦落人等，晚号印禅，常熟人。南社社员，“鸳鸯蝴蝶派”重要作家。

徐天啸的父亲徐懋生善韵律，喜爱赋诗作词，著有《自怡堂丛钞》，以教书为业。生有长女徐丽华，两子徐天啸和徐枕亚。天啸幼秉庭训，读书非常勤奋刻苦，光绪二十七年（1901），他应科举考试，得中秀才。他不仅读书有灵性，而且精研金石之学，铁笔苍劲而朴茂，尤工书法，作诗文小说，早年即有才名。

光绪二十九年，徐懋生将徐天啸、徐枕亚送入游文书院校址内的新式学堂虞南师范就读（光绪三十一年改为“常昭师范传习所”），两人成为常熟县第一批师范生。次年，徐懋生在善祥巷自己家里办了所小学堂，取名善育小学堂。徐天啸、徐枕亚兄弟俩后遂在父亲办的善育小学堂执教。徐懋生在光绪三十三年8月病逝，在他逝世前一天，天啸遵母亲谭氏之命，与一个叫姚吟秋的姑娘匆匆完婚。父亲一死，家里的小学堂自然就办不下去了。第二年，徐天啸在县境西南角的练塘乡邹氏所办谊育小学任教。此后他又在常熟城区李王宫敦行小学（该校后改名为海虞市立第五国民小学，后并入石梅小学）任教数年。

徐天啸对徐枕亚照顾得无微不至。1912年，徐天啸偕徐枕亚赴上海，入法律学校学习，加入国民党。徐枕亚才华横溢，文章和书法一流。徐天啸推荐弟弟进入民权报社，后来徐枕亚在报业上有所作为，全仗哥哥扶持。1913年，徐天啸也任职于民权报社，所撰社说及评论，立论相当激烈，致该报被袁世凯政府强令停刊。1913年，徐天啸任上海《黄花旬报》主编，同时编辑《五铜元》周刊，还协助徐枕亚办《小说丛报》。1915年春，天啸4岁的女儿不幸早夭，天啸之母谭氏责怪儿媳姚吟秋看护不当，姚吟秋原本就对婆婆不满，痛失爱女后，忧伤加上愤懑，竟上吊自尽。娇女、爱妻相继亡故，天啸遭受巨大打击，难以静下心来做事，他不想回到伤心之地，便与好友远游广东以散心。枕亚未能劝阻住兄长，两人有书信和诗作往来。

1916年，袁世凯窃国称帝，蔡锷起义反袁，各省响应。天啸辗转广西，转广东投军，在军界任职。1917年8月，徐天啸与徐枕亚由同乡姚民哀介绍加入南社。1919年，他再度入粤，主持广州《大同日报》笔政，其言论常有左右社会之力，故该报销量为粤报之最。适值五四运动处于高潮，他利用报纸，呼吁爱国之士声援学生，抵制日货。该报拒登日货广告，奸商不甘心，阴谋中伤，而广大市民支持《大同日报》，游行队伍到达该报社前，学生高呼“大同报万岁！”“徐天啸万岁！”。1920年5月，全国报界联合会在广州举行第二次大会，适值黄花岗烈士纪念日，全体代表到黄花岗烈士墓前公祭并拟树一纪念碑，公推徐天啸题字勒石，徐题“自由不死”四字，至今尚存。

后徐天啸复回上海，任上海青年会中学国文教员、同济大学国文系主任，兼香港《大光报》特约记者。1930年，徐天啸应戴季陶所聘，担任考试院秘书，脱离文坛。

1937年淞沪抗战爆发后，日寇飞机经常袭击常熟，轰炸县城。徐枕亚避居到县境西南杨园的西项泾，他的病已日趋恶化，咯血不止。徐天啸去看望弟弟，劝他离开常熟。枕亚觉得自己不行了，不愿离开故乡，便将9岁的儿子无病托付给天啸代为抚养。兄弟情深，天啸一直陪伴在枕亚身边，直到枕亚生命的最后一刻。11月中旬，常熟沦陷，徐天啸才开始逃亡。枕亚儿子无病随伯父辗转，于1938年2

月抵达重庆。无病性格倔强，天啸费尽心力还是不得无病喜欢，最终无病离家出走，由著名通俗小说家张恨水推荐进了重庆歌乐山保育院，结果在那里因食物中毒而夭折。

徐天啸在国仇家恨中逃亡重庆，一路颠沛流离，身体不堪承受，吐血不止。1941年11月，徐天啸于重庆病逝。同乡杨定襄撰写了墓志铭。

徐天啸以政论见长，除散见于《民权报》《大同日报》等报刊者外，重要的作品有《神州女子新史》《太平建国史》，皆趋向进步之作，有独特见解；小品有《珠江画舫话沧桑》，小说有《湖上百日记》《鸳鸯梦》，新剧有《自由梦》，杂著有《天啸残墨》，笔记有《天南纪游》。他擅金石篆刻，著有《天涯沦落人印话》。

宗秀松

宗秀松

宗秀松（1889—1928），字绮琴，常熟人。海虞市立女子国民学校（现常熟实验小学）创始人，民国著名教育家。

宗秀松出身书香门第，幼承家学，能诗善文。她早年就读于公立竞化两等女子学堂。1912年，女子学堂迁至石梅游文书院校址内，仍为公办，名为常熟县立女子高等小学校。学校以“诚朴”为校训，梳理良好校风，深得家长、社会人士的称许。毕业后，宗秀松考入苏州大同女校师范科，因成绩特别优秀，被学校留下任国文教师。

1914年春，经胞兄宗子威牵线，宗秀松与俞可师结为伉俪。同年，受当时县第三科主任章慰高之邀，回家乡办学。不久，即由县知事谢葆钧委任为海虞市立女子初等小学校长。宗秀松怀着“创办新教育，造就新人才”的志向，开启了艰难的办学之路。创办伊始，她面临的最大问题是经费问题，修建校舍，礼聘教习，购买书籍，扩充学额，都需要资金。宗秀松先借城区小塔前杨姓住屋两间为校舍，开办两个班级，招收学生共64人。缺少经费，她自捐簪珥。不久学校迁至学前街23号泮宫，学校发展迅速。1915年，学校更名为海虞市立女子国民学校，有教室三间，学生90多人。宗秀松具有进步教育思想，强调“整理旧观念”“智能足以与社会竞争”，重视体育，强调德、智、体三育并重。施教以不背世界进化为原则，视社会需用而变迁，教法则重视启发、应用。学校开设修身、国文、算术、体操、唱歌、图画等课程，男女同收。她不仅自订《校长服务细则》，做到身体力行，同时慎选良师，从江苏省立师范学校延揽优秀师资。所订《各科教授程序》10 余篇，为县内教法改革之先驱。每月召开全体教职员会议，共同讨论并研究实施。凡各举措，均开当时学界之先声。学校有所兴建，总是垫款或捐助。为办学，宗秀松耗费无数心血。1916年2月，学校增设幼稚园。1919年，增办三年制高小，学校改名为海虞市立女子高等小学，附设国民学校和蒙养院。1922年，试办初中。翌年停办初中，专办小学，改名为海虞市立女子小学，有学生665人，为全县之冠。宗秀松在任职的八年间，个人陆续输捐1400元。更难能可贵的是，为节省开支，她自抑工资，年支仅42元，平均每月3.5元。

宗秀松办学，得到丈夫俞可师的全力相助。俞可师不但在市立女校与夫人同堂弦诵，共执教鞭，且在授教之余，协助建校，终使学校成绩斐然，名重各省。由于宗校长治校有方，市立女校赢得了普遍赞誉。宗秀松掌校十四年，受到江苏省嘉奖十五次，在校学生已达1350余人。

宗秀松把教育救国作为毕生信念。1927年，市立女校与海虞市第三初等小学合并，始称学前小学，宗秀松仍任校长，旋即辞职。1928年，宗秀松不幸英年早逝，终年40岁。

徐枕亚

徐枕亚

徐枕亚（1889—1937），名觉，字枕亚，常熟人。父徐懋生，又名梅生，屡次应试不获。枕亚从5岁起就和哥哥徐天啸一起在父亲的塾馆里读书，8岁时在父兄的指导下学写诗词，10岁时已能作诗填词。

清末，西风东渐，民智渐开。光绪二十九年（1903）秋，县内有识之士在游文书院校址内开办师范学堂——虞南师范，徐枕亚和徐天啸成为常熟县第一批师范生。与徐家兄弟一同进校的还有族叔徐笑云。他们与学友吴双热相处最善，四人结为文朋诗友，曾把创作的诗歌结集成《四痴酬唱集》。次年，徐懋生在善祥巷自己家里开办善育小学堂，徐枕亚兄弟俩在学堂执教。教学之余，他专心于旧体诗词的写作，同时喜读小说和野史笔记，弱冠时已积下诗词800余首。

光绪三十三年8月，徐懋生病逝。徐枕亚在常熟城区李王宫敦行小学（该校后改名为海虞市立第五国民小学，后并入石梅小学）任教数年。

宣统元年（1909）初，徐枕亚经人推荐到无锡鸿山脚下西仓镇上的鸿西小学堂执教。西仓为同治间无锡有名的书法家蔡荫庭故里，蔡荫庭有曾孙女蔡蕊珠，她自幼失去双亲，由她的婶娘陈佩芬抚养。陈佩芬年轻守寡，儿子如松是徐枕亚的学生。因这个关系，陈佩芬与徐枕亚相识。枕亚对陈佩芬年轻守寡十分同情，而佩芬既慕枕亚之才，又感激他对自己儿子的精心教育，两人书信往来，暗生情愫，感情日深。但陈佩芬心里很明白自己是个寡妇，是没有权利与别的男子相爱的；徐枕亚也明白他与陈佩芬是不可能结合的。他们只能把相思之情默默地埋在心底。陈佩芬为了报答枕亚，就托族叔蔡子平说合，将侄女蕊珠许配给枕亚。后枕亚离开西仓镇，到常熟杨园化南小学执教。他回忆起在西仓的那段经历，陈佩芬的形象不时在他脑海中浮现，他便开始将自己的心事付诸笔墨。一纸平摊，骈四俪六，日写千言，记录所忆所思所感。

1912年3月，周浩在上海江西路创办《民权报》，征求“冒言无忌”之外稿，引起很大反响。徐天啸因学业未成，向报馆推荐弟弟枕亚和好友吴双热进入民权报社。利用报纸这个阵地，徐枕亚开始进行文学创作。他将与陈佩芬的那一段刻骨铭心的恋情继续演绎开来，写成缠绵悱恻的情节，一部有情人不能成眷属的才子佳人小说便诞生了，这就是《玉梨魂》。全书共10万余字，30章，用骈文叙事，讲述在旧礼教束缚下一个青年寡妇和一个家庭教师不能自由相爱，最终以悲剧结局的故事，对封建礼教摧残人性发出抗争。

《玉梨魂》在《民权报》副刊上与吴双热写的《兰娘哀史》《孽冤镜》同时连载。连载完毕后，1913年，民权报社将书印成单行本，前后再版多次，销量达几十万册，连香港，甚至新加坡也有翻版的。当时，这本小说吸引了不少读者，尤其是爱好文学作品的青年。它在当时文坛上也产生了巨大影响，一时仿者群起，由此而形成了后来被称为“鸳鸯蝴蝶派”的小说流派。1924年，《玉梨魂》由上海民兴社编演为话剧，又被上海明星电影公司搬上银幕，社会影响更加扩大。

1913年冬，《民权报》因为反对袁世凯复辟帝制，遭到袁政府迫害而停刊。次年1月，枕亚受聘进中华书局，任《中华小说界》编辑。他撰著的《高等学生尺牍》被上级大幅修改，他非常不满。正巧，刘铁冷等人创办《民权素》，第一集上发表了枕亚的短篇小说《梅柳争春》。枕亚在中华书局并不舒心，所以，到5月，便应刘铁冷之邀担任《小说丛报》的主编，脱离了中华书局。

在小说丛报社，徐枕亚将《玉梨魂》重新演绎改写成日记体小说《雪鸿泪史》，在《小说丛报》连载十八期。《雪鸿泪史》假托是《玉梨魂》主人公何梦霞的日记，人物还是原来的那几个，情节则增加了十分之三四，诗词书札增加了十之五六。《雪鸿泪史》在读者中又一次掀起了争论热潮。有人喜爱，也有人非议。为《雪鸿泪史》作序者竟至十人。以后，枕亚在《小说丛报》上发表了不少小说，这时他的文笔已有所变化，虽仍是文言文，但不再刻意雕文琢句，堆砌辞藻，像写《玉梨魂》一样采用大量的对偶骈文，而是用散文化的叙述方法，注意故事的情节而不刻意于表现形式。这说明徐枕亚也随着时代在进步。

徐枕亚在上海编《小说丛报》，该刊从创刊号到二十二期，具名的编辑主任为徐枕亚；从第三年起，并署枕亚与吴双热；从第四年第一期起，又只列枕亚一人；至第七期改出大的版本，只列吴双热一人。

徐枕亚入小说丛报社不久就与几个合作者闹起了意见，1918年7月，便脱离《小说丛报》，另在上海交通路独资创办清华书局。7月，清华书局发行《小说季报》，枕亚自任主编，聘双热为特约撰稿。但《小说季报》每装一巨册，定价一元二角，较贵，所以销量远不及《小说丛报》，造成入不敷出，加上枕亚这一时期较为懒散，没有新著，该报不得不停刊，前后只出了四集。

徐枕亚写得一手好字。1922年9月，中共创办了机关刊物《向导》周刊，封面上“向导”二字便是枕亚所书。同年12月，枕亚妻子蕊珠因疾病和产后不调，竟至辞世。时长女可贞11岁，子无咎才6岁。枕亚极度悲痛，整日以泪洗面，伤痛之余，作悼亡词100首，印成小册子分寄好友，后又作杂忆诗30首。原来他常用的笔名是“东海三郎”，此后改署“泣珠生”。

清朝最后一个状元刘春霖有个女儿叫刘沅颖，远在北京，她读了枕亚的《玉梨魂》以及为亡妻蔡蕊珠作的悼亡词后，敬慕之心油然而生，于是作诗书投寄枕亚，表示愿拜他为师。刘沅颖特地到上海与枕亚相见，明确表示愿以终身相许。但她的父亲刘春霖认为两家门不当户不对，不肯应允这门婚事。聪明的刘沅颖想出了一个办法，她要枕亚以学书法为名拜樊樊山为师，央樊樊山做媒。樊樊山与刘春霖是莫逆之交，他得知枕亚的一片苦心后，答应为他们做媒。由于樊樊山的出面，刘春霖终于应允了这门婚事。1926年冬，枕亚与兄长天啸以及文友李定夷等同赴京城，与刘沅颖成婚。

刘沅颖婚后一直住在北京，枕亚在进行文学创作之余，往返于两地。1928年2月，沅颖生下一子，取名无病。而枕亚与蕊珠所生长女可贞因饮食不周而得病，在1929年春病死。三年后，长子无咎也得了同样的病死亡。而枕亚的三女可久，已在1927年7月过继给了许廑父。这样，枕亚在常熟老家就没有子女了。在枕亚的劝说下，沅颖带着儿子无病南下常熟，在徐家定居。

1934年年初，枕亚将清华书局盘给大众书局，回到常熟。在兄长天啸的资助下，他在县城道南横街开设小店，取名"乐真庐"，做起了鬻字、刻印和兼营古董的生意。他与兄长天啸以及胡素公、王吉民、陈洪兆等人在乐真庐旁祥泰酒店喝酒，或者去周神庙弄的琴心茶社喝茶。琴心茶社主人为了招徕生意，特设"琴心文虎社"，专聘枕亚、王吉民、胡素公等主持。琴心文虎社是常熟第一个灯谜团体。枕亚撰写的《琴心文虎》灯谜集于1935年元旦由南京钟山书局出版发行。

1936年冬，刘沅颖病逝。枕亚受此打击，心情大坏，原有的咯血病大发作，于是便将9岁的儿子无病托付给天啸代为抚养。1937年夏天，淞沪抗战爆发后，日寇飞机经常轰炸常熟县城。枕亚避居到县境西南杨园的西项泾，住在戴章甫家。但枕亚的病这时已日趋恶化，咯血不止。9月27日，枕亚病逝，终年49岁。

陆宝铎

陆宝铎

陆宝铎（1892—1942），字复元，常熟人。历任湖南、浙江地方法院推事、庭长、院长。

陆宝铎毕业于常熟石梅高等小学堂，后考入上海神州法政专门学校。1915年毕业后，又入北京司法部司法讲习所读书。毕业后，先后在湖南长沙、常德地方审判厅担任推事，此后又被调至浙江永嘉、鄞县、嘉兴地方法院任推事、庭长等职。20世纪30年代初，陆宝铎任杭县地方法院院长。他一生忠于职守，正直廉洁，办案无差错。

抗日战争时期，战火连天，不少地方沦陷，许多政府机关都迁到农村。日军分兵侵苏杭，陆宝铎奉命撤退，调任浙江金华地方法院院长。当时，金华是浙江省政府所在地，一大批来自上海、杭州等地的司法人员来到罗芳桥村避难，一共19人。罗芳桥交通比较便利，可以通往武义、金华、衢州等地。1942年5月，金华失陷，法院撤至郊区罗芳桥胡氏祠堂。上海特区法院庭长吴廷琪、主任书记官吕世涣等，带着行李、档案以及上海书局的部分图书，也转移到了罗芳桥村。司法人员分散在村里的如水禅寺和胡氏宗祠里办公，这些人里包括当时的金华地方法院院长陆宝铎、检察官陶亚东、学习推检颜佩箴、书记官李聪谋。5月24日的中午，七八架日军飞机飞过，引起民众的恐慌。陆宝铎认为金华应该比较稳固，日军从武义进攻罗芳桥的可能性比较大，于是打电话去询问。当时武义已经沦陷，汉奸却骗他说没有，陆宝铎信以为真，便没有躲避。结果当晚，日军在汉奸的带路下突然自武义迂回包围罗芳桥村，并把如水禅寺团团围住，用大木头把寺庙大门撞开。陆宝铎挺身而出。日军知其为法院院长，施行威胁利诱，让他出任维持会会长，均被他拒绝。5月25日晨，陆宝铎威武不屈，痛斥敌人，舌头被割下，他就怒目以对，嘴咒不停。日军终以刺刀将陆宝铎及法院其他多人戕害，如水禅寺里血流成河。

1942年8月13日，国民政府发布渝字第四九二号政府公报，对“罗芳桥惨案”中殉难的司法人员进行褒扬：“浙江地方法院院长陆宝铎、检察官陶亚东、学习推检颜佩箴、书记官李聪谋，于敌寇侵占金华来离任所，同时上海特区法院庭长吴廷琪、主任书记官吕世涣等亦在，该院均以被执不屈，同罹于难殉职，忠殊堪嘉尚。应予明令褒扬，用昭激劝。”1945年8月抗日战争胜利后，国民政府把他们的墓地移到祝丰亭，建“浙江金华战时殉难司法人员公墓”，设拜台，树石碑，举行隆重公祭。石碑正面刻着“殉职完忠”，左右两侧分别刻着“国民政府褒扬”“杨树猷沭手敬书”等字。碑后的碑文上方为“纪念碑”三个大字，全文为：“中华民国三十一年五月二十四日，倭寇流窜罗芳桥。司法人员陆宝铎、吴廷琪、陶亚东、何景岑、颜佩箴、李聪谋、吕世涣、吴季同、郭有倬、许家堃、沈奉悌等十一人同日殉难于此。三十六年七月十九日公葬北山祝丰亭之畔。”该碑文由国民党元老、司法院院长居正撰写，浙江省通志馆馆长余绍宋书。

曾季肃

曾季肃

曾季肃（1891—1972），名潇，以字行，号竞雄女史。江苏常熟人。清朝举人曾之撰三女，《孽海花》作者曾朴之妹。历任浙江私立杭州女子中学国文教师、教务主任，上海私立南屏女子中学校长，上海市立胶州中学校长。

曾季肃早年就读于常昭学堂。到谈婚论嫁的年龄，母亲和大哥一心想为她找一个出色的丈夫，决定把曾季肃嫁给留洋学生嵇芩孙（1885—1944）。嵇芩孙出身唐市书香门第，留学美国，获法律学士学位。回国后，经清廷学部考核，赐进士出身，选庶吉士、翰林院编修。曾朴很看好这个“洋翰林”。但不甘平庸虚度一生的曾季肃却不乐意母亲和兄长为她择偶。一来她认为自己年纪还小，谈婚论嫁为时尚早；二来她跟嵇芩孙不熟，没有一点感情基础；三来她觉得自己的婚姻一定要自己做主，绝不能让别人包办。虽然两人订了婚约，却违背了她的意愿，于是她鼓足勇气，悄悄地离家出走。她给家里寄了一封信，请求慈母的宽恕。

光绪三十三年（1907），曾季肃进入蔡元培任校长的上海爱国女校读书，在学校里，她接受新文化、新思潮的影响，同时接受爱国主义教育。几年后，辛亥革命爆发，她与同学组织“女子军事团”，任团长。军事团的工作分战斗、看护、募饷、缝纫四项，团的规章文告均由曾季肃执笔起草。“女子军事团”协助革命军战斗、募饷，工作做得非常出色。

曾季肃虽然被迫与嵇芩孙完婚，但夫妻二人感情并不美好。嵇芩孙任苏州海关监督，不久卸职进京，任北京大学法律系讲师，并在外交部、财政部等处兼职，长年在外，夫妻离多聚少。曾季肃不甘心做个依赖丈夫、守家教子的家庭妇女，她要自强自立，摆脱家庭的羁绊。1918年，曾季肃远赴北京，当上了女子师范的英文教员。1925年，已经35岁的曾季肃，带着7岁的女儿和5岁的儿子，去报考当时久负盛名的南京金陵女子大学。可是金陵女大规定只招收未婚女子，曾季肃便致书校长吴贻芳，详述自己的家庭及婚姻情况，表达自己迫切的求学愿望。1927年，她终于被金陵女大国文部破格录取，学校允许她带着孩子上学。1930年毕业，她获得金陵女大文学学士学位。1931年起，她先后在九江儒励中学、浙江私立杭州女子中学任教。抗日战争爆发后，她抵沪避难，执教于培成女中。同年底，她与避难来沪的杭州女中教师相聚，大家深为杭州女中学生失学而惋惜。1938年春，她取得振粹小学的支持，借用该校校舍开设下午课，登报招收杭州女中在沪失学学生，取校名为上海私立杭州女子中学。

1939年春，曾季肃用同学资助的4.5万元，购得胶州路445号一幢三层楼房做校舍，建立上海私立南屏女子中学，任校长。南屏女中的办学宗旨是：谋养具有时代知识、进步思想，具有独立人格和创造能力的时代女青年。一年后又扩建小学部，教师和学生大都来自杭州女中。她重视教书育人，竭尽全力延聘名师，先后有夏丏尊、魏金枝、郑效洵、翁大藻、盛叙功、黄澹哉、程俊英、覃英等老师来校任教。曾季肃亲自执教古文，通过讲授诗经、唐诗、宋词，弘扬华夏文化，借以激发学生的民族自豪感。在南屏学生心中，曾季肃不仅是校长、是严师，更是慈母和知友。她提倡朴素，反对虚荣，重视校风建设。凡南屏学生，不论家境贫富，一律穿蓝士林布旗袍，配以白袜黑鞋，剪短发。南屏中学形成了朴实无华、勤奋简朴、严谨正直的校风。1941年珍珠港事变后，日寇侵入上海租界，强制推行殖民奴化教育，规定中小学必须开设日语课，且大都要由日本人教课。曾季肃不屈服于敌人的淫威，坚决不让日本人上课。她先后邀请夏衍夫人蔡淑馨和黄九如先生到校教授日语，这样既可搪塞日本人，又使南屏免受奴化教育。

解放战争期间，南屏学生中有了共产党地下组织。在“五二〇”全国反饥饿、反内战爱国浪潮中，南屏师生不顾环境险恶，在校内开展反饥饿、反内战宣传活动。当浙江大学于子三被迫害致死的噩耗传来，南屏学生中的部分地下党员专程赴杭州参加于子三追悼会；还组织部分同学去纱厂听马寅初先生演讲，去中山公园参加三八国际妇女节活动，等等。上海解放前夕，南屏校园内时有“你是灯塔……”的歌声传扬。曾季肃不是共产党员，但她支持学生中的中共地下党员在校开展各项进步活动。那时，白色恐怖笼罩着整个上海，曾季肃却在高三语文课上安然讲解着毛泽东的《沁园春·雪》，课文则赫然写在黑板上。她的爱国热忱深得同道敬仰。

曾季肃以校为家，终身为教，过着宁静淡泊、简单朴素的生活。在杭州女中，她住教工宿舍。在南屏任校长时，她带着正上大学的女儿，住在学校三楼过道尽头一间仅6平方米左右的小屋，屋内除了两张很窄的单人床和一张课桌外，别无他物。她把整个生命与南屏融为一体，南屏凝聚着她的心血、精力和情感，南屏闪烁着她自立自强的精神光芒。1948年，精通英文的曾季肃翻译英国哈代的长篇小说《玖德》一书，并交生活书店出版。新中国成立后，她已年过花甲，仍刻苦自学俄文，能讲一口流利俄语。1956年，南屏女中调整合并为上海市立胶州中学，曾季肃由陈毅市长任命为胶州中学校长，直到1971年退休。曾季肃曾先后当选为上海市第三届人大代表和静安区第六届人大代表。

1972年11月15日，曾季肃因病逝世，终年82岁。

魏寿镛

魏寿镛画像

魏寿镛（生卒年不详），常熟人。中国现代儿童文学理论的开拓者、奠基者，中国现代第一部儿童文学理论著作《儿童文学概论》的作者之一。

魏寿镛少年时在常熟石梅公校读书，后在江苏省立第三师范学校读书，毕业后在无锡省立第三师范附属小学任教。

1919年5月1日，胡适的老师、美国实用主义教育家杜威来华讲学，他所宣扬的“儿童中心论”成为冲破“父为子纲”的封建伦理观的武器，他所宣扬的“以儿童为本位”的儿童观成为中国儿童文学的理论基石。受到杜威“儿童中心论”的影响，我国一大批文学先驱，如鲁迅、周作人、郑振铎、叶圣陶等都积极投入“儿童文学”这一崭新领域，他们的译介、创作和研究，以“历史在场”的方式编织出中国儿童文学发展过程中最初的风景。

二十世纪二三十年代，我国的学校教学重视儿童文学已蔚然成风，儿童文学作品成了小学国语课本的主要教材资源，人们还开展了对儿童文学教材、教法的研讨。学习儿童文学，讲演儿童文学，研究儿童文学，是当时教育界的一种“时尚”。魏寿镛与周侯予当时都是江苏第三师范附属小学教师。1923年，两人合著的《儿童文学概论》由上海商务印书馆出版，这本专著是中国第一部儿童文学教材，也是中国现代第一部儿童文学基础理论著作。商务印书馆初版后，1924年、1930年分别再版。全书共六章，分别论述了儿童文学的性质、要素、来源、分类、教学法以及儿童对文学的需要等问题。其中对儿童文学的定义为："儿童文学，就是用儿童本位组成的文学，由儿童的感官，可以直接诉于他精神的堂奥的。换句话说：就是明白浅显，饶有趣味，一方面投儿童心理所好，一方面儿童可以自己欣赏的文学。"书中对"幼稚园及小学前期时代""小学后期时代""初级中学时代"等不同年龄层次儿童文学作品的区分和论述，也较有理论价值。

魏寿镛、周侯予合作的《儿童文学概论》中描绘了这样的情景：儿童文学成为当时的教育界、文学界、出版界"最时髦、最新鲜，兴高采烈，提倡鼓吹"的新生事物——"教师教，教儿童文学；儿童读，读儿童文学。研究儿童文学，讲演儿童文学，编辑儿童文学，这种蓬蓬勃勃、勇往直前的精神，令人可惊可喜"。魏寿镛、周侯予在《儿童没有文学的需要》一文中指出："我们用儿童文学来教学，是'投其所好''合其自然'，对于儿童的身心方面有莫大的好处。"

经过先行者们的倡导，"儿童文学"一词开始引人注目，需要解决的最紧迫问题是拿什么样的文学作品给儿童阅读，适合儿童的文学作品从哪里来？创作来不及，自觉为儿童写作的人还没有产生，怎么办？救急之路是改编已有故事，翻译国外作品。魏寿镛、周侯予的《儿童文学概论》对收集的途径、改编的标准等问题进行相应的论述，将收集、翻译、创作列为儿童文学三大来源，建议从民间口传、旧有书籍和各书局、学校出版的书籍、报刊等出版物中收集儿童文学材料，用"客观的标准"加以审查，或者摘取，或者修改。

魏寿镛是儿童文学坚定的倡导者、卫护者，他的儿童观、儿童文学观，在当时颇具世界视野，具有学术价值、现实意义。20世纪初叶，中国现代儿童文学在五四新文化运动中孕育而生，在此以前，它还只处在萌芽时期。新中国的儿童文学，为坚持"科学"与"民主"的五四新文学精神积累了宝贵的经验教训。尤其是改革开放40多年来，儿童文学作家追寻科学和理性，坚持创作自由，真正做到百花齐放、百家争鸣，儿童文学迎来千载难逢的大发展、大繁荣的历史机遇。

邵福旿

邵福旿

邵福旿（1894—1981），字秀甫，常熟人。著名交通工程专家，西南交通大学教授，中国筑港工程教育的先驱，现代筑港技术的奠基人之一。

邵福旿出生于常熟的一个书香世家。光绪三十二年（1906），入读石梅高等小学堂，自小立志学习科学技术。1911年，考入交通部唐山工业专门学校（西南交通大学前身），攻读土木工程专业。1915年以优异成绩毕业。先后从事海港、铁路及公路工程建设，是我国第一个自行规划、勘测、设计和建设海港工程的工程师，在葫芦岛港、连云港、黄埔港及塘沽新港的建设中倾注心血。

邵福旿注重实践，不尚空谈，勤奋工作，不畏劳苦。在工作岗位上，他总是身先士卒，知难而上。在北宁铁路建设中抢修冲毁的桥梁，在川陕及川康公路建设中抢修塌方，在浙江海塘局工作时抢修受战争破坏的海塘，他都在现场与群众一起日夜奋战，深受工人群众的爱戴。他在做工程决策时，都要亲自深入调查研究，对工程重要数据都经过精心核对，对每一个工程的地形、地貌、自然环境和人文条件都经过深入的调查了解，就连建筑材料的产地、储量、质量都精心调查、比较，以决定取舍。他在交通部工程计划团任职期间，为了恢复被战争破坏的港口，亲临实地对塘沽港、连云港等做了周密的调查研究，查阅有关档案资料，甚至亲自询问尚未撤离的日本技术人员，写出详尽的调查报告，提出可行性工程施工计划。

东北易帜后，为抵御日本通过霸占的大连港对中国进行经济侵略，张学良决定自行修建葫芦岛港。当时国内尚无用现代科学技术修建海港的经验，张学良将筑港具体事务交由北宁（京奉）铁路司承办。北宁铁路局局长高纪毅慧眼识才，推荐邵福旿主持葫芦岛筑港的规划和设计工作，得到了张学良的认可。

从1929年开始，邵福旿作为葫芦岛港的设计师，为葫芦岛筑港筹备事宜呕心沥血。他凭借过硬的土木工程方面的知识和经验，以满腔的爱国热情，在规划设计的各个环节尽职尽责，确保了筑港工程的准备工作有条不紊。1930年7月2日，张学良亲自到葫芦岛主持筑港开工典礼，并接见了邵福旿等工程技术人员。葫芦岛筑港工程由荷兰治港公司承建，预计在1935年完工。虽然建设工作由荷兰企业主持，但邵福旿作为中方北宁铁路局的工程技术人员代表，仍旧服务于筑港工程，他与荷兰的工程负责人和技术人员合作融洽，继续为葫芦岛筑港贡献才智和力量。“九一八”事变后，葫芦岛筑港工程被迫中止。邵福旿满怀对日本侵略者的愤恨离开葫芦岛，离开东北。

1931年冬天至1932年夏，他担任兰州平凉公路工程师，主持公路规划设计工作。1932年8月，邵福旿受聘到江苏连云港从事港口的规划、勘测与设计工作。与葫芦岛筑港十分巧合的是，筑港工程又承包给了荷兰治港公司。尽管如此，邵福旿作为工程的甲方代表，代表中国政府从事监督工作。邵福旿决定通过港口建设培养自己的技术人才。荷兰技术人员对关键技术严格保密，他就带领几名中国青年技术人员，日夜不离工地，通过各种途径学习和掌握荷兰人的建港新技术。连云港因为邵福旿而成为中国历史上首个由中国人自己规划、勘测、设计与监督施工的现代化海港。连云港筑港工程奠定了邵福旿在交通工程技术领域的地位。

1936年9月，邵福旿到广东黄埔港开埠督办公署工程司，从事黄埔港建设。1938年春，迫于抗日战争形势，黄埔港停建。交通大学唐山工程学院（现西南交通大学）举校南迁，在湖南湘乡杨家滩复校。邵福旿应邀回母校任教一年，在土木系开设海港工程课。为了更新教学内容，他在吸取国外有用内容的同时，花了很大精力去收集、整理中国的筑港经验，力求将最新筑港技术传授给学生。在艰苦的战争环境下，无法编印教材，他即以详细的笔记，让学生记录讲授的内容。他讲授的内容，理论基础与实践经验相结合，深入浅出，深受学生欢迎。战后，他的学生大多服务于沿海各港口。

1939年至1942年，邵福旿担任国民政府交通部公路处工程司督察。以后先后任四川綦江铁路工程处（国民政府交通部）工程司总段长、南京（重庆）国民政府交通部航政司科长、杭州浙江省海塘工程局工程司设计处处长、上海淮南煤矿总公司长江港口筹备处处长。1949年5月上海解放后，邵福旿决心在共产党领导下，为建设新中国而贡献力量。为了军事运输的需要，被战争破坏的裕溪口码头急需限期修复，邵福旿应上海军管会运输司令部之命，担负起裕溪口码头抢修工程的技术工作。他与工人、解放军战士密切配合，日夜奋战，终于按期完成了抢修任务，满足了军事运输的需要。

新中国成立后，邵福旿再次回到唐山交大从事教育工作，开设过铁路工程、筑港、契约、规划、测量学等课程。1952年院系调整后，学校更名为唐山铁道学院，邵福旿从事测量学的教学工作。他秉持以身作则、全面育人的教育思想，在几十年的教育工作中，严以律己，上下课及与学生约会都十分准时。上课时，衣着整洁，彬彬有礼；板书和批改作业字迹工整，修辞严谨；在黑板上徒手画图，从不潦草。测量实习时，他亲身示范，教给学生正确的操作姿势与方法。暑期野外实习，无论刮风下雨，烈日曝晒，他从不离开学生一步。他严谨的治学态度、刻苦求实的工作作风，深受师生的敬佩。

1951年，天津市市长黄敬与铁道部联系，拟聘邵福旿为塘沽新港副总工程师，因当时邵福旿在唐山交大教授铁路工程、筑港、契约、规划、测量学等课程，并准备开设埠站工程课，教学任务繁重，难以调离，铁道部与中计委联系，同意邵福旿兼任塘沽新港工程局顾问，每周以一定时间参与塘沽新港工程局的工作。

邵福旿一生从事交通工程工作，为中国交通运输事业的发展竭尽心力，直至晚年，仍心系中国的交通事业。20世纪70年代，中国交通建设滞后于经济发展的状况已见端倪，他以耄耋之年，在北京图书馆翻阅大量书刊，撰写了《二十世纪初欧洲开展内河航运对中国发展内河航运重要意义的探讨》一文，并请人转呈全国人大常委会，以期引起中央领导的重视。邵福旿是中国港口建设界的大师级人物，为中国的建港事业贡献了毕生的精力。1981年2月19日，邵福旿在四川成都峨眉山病逝，终年88岁。

在邵福旿写于1925年的日记中，记载有这样一件事：1925年3月12日，孙中山先生在北京病逝，后灵柩被移至香山碧云寺暂厝。孙中山先生移灵香山时的情景，被邵福旿全部拍摄了下来。这是首次发现的记录孙中山先生逝世后相关活动的照片，具有珍贵的历史价值。

翁之龙

翁之龙

翁之龙（1896—1963），字叔泉，常熟人。中国农工民主党党员。中国皮肤病医学的开创者之一。曾任北京大学讲师，广州中山大学附属第一医院院长，国立同济大学校长兼上海市立医院院长，重庆中央大学校长兼附属医院院长，成都市第二人民医院首任皮肤科主任。

翁之龙出生于常熟一个名门世家。他的曾祖父翁同福是翁同龢的堂兄。宣统二年（1910），翁之龙就读于常昭公立高等小学堂西校。1920年，翁之龙毕业于上海同济医工专门学校，后获得庚子赔款官派留学资格，赴德国留学，先后在法兰克福大学、勃雷斯劳大学深造，专攻皮肤科，研修皮肤病学，获法兰克福大学医学博士学位，曾在勃雷斯劳大学皮肤科任研究员。1924年，翁之龙回国后，在北京大学任讲师，次年赴广州任中山大学教授兼附属第一医院院长。

1932年上海“一·二八”事变爆发，日军从上海的日本租界向闸北、江湾、吴淞等区域发起进攻，包括同济大学在内的上海多所大学被日军轰炸。在这样的艰难时局中，9月，翁之龙从前任胡庶华手中，接任国立同济大学第十任校长之职。

翁之龙到职后，在国民政府教育部部长朱家骅的支持下，采取了一系列治校措施，立即着手投入力量兴复校舍，强化国人治校权，并根据当时的形势需要增设理学院等，同时公开支持爱国学生的正义行动，促使医学院与上海市卫生局合办市立医院并将该院设为同济实习医院，与江苏省立医院合作在几个县开设诊所。另筹备建立周宗良医院，以求完全解决实习医院的问题。

1937年7月7日，抗日战争全面爆发。在民族存亡的生死关头，为留存中国教育的精髓，延续中国教育文脉，使无校可归的师生不至失学当亡国奴，受奴化教育，翁之龙与蔡元培、梅贻琦、张伯苓等102位教育文化界人士联合发表声明，揭露日本侵略军破坏我国教育机关的罪行，提出“教育为民族复兴之本”的口号，要求政府采取果断措施，将一些高校迁往内陆之地办学。不久，八一三淞沪抗战爆发。8月末，同济大学遭到日本战机轰炸，被夷为平地。9月起，翁之龙带领同济大学师生，踏上颠沛流离、历经磨难的内迁旅程，先是迁至浙江金华。11月，因日机不断空袭，学校二迁至江西赣州，次年1月底在赣州开课，医学院则迁到江西吉安。1938年7月，同济大学再次迁至广西贺县的八步镇。此次转移异常艰苦，不仅舟车劳顿、忍饥挨饿，还要背负行装，翻越荒无人烟的大庾岭。整个行程，共耗时两个月。但在八步镇才待了三个月，学校又开始了往云南昆明的第五次迁徙。这一次的路线更曲折，甚至借道越南，方于1939年春节前抵达昆明。

学校连续迁徙五次，行程数千里，经历无数艰险，劳顿饥饿，又有敌机追轰，险象环生。作为领头人的翁之龙，不仅要筹划如何保护人员和设备、资料的安全，还要安抚师生情绪，可谓殚精竭虑。然而，就是在这样艰难的环境中，同济大学不仅完整地保存下来了，还进入最鼎盛时期，创造了“起死回生”的奇迹。到达昆明不久，过度的操劳让翁之龙明显感到身体不支，1939年4月，他辞去了校长一职，并推荐同乡赵士卿接任。

翁之龙经过两年的休养，于1941年赴重庆任中央大学医科教授兼附属医院院长，后来升任校长。抗日战争时期，中央大学是中国高教界的龙头，能在这样的大学担任校长，足以证明翁之龙非凡的学术水准和管理能力。1946年，翁之龙在到成都市立医院、四川省立医院、甫澄医院等医院工作后，自己开了一家私人诊所。在诊所里，翁之龙负责看病，护士出身的夫人龙曼丽则负责护理工作。

1950年7月，翁之龙受聘于川西第二医院（现成都市第二人民医院），担任皮肤科主任一职。卸下往昔繁重的医院领导职务，川西第二医院皮肤科病房里的翁之龙将所有的精力都放在对患者的诊疗和对疾病的研究上，回归为一个纯粹的医者。翁之龙在医疗实践中，仔细观察皮损的细微变化，以此作为调整药物剂型和浓度的依据，因此疗效往往很好。而且，随着经验的积累，他在统筹分类的基础上，形成了系列化、规范化且独具特色的皮肤病治疗方法，治愈了大量的患者。在川西第二医院，翁之龙还有一个“闻病鼻祖”的称号，这个“美誉”来自翁之龙在日常工作中的一个看病习惯。由于眼睛高度近视，在接待患者及为患者诊治的过程中，为了更清楚地把握患者皮损的特点，从而做出精准的诊断，翁之龙往往会俯下身来将眼镜贴在病人的皮肤上，甚至是遇到患处在足部或有溃疡、渗液、分泌物的皮肤疾病患者时，他也是不顾脏、臭，详细检查患者身体，秉着一位医者的职业精神，为每一位患者解除病痛。因而患者说，翁之龙不是在看病，而是在用鼻子“闻病”，称他为“鼻祖”再恰当不过。

翁之龙根据自己的专业知识和临床经验，将多种外用药的处方汇编成册，每有到科里工作或实习的医生，都发一本给他们，以供他们提高技术，治病救人。他不管白天临床工作多忙，晚上也要总结经验，撰写论文，编写教材。翁之龙曾首先发现稻田接触性皮炎，该皮炎后被命名为“翁之龙皮炎”。1956年，受卫生部委托承办，全国皮肤科医师进修班在川西第二医院开课，翁之龙担任主讲，他亲自编写了《皮肤病学总论》《皮肤病学各论（上下册）》《梅毒学》《淋病学》等讲义。该班为新中国培养了一批在当时甚为缺少的高级皮肤科临床医生，与此同时，亦为西南地区特别是四川省培养了一批皮肤病学界的骨干人才，对四川省皮肤病学术网络的形成和学术思想的发展起到了奠基作用。该医师进修班的绝大部分学员先后成为我国皮肤病学界的知名专家和学者。他的著作《皮肤病学》长期作为高校教材，一直沿用至今。

翁之龙曾任四川省人大代表、政协委员，并曾当选为四川省科协理事、中华医学会成都分会理事、中国农工民主党四川省委委员等。

1963年7月，翁之龙在四川成都去世，终年68岁。

吴泽霖

吴泽霖

吴泽霖（1898—1990），常熟人。教授，中国社会科学院民族研究所研究员。当代著名的社会学家、人类学家、民族学家、民俗学家、博物馆学家和教育家，是中国社会学、人类学和民族学的奠基人之一，是我国民族文博事业当之无愧的拓荒者。曾任上海大夏大学社会学系主任、文学院院长、教务长，上海光华大学社会学系主任，上海暨南大学海外文化事业部主任、教务长，清华大学人类学系主任兼校教务长，西南民族学院民族文物馆馆长，中国民族博物馆筹备组组长，中南民族学院文物室主任、学术委员会副主任等职。

吴泽霖家境清贫，读过私塾，断断续续读了两年初小。然而，吴泽霖天资聪慧，勤奋努力，在宣统元年（1909）以优异成绩插班入常昭公立高等小学堂西校高小三年级学习。1913年，吴泽霖考取清华学校，先后在清华学堂中等科和高等科学习。

在清华读书的9年间，中国社会发生伟大变革。他广泛涉猎，博览群书，并积极地参加社会服务及学生活动。他同闻一多等自编自演新剧《革命军》，担任过年级纪念集的美术编辑，被推举为学生法庭检察官，组织同学集资，组织课外社会活动，参与创办校职工夜校、校外儿童露天学校和成人识字班，这些活动激发了他的学术兴趣。他还参加了“华洋义赈会”，参加华北五省大旱灾德州赈济活动，应募到安徽寿县至颍上县一带参加红十字会的救灾工作。在这些活动中，他对于中国的社会现实、中国民众的生活状况有了更多的了解。

1922年7月，吴泽霖到美国深造，先后在威斯康星大学、芝加哥大学、密苏里大学、俄亥俄州大学学习，获博士学位。他师从洛斯、派克和米勒等美国社会学家，主修社会学，兼修人类学、心理学、统计学、市政学、哲学、政治学等。涉猎广泛的知识领域和系统的专业训练，使吴泽霖有了扎实的学术研究功底、严谨的治学态度，这为他以后主要研究兴趣由社会学向民族学转移做了准备。

他的博士学位论文题目为《美国人对黑人、犹太人和东方人的态度》。通过这项研究，他对于各民族地位、民族间相互关系有了更清楚的认识，提出了民族平等的主张。1927年，在赴欧考察英、法、德、意等国后回到祖国。同年10月，担任扬州中学教员，教授教育心理学和英文。此后，他将主要研究兴趣放在社会学方面。1928年2月，他任上海大夏大学教育科教授，后又相继任社会学系主任、文学院院长、教务长等职。1928年至1930年，他与孙本文、吴景超、许仕廉、陈达等发起组织东南社会学会和中国社会学社，担任首届理事，创办《社会学刊》。他在大夏大学教授有关课程，创建大夏公社，进行苏州河船户生活调查。同时，他为中国社会学的初创做了许多工作，其中包括对西方社会学发展状况的介绍，发表了《社会约制》和《社会学大纲》等著述。

1929年至1937年，吴泽霖兼任上海光华大学教授、社会学系主任。1935年9月至1937年8月，他被借调到上海暨南大学任海外文化事业部主任和教务长。1937年4月，吴泽霖代表中国社会学社参加了国民政府行政院组织的京滇公路周览团，到西南诸省实地考察。其间，他亲眼看到湘西、云、贵、川等地各族民众的贫困生活状况，这些地方的社会持续混乱、卫生状况不良和币制混乱给他留下了深刻的印象，由此他开始对中国的民族问题关注起来。1937年抗日战争全面爆发后，他随部分大夏大学师生内迁贵阳。那一时期，大批中国民族学家向西部转移，西部地区成为抗战的后方，吴泽霖的主要研究兴趣转移到民族学方面。这种转移正是一位负责任的学者面对当时的中国社会现实做出的选择。

1941年1月，吴泽霖应清华大学之聘，从贵阳大夏大学到昆明，任昆明西南联合大学教授，2月起任教于西南联合大学社会学系，主讲高级社会学、人类学、犯罪学等课程。西南联合大学留美预备班成立，吴泽霖为该班名家大讲堂讲授“美国民族之组织”，还出席了中国社会学社昆明分会在云南大学举办的第一次代表大会，当选为中国社会学社第六届理事会正理事。3月至年底，他兼任云南呈贡东方语文专科学校教授，主讲了两个学期的社会学和社会问题课程。抗日战争胜利后，该校合并到北京大学东方语言文学系。据联大学生回忆，吴先生讲课既不高声喧朗，也不急促讨论，条理清晰，引人入胜。在联大的艰苦日子里，吴泽霖与众教授一样，安贫乐道，共渡难关，教书育人，桃李满天下。

1943年至1945年，吴泽霖兼任昆明译员训练班副主任，主讲“美国民族心理”。他反复引用梅贻琦校长的话：“艰苦抗日战争时期的大学教授，既要拿笔杆子，也要用笔杆子帮助拿枪杆子来反攻日本。”在吴泽霖等人的坚持努力下，昆明译员训练班培养了3000余名英文翻译人才，为美国空军志愿队服务。1946年2月，他与西南联大教授130余人在昆明就东北问题发表宣言。1946年8月，他被调至清华大学筹建人类学系，任人类学系主任兼校教务长，率先提出社会学必须成为经世致用之学，应以解决社会实际问题为己任，并主张理论思考必须以社会实际问题为基础。

1952年，吴泽霖担任中央民族学院教授，被任命为中国民族博物馆筹备组组长。1953年，他被调到西南民族学院工作，任西南民族学院教授兼民族文物馆馆长，建立民族研究室，扩充民族文物室，主持筹建了该校的民族博物馆。1957年，被错划为“右派”。1958年秋，吴泽霖被借调至北京民族文化宫参加筹建工作。1960年，他调任中央民族学院教授。1966年“文化大革命”开始后，吴泽霖退职，回到常熟老家居住。

1978年吴泽霖恢复工作后，任中央民族学院教授，兼任中国社会科学院民族研究所研究员。1981年，被天津南开大学聘为兼职教授。1982年，已85岁高龄的吴泽霖被调到武汉中南民族学院任教授、学术委员会副主任。1985年，吴泽霖被贵州民族学院聘为兼职教授。1986年，他加入了中国共产党。这一年，在吴泽霖的倡议和主持下，民族学博物馆新馆落成，对外开放。它是国内第一座以民族学为内容的专业性博物馆。

1990年8月2日，吴泽霖在武汉逝世，终年93岁。他在遗嘱中提出，将自己的存款捐作中南民族学院的奖学金基金。目前“吴泽霖教授奖学金”已经成为中南民族大学学子最高学术荣誉的象征。

曾世英

曾世英

曾世英（1899—1994），字俊千，江苏省常熟人。我国著名地图学家、地名学家，中国现代地图学的重要奠基人之一。曾任《解放日报》舆图部负责人，新华地图社社长，地图出版社副总编辑，国家测绘局测绘科学研究所副所长、研究员，国家测绘局地名研究所名誉所长，中国地理学会名誉理事，中国测绘学会名誉理事，中国地名委员会委员，中国文字改革委员会委员，中国地名学研究会名誉理事长，《国家大地图集》总编委员会和普通地图集分编委员会副主任，中华人民共和国地名词典总编纂委员会副主任委员。曾当选为第二届、第三届全国人大代表，第五届、第六届全国政协委员。

曾世英出生在常熟一个没落的书香世家。曾在石梅公校读书。受“科学救国”思潮影响，与孪生兄弟曾世荣同时考入江苏省立苏州第二工业专门学校土木科。毕业后自荐进入天津顺直水利委员会，三个月试用期满，任练习技师，后破格升为副技师，主持绘图室工作。1928年，该会改组为华北水利委员会，曾世英被任命为测绘室主任，从此正式跨入地图出版工作的行列。

1929年，经该会测量处吴思远主任介绍，曾世英拜访了地质学家丁文江先生。当时，丁文江应铁道部之约，将去四川、贵州踏勘预想中从重庆经贵阳至广州湾出海的川广铁路，需要一位既懂工程测量又搞过经纬度测量的人相助。两人接洽后，为了实现为民众做一番事业的夙愿，曾世英主动减少1/4的薪金，欣然随丁文江一道入川。次年，他完成勘测任务后，转入北平实业部地质调查所从事地图编绘工作，先后担任技师、技正、简任技正。

1930年秋，上海《申报》馆总经理史量才接受丁文江建议，同意由丁文江、翁文灏、曾世英负责编纂《中华民国新地图》，作为《申报》创刊60周年之纪念。三人商定图集编纂原则后，具体事宜由曾世英主持。1932年春，编制任务完成，曾世英建议另出缩编本，以求向青年学生普及。在《中华民国新地图》的基础上，曾世英与丁文江等编成《中国分省新图》，于1933年8月出版。大开本《中华民国新地图》于次年问世，二者习称“申报地图”。

“申报地图”出版后风行海内外，仅缩编本的《中国分省新图》就先后出了4版，销量约20万册。学术界认为：“《中华民国新地图》之完成为一绝大贡献，可与世界进步之地图并列而无愧色。”该地图被誉为“继康熙的《皇舆全鉴图》之后又一部划时代的地图作品”。英国皇家地理学会《地理杂志》和美国纽约地理学会《地理论评》等多次刊登书评，认为两图“全部制作技术都是高水平的”，“是迄今为止最可靠的”中国地图。此后国内外以它为蓝本或受它影响的中国地图，据统计多达40余种版本。新中国成立初期出版的地图，都注明“国界根据抗日战争前申报地图绘制”。1957年8月，由地图出版社出版、曾世英为总设计兼主编的《中华人民共和国地图集》，就是在“申报地图”的修订本基础上设计而成的。

曾世英是一位爱国主义者。20世纪30年代初，傅作义将军率部在北平怀柔一带进行“长城抗战”，曾世英化名“曾六”，给天津《大公报》汇去银洋600元，请他们转赠抗击日寇的傅部官兵。这一义举经《大公报》披露，全国各地群起响应，最后捐赠款项达数百万元，有力地支持和鼓舞了抵御外侮的全体将士。傅将军用其购置了几百辆载重汽车。1936年4月，张学良将军到延安，将最新出版的《中华民国新地图》赠送给周恩来同志，并语重心长地说：“共同保卫中国。”1937年八一三淞沪抗战时，曾世英又将私人汽车以2000元低价售出，将钱款全部捐出用于抗日。在南京梅园新村纪念馆内周恩来总理的办公桌上，放有《中国分省新图》；在西柏坡革命纪念馆内毛泽东主席的办公室里，挂着曾世英、方俊、周宗浚以“申报地图”为基础编制的《中华民国地形挂图》。这是历史对曾世英呕心沥血编绘“申报地图”所给出的充分肯定。

抗日战争时期，中、美、英、苏结成抗击法西斯侵略的同盟。1935年秋至1936年夏，曾世英受资源委员会和地质调查所联合派遣，先去美国雪城大学短期学习，随后考察美、加、英、法、苏等国的测绘制图情况。1944年至1945年，应美国陆军制图局要求，他奉派赴华盛顿担任顾问。抗日战争胜利后的第二天，他就辞去军职，旋即返回百废待兴的祖国，次年筹建华夏图书出版公司，和方俊合作续编“申报地图”。

新中国成立后，曾世英先后任《解放日报》舆图部负责人、新华地图社社长、地图出版社副总编辑、国家测绘局测绘科学研究所副所长，任《中华人民共和国地图集》主编和总设计、《国家大地图集》之普通地图集总设计。同时，他还主持编绘了多种小学教学地图，首次使地图成为我国中小学生学习地理课程时的必备内容。1959年，曾世英受命筹建我国第一个地名研究室，他倾注数十年心血，对采用《汉语拼音方案》拼写我国地名进行了大量的研究工作和具体实践，从多方面论证了以此作为中国地名罗马化的国际标准是历史的必然，为联合国最终通过我国自己的地名罗马化方案，做了充分的理论准备。他对残留在我国西部地区和东南沿海地区地图上带有殖民主义色彩的外来地名进行清理，维护了国家领土主权和民族尊严。1962年，他在中国地理学会年会上提交的《地名学的国际现状与研究方向》一文，引起了国内对这门新兴科学的关注。20世纪60年代以来，曾世英就地名学理论研究发表了数十篇学术论文。

曾世英在担任全国人大代表和全国政协委员期间，提出了许多针对性强、措施得当的建议和提案，深受承办部门的欢迎。仅在政协会议上，他独自或与别的委员联名提出的提案就达53件。《国家大地图集》是1956年周恩来总理制定的全国科学技术发展规划中的重点任务之一，它的编纂工作于“文化大革命”期间中断。1980年，曾世英在全国政协五届三次会议上提出了“《国家大地图集》应列入国家规划，继续编纂和公开出版”的提案，受到国务院和国家科委的高度重视。这项工作重新成为国家重点科研项目后，他被任命为总编委和普通地图集分编委副主任委员。

20世纪80年代初，曾世英多次与年轻同志一道，深入东南沿海和西北内陆调查地名，担任31卷本中华人民共和国地名词典总编纂委员会副主任委员。1982年，他以84岁高龄登上大学讲坛，在北京师范学院地理系开设地名学讲座。1983年，曾世英和林超、褚亚平、陈桥驿等20余位学者，提出成立中国地名学会的倡议。1988年中国地名学研究会成立时，他被推举为名誉理事长。1990年8月，已92岁高龄的曾世英不辞辛劳地奔赴西安，参加城市地名管理学术研讨会。1994年病重期间，他还一直从事着国土面积的量算研究。

1994年7月11日，曾世英于北京逝世，终年96岁。

曾世荣

曾世荣

曾世荣（1899—1996），字荫千，常熟人，高级工程师。我国科技情报界元老、图书馆学家、研究比孔检索法先驱。

曾世荣出生在常熟一个没落的书香世家。他曾在石梅公校读书，肄业后，与孪生兄弟曾世英同时考入江苏省立苏州第二工业专门学校土木科。1918年，赴日本铁道省实习。1920年回国后，一直服务于铁道部门，曾先后在京奉、胶济、沪宁和粤汉等线的铁路部门任职。1937年，赴美国宾夕法尼亚大学进修，次年回国后，先后任滇缅铁路工程局运输课课长，粤汉铁路局副局长，上海铁路局运输处副处长、处长、副局长，以及区运输司令部少将处长。1946年，他担任上海铁路局副局长兼营业处处长。此后，他曾任交通大学运输系教授、《现代铁路》杂志编委会主任、浙赣铁路局副局长。

新中国成立后，曾世荣任南京铁路分局总工程师，上海铁路局副处长、助理总工程师。1957年，他从上海铁路局调至北京，担任铁道部铁道科学研究院科技情报研究室主任。1959年，任铁道部科技情报研究所副所长兼图书馆馆长、高级工程师。这次调动，对他来说是一次专业和爱好的重大改变，意味着一切要从零开始，去开创一种完全陌生的事业——科技情报事业。而这项事业在我国也是刚刚兴起，这对于一位年过半百的老人来说，无疑是一次重大的考验。曾世荣表示绝对服从组织安排。为尽快适应工作需要，他一面熟悉情报业务，一面夜以继日、孜孜不倦地学习国内外图书馆学和情报学理论。在1957年至1966年的十年中，他为铁道部科技情报研究所的发展倾注了心血。建立研究所不久，他就与其他同志一道创办了铁道技术情报刊物。为了提高刊物质量，他一方面十分注意组织技术力量撰写稿件，另一方面则一丝不苟地亲自审阅稿件。

作为图书馆主任，曾世荣十分重视文献的收集和利用。为了获得更多急需的文献，保证科研工作的顺利开展，在科研经费十分短缺的三年时间里，他多次亲自向上级领导说明情报资料的重要性，从而为图书馆力争了更多的购书经费。为了合理使用这笔经费，他以丰富的专业知识和外语知识，对国外铁道科技专业文献进行了深入的调查研究，并于1962年初编印了《铁道科学技术的专业文献调查报告初稿》，共计3万多字，详细介绍了国外重要铁路文献的专业内容编排格式和出版动向。该调查报告曾被印发给铁路有关部门，对选择国外铁道文献具有指导意义。在他的直接领导下，铁道部情报所的馆藏文献，无论是在数量上还是在质量上都达到了相当水平。同时，图书馆工作也建立了一套较为切实可行的制度。

20世纪60年代初，为了充分发挥馆藏文献的作用，曾世荣结合我国具体情况，研究文献的检索方法与利用问题。1962年，他写了《怎样查找文献》论文。该文以铁道科学技术及相关学科的文献为例，介绍了具体的查找方法，文后还详列有500种中外科技期刊的刊名、创刊年和编辑单位等，是我国文献检索的重要论文之一。这一研究课题在我国情报检索语言发展中具有开拓性的贡献。

1963年，曾世荣与其他同志一起，开始了对比孔检索法的调查研究。1966年，他提出了比孔设计模型和比孔检索试验结果，并撰写了比孔检索的调研报告。曾世荣对传统的分类法和标题法两种不同类型的情报检索语言的性质、索引深度、查全率、查准率等方面进行了比较系统的论述，并较早地提出了职符、联符的作用和用法等问题。其研究工作和研究成果受到了中国科学技术情报学会的重视和支持。曾世荣及其同事们根据汉语词法的特点和规律，系统分析了汉语的词类和词性，并在此基础上提出了词语规范化的问题，其中包括同义词、近义词、反义词、词组、合金和化合物名称、专有名词和外来语等的选用与规范化处理问题，以及参见等注释的采用问题。“规范化”一词最早见于他写的《铁道科技文献的概念组配检索法》一文，而《单元词示意表》则是我国最早的，同时也是世界上为数不多的一种单元词表。

1972年，他开始进行文献研究工作。他经常向有关同志提供信息，帮助他们鉴定文献，使国内外文献能够及时得到收藏。1975年，《汉语主题词表》开始编制，他主动收集、刻苦钻研有关文献，并及时推荐给其他同志阅读。同年，曾世荣翻译完成了英国的《叙词表编制实用手册》一书。在当时的条件下，他的译著是不可能出版的。于是他不顾70多岁高龄，利用业余时间逐页复写，并及时送给编表同志参考。

1979年8月，他第一次接到退休通知，但他离不开多年从事的工作，想要继续献出自己的光和热。为此，他经过努力争取，不要任何报酬地到科技情报研究所协助工作。在这段时间里，他与其他同志译校、出版了《文献与情报工作词典》。中国科学技术情报学会恢复活动后，他作为该学会方法组成员，积极参加了全国性或专业性的情报学术活动。

从20世纪70年代后期起，曾世荣开始研究检索刊物索引的编制与使用问题。在对国外主要检索刊物《化学文摘》和《工程索引》等的主题索引进行分析比较的基础上，他从20世纪80年代起，集中主要精力研究我国的检索刊物主题索引。在他家里，所有材料整理得井井有条，容易散乱的还装订成册，数以千计的卡片分置于自制的卡片盒中。更可贵的是，他从不把它们束之高阁，而总是向有求于他的同行——不管认识与不认识——和盘托出，并为来访者提供线索。1983年，他撰写了材料丰富、内容翔实、文字简练的《检索刊物主题索引初探》论文，并对检索刊物主题索引的功能、条目著录格式、款目形式和主题索引等提出了许多建设性的意见。

曾世荣对铁路科技情报检索有较深研究，他献身于我国的检索刊物主题索引，是研究比孔检索法的先驱。他严谨求实、勇于创新，合作翻译55万字的《文献与情报工作词典》，编撰了77万字的《铁路汉语主题词表》，同时作为中国科学技术情报学会情报理论方法组成员、中国铁道学会第一届理事会理事、第一届铁道科技情报委员会委员，多次参加全国性和专业性的情报会议和学术活动，在多种情报、图书刊物上发表论文，并获得了多项荣誉和奖励。他的学术见解和工作建议受到同行的普遍肯定和尊重。

萧　理

萧理

萧理(1902—1953),字毅,又名荻毅、荻依、迪毅,常熟人。萧盅友之子,萧退庵之侄。曾任上海劳动大学助教、常熟县立乡村师范校长、常熟县立图书馆馆长、常熟农业推广所所长等职。

萧理出生于常熟名门望族萧家,萧理父亲萧盅友和萧麟徵、萧退庵兄弟三人是常熟一带的名士,被当地人称为“常熟三萧”,他们在各个文化领域都有建树。出生在这样的书香门第,萧理自幼便受到良好的家风熏陶,接受良好的文化教育。他年幼时在私塾读书,少年时入常昭公立高等小学堂西校读书。毕业后就读于中华理工学校。为了农业救国,他又至南京国立中央大学读农科专业。毕业后经时任上海爱国女校校长的伯父萧退庵的推荐,至上海劳动大学任助教。

1925年,震惊中外的五卅运动爆发后,萧理在上海加入中共地下党组织,与时任共青团上海闸北书记的常熟同乡曾培洪(后改名李强,曾任中华人民共和国外贸部部长,中科院院士),以及在上海大学附中读书的周文在(开国少将,参加过南昌起义),一起从事党的秘密工作,从事学运活动,组织和带领同学上街散发传单,揭露顾正红烈士被枪杀的真相,声援被捕大学生。1930年,萧理和曾培洪、周文在三人约好一起奔赴延安参加革命，后因萧理父亲萧蜕友患重病而未成行。此后，萧理回到常熟，在农业推广站工作。

1928年8月，常熟县教育局行政委员会公决，建办常熟县立乡村师范，校址设在西塘桥的原县立第三高等小学校内。1931年，经江苏省教育厅审核，常熟县立乡村师范正式开学，萧理任第一任校长。

抗日战争期间，萧理不为伪政权供职，以卖字和变卖家产来维持家庭生计。1938年春，萧理借虞阳小学为校舍，开办勤业补习社。1945年，萧理任常熟农业推广所所长。新中国成立后，他先后在孝友中学、中山中学、县三中任教。

萧理的父亲、伯父都是当时著名的书法家，萧理亦承家法，练习书法，重在隶书。但他的书法略嫌单薄而放纵，缺少伯父之醇和父亲之厚。萧理留存于世的书法作品甚少。常熟虞山公园"卷云"湖石之南，有环翠小筑，1931年由王象九、归钟璐等构建，张鸿题榜"环翠小筑"并作跋文。1947年，萧理重书"环翠小筑"额附跋，落款"丁亥四月邑后学萧理补书"，匾额书体俊秀。

1949年4月常熟解放前夕，萧理的夫人去上海处理好家事返回常熟，乘汽车经过太仓直塘附近时，突遭国民党飞机空袭。飞机朝路上的汽车和行人俯冲扫射，他的夫人不幸中弹，虽紧急送医院抢救，但终因伤势过重，医治无效而去世，时年33岁。1950年，萧理调任常熟县立图书馆馆长。由于长期处在丧妻的悲痛之中，加上工作的过度劳累，他在1953年因病去世，终年52岁。

吴景略

吴景略

吴景略（1907—1987），原名韬，以字行，号缉曼，晚号缦叟，江苏常熟人。当代著名古琴演奏艺术家、音乐教育家。中央音乐学院教授、民乐系弹拨教研室主任，历任中国文学艺术界联合会委员、中国音乐家协会民族音乐委员会委员、北京古琴研究会会长。

吴景略出生于常熟县塘市镇（现属张家港市），后全家迁居常熟城区，就读于常熟县立高等小学校。7岁开始先后师从江阴琵琶家周少梅、南派琵琶家赵剑侯学习琵琶等器乐，长大后到苏州当银行实习生，工作之余学习评弹和江南丝竹。第二年军阀混战，吴景略重返常熟，发起组织江南丝竹乐团，有“筝声琴韵室主”的别号。吴景略还师从萧退庵、樊少云学习书法和绘画，能书善画，工诗词。

1930年，吴景略结识天津琴家王瑞璞，跟他学习《湘江怨》和《醉渔唱晚》。吴景略白天上班，晚上弹琴、读古谱，利用休息天到上海古籍书店找古谱。书店伙计告诉他有一位徐少峰医生擅长弹琴，他专程登门拜访，徐少峰被他的真诚打动，请上海琴人李明德到常熟拜访吴景略。李明德弹一曲《梅花三弄》，吴景略在旁细心听，认真体会。第二天当吴景略回弹《梅花三弄》时，李明德十分惊讶，说：

“你根本不需要老师，你是无师自通的琴人、天才！”

吴景略师从多家，琴艺日进。1936年初在上海加入今虞琴社，结识浦东“今虞三杰”（查阜西、张子谦、彭祉卿），眼界更加开阔，他博采众长而自成一格，演奏气韵生动，苍劲而流畅，潇洒而闲远，富有江南丝竹乐抒情的特点，具有强烈的艺术感染力。同年5月，今虞琴社第三次月集（“虞山琴集”）在常熟吴景略家举行。30岁的吴景略静心凝神，演奏出秋高气爽、愉快欣喜的情绪。虞山派耆宿樊伯炎在回忆当时听琴的感受时写道：“苍松翠竹暮庭前，虞兰听琴忆有年。秋梧叶落凌风舞，尽入冰弦指上传。”

抗日战争期间家国离乱，查阜西等琴家相继离开上海。自1939年开始，吴景略成为今虞琴社的主要组织者，之后他以筝声琴韵室的名义在上海、常熟等地教授古琴。新中国成立后，吴景略多次参加重大演出活动，并录制唱片在电台播放。1953年被聘为中央音乐学院民族音乐研究所通讯研究员。从1939年到1956年，制修新旧琴100余张，与苏州弦工方裕庭合作研制出“今虞琴弦”。在近二十年的时间里，他一方面和今虞琴社的同仁一起为继承和弘扬琴学做了许多工作，一方面专注于他的古琴教学生涯和打谱艺术实践。1956年，吴景略受聘于中央音乐学院民乐系，专门从事古琴教学和研究工作，先后任弹拨教研室主任、中国音乐研究所特约演奏员，成为新中国成立后全国音乐艺术院校第一位古琴专业专职教师。

吴景略开创音乐学院古琴专业，编著古琴教材，培养了大量学生，其中许多人已成为当代著名的古琴演奏家、专业教师和理论研究者。在长期的演奏实践中，他还先后发掘整理近40首古代琴曲，创作《胜利操》，移作改编《新疆好》等古琴新作品。著有《七弦琴教材》《虞山琴话》《古琴改良》等琴学论著和我国第一部从初级到高等艺术院校教学使用的古琴教材。

为了充实教学内容和发展古琴艺术，吴景略打了许多古琴曲谱，其他流派代表曲目也是他教学的必要内容。他在传授他自己的代表性琴曲的同时，还教学生弹“梅庵琴派”的《长门怨》《捣衣》、查阜西的《醉渔唱晚》、管平湖打谱的《离骚》《欸乃》《广陵散》等。在教学这些不同风格流派的琴曲时，他要求学生仔细研学不同流派的风格和指法技巧。他还曾根据学生的具体情况，安排他们到别的古琴家那里去上课。吴景略重视发挥学生的主动性，鼓励他们在古琴音乐理论方面进行深入的学习与探索，以此开阔音乐视野，提高音乐修养，丰富音乐表现力。在学生掌握所学曲目后，他允许学生在传统版本中注入自己的思想，节拍、节奏甚至旋律可以有一定的变化，但不允许主观片面地随意解释琴曲。

吴景略炉火纯青的演奏艺术打开了古琴音乐的新视野，把虞山琴派引领到一个全新的境界，开创了琴坛上独树一帜的“虞山吴派”，被誉为“琴坛一代宗师”。他深挖古曲的文化内涵，融合自己的感悟进行再创作。早在20世纪30年代，吴景略即以精湛的演奏获得“吴渔樵”之称。20世纪50年代，他对《渔樵问答》进行再创作，该曲成为琴曲艺术经典。

20世纪70年代后，吴景略任中央音乐学院终身教授，当选为中国文学艺术界联合会委员、中国音乐家协会民族音乐委员会委员、北京古琴研究会会长。吴景略的创造精神也体现在乐器改革上。早年，他在修理古代良琴的同时，还亲手制作了不少新琴。1958年，他对古琴进行大胆革新，在结构和造型上都进行了极大的改变，使音量提高了一倍。1974年，他与乐器厂合作研制出钢丝尼龙弦，该弦解决了丝弦音量小、噪音大、易跑弦、易断弦等问题，受到国内外琴人的普遍欢迎。

1987年8月16日，吴景略在北京逝世，享年81岁。“一生知己是丝桐”出自他的一枚印章，这句话是他艺术人生的真实写照。他将毕生的热情和精力投入到古琴音乐事业的抢救、保护和发展之中去，他在中国古琴音乐史上的贡献和地位，会随着历史的延续而愈发显得重要。

温肇桐

温肇桐

温肇桐（1909—1990），笔名虞复，江苏常熟人。中国著名美术教育家，绘画史论家，中国美术家协会会员，现代中国美术史学奠基人之一。曾任上海美术专科学校教授、艺术教育科主任、图书馆主任、出版部主任，上海师范专科学校教授、艺术系主任，华东艺术专科学校教授兼图书馆主任、硕士研究生导师，南京艺术学院教授等职。

1909年5月13日，温肇桐出生于江苏常熟一个地主兼商人的家庭里。出生时，他右眼仅能辨光，左眼视力0.2。1915年入私塾接受启蒙教育，五年后考入常熟县立高等小学校。受舅父吴仲达的影响，视力不济的温肇桐偏偏爱上了视觉艺术。在中学学习时，校长沈佩畦引导他学习有关的美术理论。中学毕业后考入苏州美专学习西画，后转入上海艺术大学西画系，在系主任潘玉良的鼓励和教导下，克服重重困难，坚持学画直至毕业。

1929年秋冬之际，温肇桐与庞薰琹等苏州美专常熟同学会的校友们在常熟组织成立了“旭光画会”，倡导新美术运动。1930年夏天从上海艺大毕业后，即在上海私立光裕第二公学教美术，开始从事儿童美术教育工作。“一·二八”淞沪抗战爆发后，温肇桐回到常熟，先后在实验小学、石梅小学、塔前小学和江苏省立无锡师范附小任教。

20世纪30年代初，著名油画家、美术理论家倪贻德教授带领上海美专西画系师生到常熟虞山写生。温肇桐经友人介绍与倪贻德结识，两人通过书信交流。因为视力原因，温肇桐转向美术理论和教育研究，编写《常熟石梅小学美术教学概况》并自费出版，分送国内各著名小学、相关学术团体和专家以征求意见。1935年5月，温肇桐的第一本美术教育专著《怎样教小学的美术》由世界书局出版。该书由潘揖山和倪贻德作序。两篇序言中对温肇桐的美术教育实践与理论给予了充分肯定。这一填补小学美术教育研究空白的专著，引起了时任上海美术专科学校校长刘海粟的关注。1936年初，温肇桐被聘为上海美专教授，教授艺教系和艺师的美术教学法与各科系的基础美术理论。他先后任上海美专艺术教育科主任、图书馆主任、出版部主任，主编《美术界》月刊、《艺术生活》周刊等。抗日战争胜利后一度兼任上海师范专科学校教授、艺术系主任。

1947年，温肇桐和常熟籍美术家庞薰琹一起参加了陈烟桥、张乐平、刘开渠等进步美术家发起组织的上海美术家协会。1949年5月29日，刘开渠与杨可扬、张乐平、（郑）野夫、庞薰琹、朱宣咸、温肇桐、陈烟桥、邵克萍、赵延年等43名美术家，代表上海美术界在《大公报》发表由温肇桐起草的《美术工作者宣言》，表示要拥护中国共产党，共同创造人民的新美术。宣言的发表标志着上海近代美术史从此翻开崭新的一页。

1952年院系调整，温肇桐随刘海粟校长到无锡华东艺术专科学校，任教授兼图书馆主任。不久调入南京艺术学院。1957年被错划为“右派”，调离教学岗位，当图书管理员。他充分利用这段时间看书、查资料、做研究，研究领域扩大到中国古代画论、画史个案研究。

1976年后，温肇桐重返教育岗位，他更加珍惜时间，手不释卷，伏案笔耕。他以“阐扬吾乡先贤文墨”为己任，对常熟籍元代画家黄公望、清初“四王”（王时敏、王鉴、王翚、王原祁）和吴（吴历）、恽（恽寿平）等的研究倾注许多心力。著有《元季四大画家》《黄公望史料》《明代四大画家》《清初六大画家》等相关著作，其中《黄公望史料》是当时同类著作中辑录史料涵盖面最广、考证最准确的资料汇编，是美术史研究中的重要文献。

20世纪70年代末，温肇桐退休回到家乡，先后任政协常熟市第五届、第六届委员会常委。受邀参与常熟工艺美术职工大学的筹建工作，并与庞薰琹、保彬等共同担任顾问。他为学校制订办校方针、教学计划，竭尽所能邀请各地院校提供师资支持，同时亲自兼课，讲授专业课程。1989年，南京艺术学院美术史论专业获批成立，温肇桐接受返聘，准备重上讲台。正在这时，他因病住进医院，1990年1月23日不幸逝世，享年82岁。

温肇桐毕生治学严谨，涉猎广泛，笔耕不辍，在美术教育、美术史研究、美术批评与理论等领域为构建中国特色的美术学科体系做出了重要贡献。撰写《新美术与新美育》《中小学美术教学法》等专著36部，其中《中国绘画艺术》《中国绘画批评史略》《顾恺之新论》在国内外颇有影响，《中国绘画批评史略》被韩国作家译成韩文出版。他的传记载入《中国艺术家辞典》《中国美术年鉴》《中国美术通史》等。

宋清如

宋清如

宋清如（1911—1997），又名小青，常熟人。教师，翻译家，诗人。著名的莎士比亚戏剧翻译家、诗人朱生豪的夫人。一生从事教育工作，桃李满天下。

宋清如出生在常熟西乡栏杆桥（今属张家港市）。她7岁时，家中请了一位清代秀才来教书。当《三字经》《千字文》《古文观止》等已不能满足她时，她拗着母亲进到常熟县立女子高等小学校读书。清如在这里打开了视野，拓宽了心境。1923年，宋清如从女子高小毕业。经过自己百般的抗争与努力，1926年起，她先后到苏州慧灵女中、苏州女子中学（1932年又改名苏州女子师范学校）读书，完成初中、高中学业。在这期间，她受到了新思潮的影响。初中毕业后，家人再三催促她回家完婚，但她表示要读完高中，“不要嫁妆要读书”，直到完成了高中的学业。

清如是个为读书为写诗而生的女孩，对新诗着迷，她的新诗经常在《现代》《之江年刊》上发表，其中《有忆》《夜半歌声》等可以说是20世纪30年代新诗中的精品，表现了新女性外出求学、争取独立自主的心路历程。她的文字成了《现代》杂志主编施蛰存眼中的“照眼琼枝”，她的才情被人称道为“诗风和徐志摩相近，作小说则不下于冰心女士之才能”。1932年，宋清如已从苏州女子师范学校毕业，按当年教育部规定，师范生已享受过公费待遇，就不能报考国立大学。清如又向家人一再争取，遂考入美国教会大学——杭州之江文理学院，成为国文系的一名学生。

在之江文理学院，有一位被嘉兴秀州中学推荐入校读书的小伙子朱生豪，他喜爱写诗。而宋清如在高中时代就喜欢新诗，也试着创作新诗，她把自己试写的新诗给朱生豪看，希望得到指点。两个年轻人因诗结缘，因缘生情，终于落入情网之中，相爱了。

1933年夏，朱生豪大学毕业，到上海世界书局做英文编辑。临别之时，朱生豪将1932年秋创作、1933年夏完稿的三首《鹧鸪天》赠给宋清如，那份情意尽在词中。其一：“楚楚身裁可可名，当年意气亦纵横。同游伴侣呼才子，落笔文华洵不群。　　招落叶，唤停云，秋山朗似女儿身。不须耳鬓常厮伴，一笑低头意已倾。”而宋清如还在杭州继续学业，书信联结着他们。宋清如客气地向朱先生讨教如何作诗，而朱生豪则向心仪的天使倾诉着无限的爱恋，他狂热地爱上了这位江南才女，“我实在喜欢你那一身的诗劲儿，我爱你像爱一首诗一样”，几乎每封信都要表示会永远待她好。真情难得。宋清如以诗词、以女性特有的细致回应朱生豪，满怀深情填了一首《蝶恋花》：“愁到旧时分手处，一桁秋风，帘幕无重数。梦散香消谁共语，心期便恐常相负。　　落尽千红啼杜宇，楼外鹦哥，犹作当年语。一自姮娥天上去，人间到处潇潇雨。”

1935年8月，朱生豪到常熟宋家拜访，这是两人关系明朗的标志。1936年，宋清如从之江文理学院毕业，她的理想是做一位教师。湖州民德女中向她抛出橄榄枝，宋清如接受了这份月薪五十元的工作。自此，这个年已26岁的女诗人正式走上社会。而这时远在上海的朱生豪听从同事詹文浒的建议，开始翻译莎士比亚戏剧，表示要将译作作为送给宋清如的礼物。宋清如感动之余，写了《迪娜的忆念》一诗相赠：“落在梧桐树上的，是轻轻的秋梦吧？落在迪娜心上的，是迢远的怀念吧？四月是初恋的天，九月是相思的天……”朱生豪为这首诗谱曲，以此见证他们的爱情，见证他事业的开端。然而这样美好的日子才开始，就被日寇的侵略打乱了一切。朱生豪收集的各种莎剧版本及“诸家注释考证批评之书”悉数毁于战火，只挑出一套牛津版全集和几本译稿。短暂逃亡后，朱生豪再度回到上海工作，而宋清如则远离故土，辗转重庆、成都等地教书谋生。1938年3月底，经表舅钱昌照推荐，宋清如到刚创办的四川国立第二中学女子部任初中语文教员、级任导师，一直到1940年暑假后返回常熟。两人天各一方，遥寄相思。

1942年5月1日，他们经过了十年爱情长跑，在战火中的上海举行了简单的婚礼，并携手进入莎士比亚的世界。一代词宗夏承焘为新婚伉俪题下“才子佳人，柴米夫妻”八个大字。这一年宋清如32岁，朱生豪31岁。爱情是浪漫的，婚姻生活却是务实的。宋清如由才女转身为主妇，柴米油盐，样样操心，这也是那个年代知识女性为家庭所做的牺牲。1943年1月，朱生豪和宋清如带着莎氏全集，来到了嘉兴东米棚朱生豪老家，从此闭户谢客，一门心思翻译莎士比亚作品。

困顿的生活，超负荷的工作，摧垮了朱生豪原本就单薄的身体。1944年12月26日，朱生豪完成了37种莎剧中31种的翻译，带着无限的遗憾，撇下了深爱的妻子和年仅1岁的儿子。宋清如用母亲给她寄来的一点钱，操办了朱生豪的丧事，将朱生豪的灵柩安放在广东会馆。当清如怀抱着刚满周岁的孩子回常熟见到母亲时，母亲怔怔地望着清如怀中的孩子，不禁潸然泪下。一年后宋清如写下这样悲怆的文字：“你的死亡，带走了我的快乐，也带走了我的悲哀。人间哪有比眼睁睁看着自己最亲爱的人由病痛而致绝命时那样更惨痛的事！痛苦撕毁了我的灵魂，煎干了我的眼泪。活着的不再是我自己，只似烧残了的灰烬，枯竭了的古泉，再爆不起火花，漾不起漪涟。”

极度的悲痛没有压垮宋清如，她含辛茹苦抚养孩子，先后在常熟县中、嘉兴秀州中学、杭州高级中学以及杭州商校等校任教。她要完成朱生豪的遗愿。1948年，宋清如独自完成朱生豪180万字遗稿的全部整理校勘工作，写下译者介绍，交由世界书局出版。1955年，为完成丈夫未竟的事业，宋清如远赴四川，在朱生豪之弟朱文振的相助下，花了三年时间将尚缺的6部翻译完成，并进行了一番修改、校勘。这部数百万文字的世界名著，被鲁迅先生赞为“于中国有益”的浩大文化工程，终于圆满画上了句号。

1987年，人民文学出版社出版《莎士比亚全集》，里面收录了朱生豪翻译的31部剧本。而至于宋清如与朱生豪之间往来的书信，宋清如先表示了拒绝，不过最终出于文学上的考虑，宋清如答应出版，于是便有了书信集《寄在信封里的灵魂》。1991年，81岁高龄的宋清如应邀出演电视剧《朱生豪》，她以真实的情感和质朴的感染力打动了观众和评委，奇迹般地获得了第12届“飞天奖”的荣誉奖。

1997年6月27日，宋清如突发心脏病，猝然离世，享年87岁。按照她的遗愿，她和丈夫葬在了一起。朱生豪和宋清如合葬墓志铭写道：“要是我们两人一同在雨声里做梦，那境界是如何不同，或者一同在雨声里失眠，那也是何等有味。”生前，她将伴随自己40多年的朱生豪手稿全部捐献给了国家。2003年，人民文学出版社出版了朱生豪、宋清如夫妇的合集《秋风与萧萧叶的歌》。

曾光叔

曾光叔

曾光叔（1912—1988），又名曾熊，江苏常熟人。中共党员，曾任上海市普陀区卫生事务所所长、上海市卫生局督察科科长、江宁区及静安区卫生局局长等职，多次被选为市、区两级人大代表、政协委员。

曾光叔出生于名门望族，祖上世代为官，祖父曾之撰是同治、光绪间刑部郎中。曾光叔是曾家第三子，父亲曾朴是中国近代文学家、出版家，创作了具有划时代意义的小说《孽海花》。

1917年，曾光叔就读于常熟县立高等小学校，后在上海小学及苏州晏成中学读书。1925年，曾光叔在上海同济大学附属中学读书时受到新文化、新思想熏陶，开始接受马列主义，走上革命道路，参加了震惊中外的“五卅运动”。1935年，曾光叔在上海同德医学院完成学业。1937年日本发动全面侵华战争，曾光叔目睹日寇犯下的滔天罪行，毅然报名参加了红十字总会三十四伤兵医院手术队。抗日战争期间，新婚不久的妻子在贵州因车祸牺牲，曾光叔强抑悲痛，辗转来到重庆，在空袭救护委员会第十重伤医院工作。抗日战争胜利后，曾光叔返回上海，担任普陀区卫生事务所所长。他接受侄儿、中共党员曾坚交代的任务，为迎接上海解放而收集全市卫生系统的组织、人员、设备等情况，出色完成任务，得到中国人民革命军事委员会卫生部巡视组的来信致谢。

上海解放后，曾光叔调任上海市卫生局督察科科长，1954年后在工业卫生处工作，任防疫处副处长。1957年起，先后担任江宁区、静安区卫生局局长。为预防儿童传染病、加强计划免疫，他不辞劳苦，深入里弄试点建立儿童计划免疫一人一卡制，有效提高了儿童预防接种率，使百日咳、白喉、灰髓炎等儿童急性传染病的发病率大幅下降。全区的白喉发病率由20世纪50年代的平均19.41/10万降至20世纪70年代的0.22/10万，一人一卡制试点经验推广到全国。1962年，他到威海街道开展麻疹疫苗试点工作获得成功，使儿童流行麻疹得到控制。在控制乙型脑炎、消灭“四害”（老鼠、苍蝇、麻雀、蚊子）、防止肠道传染病、加强土井消毒等工作中，他都亲临现场，调查研究，取得成效。

1958年起，曾光叔先后被选为江宁区第三届人大代表，静安区第四届、第五届、第六届人大代表，上海市第五届、第七届人大代表。1977年起任静安区政协委员，静安区政协第五届、第六届副主席。1983年任上海市第六届政协委员。1984年8月加入中国共产党。

曾光叔在担任静安区政协副主席期间，鉴于学生体质下降和人口老龄化问题较突出，他倡议成立区学校卫生保健所和区老年医学学会，举办老年医学讲座，开展老年保健知识宣传。组织对全区5000余名老人进行生活和健康状况调查，在上海市老龄问题会议上进行交流。还组织医院、药厂、科研等19家单位联合研究延缓衰老的药物，经过三年努力，研制成功新药福康乐。

曾光叔于1988年在上海逝世，享年77岁。

华特生

华特生

华特生（1913—1985），原姓庞，名树灿，字荫庭，江苏常熟塘桥（现属张家港市）人。著名魔术演员，我国“闪电派”魔术创始人。曾任华特生巨型魔术团团长、江西省魔术杂技团团长、中国杂技艺术家协会上海分会理事、江西省文联理事、江西省戏剧家协会副主席、江西省政协第二届委员、中国杂技艺术家协会顾问委员会委员等职。1972年退休后定居上海，任徐汇区政协第三届、第五届、第六届委员。

1920年入常熟县立塔前高等小学，1923年转入常熟县立高等小学校。1926年考入常熟县立中学，第二年考入苏州万国魔术会学艺。1929年到苏州世界魔术学院学习进修。次年毕业后，拜中国魔术教育先驱吴恩琪为师，得吴单传亲授魔术技艺。

1931年，华特生组建美克魔术团，任团长。1938年在上海演出时，曾被法商电车公司工会、金星金笔厂工会魔术组聘为教师。1950年，华特生加入张慧冲巨型魔术团，担任道具设计师和主要演员。1952年10月，组建华特生巨型魔术团，担任团长和主要演员，倡导表演、音乐、服装、舞美等的民族化。1958年，该团改为上海市国营星火巨型魔术团，同年成立艺术委员会。魔术团经常深入农村、工矿场演出。1959年参加华东区魔术杂技会演，3个节目获得优秀奖。

华特生是中国“闪电派”魔术创始人，演出风格独特，表演以快见称，曾于12分钟内连演15套节目。并擅长魔术玩具、智力玩具和巨型魔术的创作设计，设计的玩具造型结构别致、机关精密微妙。自创的保留节目有300余套，著名的有《三隔奇遁》《水晶遁来》《电美人》《催眠赠奖》《机器人》《人身传电》《伞遁》《农家乐》等，演出足迹遍及国内23个省区市。1959年，他表演的节目在北京电视台转播，此为中国魔术节目首上电视台。1960年，他响应国家号召，支援江西建设，将上海星火巨型魔术团易名为江西省魔术杂技团。

华特生爱好广泛，生活情趣高雅。他曾获常熟县田径运动会200米和400米短跑冠军，创建常熟摩登虞新照相馆，开设常熟津津酒家，开办常熟标准药房，创办常熟民声广播电台，还与大儿子庞秉璋合作出版《家养鸣虫》，此外还爱好理化知识、科学实验、玩具制作、音乐等。

在诸多爱好中他最热衷的是集邮。华特生与中国集邮界知名人士周今觉、陈复祥、张包子俊等友好交往。1932年，时年20岁的华特生在常熟创办绿洲邮票社（会），该社后成为中国邮商公会的成员单位。1936年12月，创刊集邮杂志《青春邮语》。1937年上海沦陷，《青春邮语》被迫停刊。虽然仅出刊6期，但该刊在中国早期邮刊出版史上的地位不可忽视。

华特生的邮品集藏主要分两大类：其一是邮资包封纸，其二是1900年前从外国寄到上海的实寄封片。华特生连续数十年收集、研究邮资包封纸，卓有成绩。他的小儿子顾林林将父亲的旧藏编组为《邮资包封纸》（两框），该组藏品2012年在上海邮展中获邮政用品类银奖。1983年，《上海集邮》杂志第3期刊发署名徐余的文章《一个记载实行均一邮资制的信封》，介绍华特生邮集中一枚为纪念黑便士发行50周年而发行的邮资封，该邮资封于1890年从英国东部港口赫尔寄往中国。顾林林也多次在《上海集邮》《中国邮史研究》等刊物上发表文章，介绍华特生的这类旧藏，如1890年12月28日从美国旧金山寄往上海的明信片，1894年5月6日从越南西贡寄往上海的“和平（航海）与商务神”邮资封，1895年6月13日从法国寄往上海的葡萄牙“圣安东尼”诞生700周年邮资明信片，1895

年10月从荷兰阿姆斯特丹寄往上海的狮冠图明信片，1897年4月27日从德国基尔寄往上海的双明信片，等等。通过这些实寄封片，我们能触摸到100多年前东西方各国与我国的邮路交往历史，看到当时有关各国的邮政发展简况，更能感受到当时中国特别是上海的邮政状况和更深广的时代大背景。

1977年后，华特生的集邮热情再次迸发。20世纪80年代初期，随着全国集邮联合会成立、《集邮》等刊物复刊，全国逐渐掀起了一股集邮热。华特生多次在《新民晚报》等刊物发表文章，推广这项高雅活动，介绍收藏的邮资票品。他发表的文章有《早期邮政用品——包封纸》《罕见包封纸》《狩猎幽默画明信片》《邮票型邮资机戳》等，这些文章大多篇幅短小，图文并茂，通俗易懂。1983年7月8日至17日，上海市集邮协会在延安中路1000号上海展览馆东厅举办上海市集邮展览，年已古稀的华特生在邮展现场向时任上海市市长汪道涵介绍展品。

1985年，华特生辞世。顾林林继续整理编排了一部《自西徂东——上海·晚清》（五框）邮集，同时编写《百年邮品简目》一书，更全面、更系统地介绍了华特生的集邮旧藏。

苏灵扬

苏灵扬

苏灵扬（1914—1989），原名苏美玉，江苏常熟人。中国现代文学理论家、文学活动家、翻译家周扬的夫人。曾先后担任北京师范大学女附中校长、中央教育行政学院副院长、中共中央宣传部文艺处处长、教育部巡视员、全国中学语文教学学会副会长等职。

1914年春，苏灵扬出生于常熟城区的一个贫寒之家。童年时父亲不幸去世，幼年的苏灵扬能体谅母亲的艰辛，跟母亲学绣花，分挑生活重担。在常熟县立女子高等小学校，她学习勤奋，成绩优良。由于饥饿和中暑，她曾晕倒在课堂上。她在家乡读小学和初中时，全凭优异的成绩和优良的操行免交学费。

1929年，苏灵扬进入上海松江女中读书。在勤奋学习之余，她为有钱人家的小姐绣嫁衣，挣一点钱补贴生活。同年夏，她和王淑兰、徐淑娟等同学因参加反对内战、宣传抗日的游行活动，被学校当局责令停学。班主任陆维钊在送别时，取屈原《离骚》句意，帮她改名“灵扬”。1932年，她考入上海光华大学教育系。为表达对国民党不抵抗政策的不满，她单枪匹马办起了壁报。一位叫欧阳弼的男同学推荐她阅读《毁灭》《铁流》等作品，1935年5月又介绍她参加了中国左翼作家联盟，她成为光华大学“左联”小组成员。同年底，她转入上海复旦大学就读，担任“左联”宣传部干事，为“左联”刊物写文章，从中得到锻炼，思想觉悟进一步提高。

在参加进步活动期间，她认识了“左联”党团书记周起应（后改名周扬）。共同的志向，使两人越走越近。1934年，两人结婚。由于国民党白色恐怖极为严重，两人不得不经常改换住所，没有经济来源，有时只能靠章汉夫、夏衍、沙汀、周立波、郑振铎等友人的接济才能勉强度日。这种窘迫的境况一直到周扬翻译的《安娜·卡列尼娜》出版后才得到缓解。苏灵扬一直陪伴在周扬身边，成为其领导上海左翼文化运动的得力助手。

1937年春，苏灵扬跟随周扬、艾思奇、何干之、周立波等奔赴延安，在安塞安下了家。周扬担任陕甘宁边区文化界救亡协会主任、边区教育厅厅长和延安鲁迅艺术学院副院长。苏灵扬先后在抗日军政大学和马列学院学习，1938年加入中国共产党。党中央发出开展大生产运动的号召后，苏灵扬在童年时代学会的一套编织本领有了用武之地，由于成绩突出，她被评为劳动模范和模范党员。

1943年，周扬任延安大学校长兼鲁艺院长，苏灵扬担任鲁艺女生指导员。1945年抗日战争胜利后，周扬率延安大学部分人员到晋察冀，任华北联合大学副校长。苏灵扬跟随丈夫离开延安，到张家口任《晋察冀日报》编辑。1946年夏，在国民党大举进攻张家口前夕，苏灵扬一家随机关撤退。途中，马车不慎在山路上侧翻，还不满6岁的儿子不幸被沉重的文件箱砸死，她和女儿受了伤。夫妻俩悲痛欲绝。

1951年9月，苏灵扬担任北师大女附中校长。学校里有一批军烈属和父母在外地工作的孩子，也有不少中央领导的子女。她为这些学生的健康成长倾注了大量精力，使他们在学校也能感受到家的温暖。她带领教师学习凯洛夫的《教育学》，学习《苏联班主任规程》《论班主任提高学生成绩的经验》《马卡连柯论纪律的培养》等著作，邀请苏联专家普希金、崔可夫多次到校讲演；成立各种形式的课外学习小组，开设俄语课，派遣学生去苏联留学。苏灵扬重视提高教学质量，经常深入课堂听课，仅1953年一个学期就听课243节，课后与教师、学生交换意见。学校借鉴苏联的课外学习经验，如数学教研组举办数学晚会，历史教研组举办太平天国起义102周年晚会。1953年高考，北师大女附中成绩名列全北京市第一，苏灵扬发表了长篇文章《学习苏联教育经验把年轻一代培养成新型人物》。1955年初，苏灵扬被调离北师大女附中，先后到中央教育行政学院、北京艺术师范学院担任副院长、党委书记等职。自1962年起，她到中宣部文艺处主管电影工作。

20世纪70年代末，苏灵扬恢复工作，到教育部上班。在王震的建议下，教育部成立由几位资深老校长组成的巡视组，苏灵扬任负责人。她在深入基层中小学进行调查研究的基础上，建议教育部首先办好三件事：一是提倡美育，二是建立少年科技活动站，三是解决民办教师的转正和待遇问题。为此，她身体力行，解决了许多实际问题，得到党和国家领导人的肯定。她倡导教学改革，发表了数十篇有关教育教学的文章，被推选为全国中学语文教学学会的副会长。

1986年6月，苏灵扬代周扬写下两人共同的遗嘱：身后事一切从简。周扬的骨灰葬于湖南益阳会龙山畔；自己的骨灰送回常熟，葬于虞山，不立标记，栽一棵小树即可。用两人的稿费与存款设立“文学评论奖”，不署头衔；周扬全部藏书捐赠给文学馆。1989年7月31日，周扬因病去世；两个月后，苏灵扬也告别人间。1994年10月，苏灵扬的骨灰安葬于虞山。女儿周密带着母亲的遗愿，把苏灵扬的部分遗物捐赠给母校石梅小学。

曾叔懋

曾叔懋

曾叔懋（1915—2012），江苏常熟人，曾朴第四子。著名声乐教育家，男中音歌唱家。历任国立音乐学院、中央音乐学院、上海歌剧院声乐教授。

曾叔懋出生于常熟名门望族，父亲曾朴是清末举人，著名作家和翻译家，创作的《孽海花》为晚清“四大谴责小说”之一。曾叔懋幼年读私塾，后进入常熟县立高等小学校读书。1928年就读于上海徐汇中学，1934年高中毕业后考入上海震旦大学医科。1937年大学毕业后在上海市博物馆任法文翻译。在此期间，与万氏兄弟（万古蟾、万籁鸣）等交往，接受新文艺思想，并自学小提琴。因酷爱音乐，曾叔懋于1937年考取国立上海音乐专科学校。先师从富华和佘甫磋夫学习小提琴，后因交不起学费，改为学习可免学费的低音提琴，师从伐盖和乌西斯金，是国内最早那批正规学习低音提琴的学生之一。经同学伍正谦介绍，到苏联男低音歌唱家苏石林处试唱，受到赞赏，于是改学声乐，师从苏石林。由于学习努力，他深得苏石林喜爱，成为音专副科第一个开独唱音乐会的学生。他与黄贻钧、陆洪恩、陈传熙等组成乐队，曾为《花木兰》《狼山喋血记》等电影赶录配乐，三天三夜不出录音棚。

1942年，曾叔懋从音专毕业。因太平洋战争爆发后上海租界形势恶化，他与马思荪（马思荃）、马思琚、沈康君等组成演出团，经沦陷区南京、蚌埠、徐州、洛阳、西安、宝鸡等地，辗转抵达大后方重庆，就职于重庆青木关国立音乐院，任声乐与低音提琴副教授。抗日战争胜利后随学校回南京，就职于南京国立音乐学院，任声乐与低音提琴副教授。1946年至1947年兼任上海市立师范专科学校（新乐师范）音乐系主任。1950年春随学院北迁至天津，任中央音乐学院天津分院声乐与低音提琴副教授。1951年春调回上海，就职于上海电影制片厂下属的新闻电影制片厂。仅3个月，新影北迁至北京。他于1951年冬加入上海歌剧舞剧团（上海歌剧院的前身），任独唱演员和声乐教师。1953年曾赴北京中央音乐学院，师从苏联专家吉明采娃进修声乐。20世纪50年代曾在上海音乐学院为苏石林代课，于上海人民广播电台兼职。以后一直任教于中央音乐学院天津分院，直至1989年6月退休。

20世纪四五十年代，曾叔懋多次参加音乐会独唱演出或举办个人独唱音乐会，如：1944年重庆广播大厦独唱音乐会（钢琴伴奏范继森）；1948年南京独唱音乐会（钢琴伴奏陈正平）；1949年参加迎接南京解放的音乐会，演奏低音提琴，独唱卡门选曲《斗牛士之歌》；1951年中央音乐学院天津分院音乐会，演唱《悲歌》和《斗牛士之歌》；1955年上海文化广场连续3场五一音乐会，独唱《伏尔加船夫曲》《大青松》《斗牛士之歌》等。20世纪50年代初，随上海歌剧舞剧团多次赴江西老区和福州、厦门等地慰问演出，担任独唱20余场。

1958年开始，曾叔懋主要从事声乐教育工作。20世纪60年代，他受上海歌剧院和刚成立的上海青年话剧团委托，担任一批年轻演员的声乐老师，任主考的声乐教研组组长。他从教严谨，因材施教，使歌剧院、话剧团的声乐演出质量有了明显的提高。

在上海歌剧院，曾叔懋打破门户之见，营造平等切磋的教学氛围。他鼓励自己的学生向何慧如、吴少伟、廖一明等教授问艺求教，同时从京剧、评弹等不同艺术门类中汲取艺术养分。从事声乐教育近50年，学生百余人，其中早期学生有郑汉成、翁若梅、温可铮、罗洪漠、杨洪基等，20世纪50年代以来有沈嘉、王之湘、郁善俑、桑守云、郑琪、郑仲明、罗世林、陈履禄、郭骅、吴贻、聂鸿翔、许成志、汤世昌、杨玉蓉、王树滨、丁羔、王惠芬、曹厚生、贾淑珍等。

他一生酷爱声乐研究与教育工作，坚守教学和示范相结合的原则。中年欣赏和推崇卡鲁索、吉利、夏里亚宾，晚年则研究和赞赏帕瓦罗蒂、多明戈、卡雷拉斯等在美声艺术发展上取得的成就，把声乐大师的艺术特色融合到自己的教学中。他在家里的钢琴上放着声韵学字典，要求自己和学生在汉语发声、吐字、归韵等方面都必须规范。

曾叔懋是我国著名的声乐教育家，他秉承学高为师、身正为范的为人原则，安贫乐道，默默奉献，深受学生爱戴。90岁高龄时，有老学生来访，他依然不知疲倦地与他们交流声乐问题。2012年2月3日，曾叔懋溘然长逝，走完近一个世纪的音乐人生，终年98岁。

钱人元

钱人元

钱人元（1917—2003），江苏常熟人。中国科学院院士，我国高分子物理化学与高分子物理学研究与教学的开创者。历任中国科学院物理化学所、应用化学所和有机化学所研究员，中国科学院化学研究所副所长、所长，中国化学会理事长，太平洋高分子协会理事。

1917年9月19日，钱人元出生于江苏省常熟县西乡汤家桥（现属张家港）一个书香世家。1929年从常熟县立石梅小学毕业后，考入常熟孝友初级中学。1931年至1934年在苏州中学高中部（化工科）学习。1935年以优异成绩考入浙江大学，业余时间对无线电和电子学产生了浓厚兴趣。全面抗战爆发后，浙江大学迁到广西宜山。钱人元立志科学报国，选修著名核物理学家王淦昌的近代物理学课程，并协助王淦昌开展科学实验。

由于成绩优异，大学毕业时钱人元被王淦昌破例留聘为物理系助教。那时，国际上刚刚发现核裂变现象，在王淦昌的指导下，他转向铀核裂变方面的研究。毕业后一年，他便以“重核分裂”为题在《科学》杂志上发表学术文章。1940年至1943年，他任西南联大理化系助教。1943年赴美深造，主攻放射化学，兼学物理学和数学。他先后在加州理工学院、威斯康星大学、爱荷华州立大学学习和做研究。在威斯康星大学，他设计并制造出分子偶极矩精密测定仪。在此后的十几年中，这台仪器的电子线路设计一直保持“最佳设计”的纪录。这种跨学科的学习和全面的科学实践，为他以后的科学研究奠定了坚实的基础。

新中国成立前夕，受厦门大学化学系主任卢嘉锡之邀，钱人元回到祖国，先后在厦门大学、浙江大学、中国科学院物理化学研究所从事高分子物理学、力学和流变学研究。1953年，在中国科学院上海有机化学研究所开创我国高分子物理研究领域。1956年，钱人元受命奔赴北京，筹建中国科学院化学研究所。受西方国家全面封锁，创业初期“一穷二白”，钱人元带领研究人员自己动手设计制作，仅用4年时间就研制出全部高聚物分子量和分子量分布相关的精密仪器，并确定了测定方法。1957年，他们收到国际研究机构提供的3个聚苯乙烯试样，实验证明，钱人元指导下的测定结果在最可信区内。

1958年，中国科学院在北京创建中国科学技术大学。钱人元与高分子化学家王葆仁共同创建了国内第一个高分子系。钱人元带领研究人员和学生不断提出新的研究课题，研究内容涉及高分子的分子量测定、溶液性质、链结构表征与剖析、合成纤维纺丝物理学、光谱学、力学和流变学等，几乎遍及整个高分子物理研究领域。编著的《高聚物的分子量测定》一书被译成英文和俄文出版，成为一本颇有国际影响力的科学专著。他在北京大学、中国科学技术大学研究生院讲授高分子物理与仪器电子学的讲义被整理成教学参考书《高聚物的结构与性能》，1981年由科学出版社出版。钱人元负责举办的全国性高聚物分子量测定、高分子材料剖析、凝胶色谱、高分子流变学等学习培训班，为大学和生产单位、科研单位培养了大批技术人才，取得了推广和普及科研成果的社会效益。

20世纪70年代，钱人元在中国开创有机固体研究领域，在载流子迁移性质、导电聚吡咯的聚合机理和分子链结构研究等方面做出了贡献。他在化学所成立第六研究室，任研究室主任，与国际同步开展有机固体电导和光导研究，在酞菁类化合物载流子产生和迁移性质、电荷转移复合物和导电聚合物研究等方面成果卓著。他还十分关注我国高分子工业的发展。20世纪70年代后期，钱人元和研究人员经过不懈努力，开发出聚丙烯纤维新品种并在辽阳石油化工厂投产成功，为国家经济建设做出了重大贡献。

1972年，我国组织高级别科学家代表团出访美国等4国，代表团中的资深科学家有贝时璋、钱伟长、张文裕和钱人元4人。1972年和1975年，钱人元两次率高分子代表团访问日本，推动了我国化学所与日本高分子界的良好合作。1982年，中国科学院化学研究所与日本分子科学研究所签署合作协议。

党的十一届三中全会后，年逾六旬的钱人元焕发巨大的学术活力。1979年10月在北京召开的中美首个双边学术讨论会，就以高分子化学与物理为主题，作为主要组织者的钱人元为会议的准备倾注了大量精力。

由钱人元主持的一系列双边会议中，特别富有成果的是于1986年9月在北京举行的中德高分子科学讨论会，钱人元和德国马普所所长杰哈德·温格为共同主席。德方派出一批著名科学家，这些专家中不少人后来多次访华，为我国培养了许多博士、博士后，是中国高分子界值得信赖的老朋友。1989年10月，第二届中德双边会议在德国举行。会后，中方代表团又赴意大利，召开第一次中意双边学术讨论会。在钱人元的亲自筹划下，中韩、中英也举办了多次双边讨论会。从1995年开始，我国先后在上海主办了5届东亚高分子学术讨论会。

钱人元致力于高分子凝聚态基本问题的研究，取得一系列重大成果，令国内外同行瞩目。早在1957年，他就和王葆仁、高国经参加IUPAC第6届世界高分子大会，在《高分子通讯》上发表长达16页的研究论文。1981年，他再次登上IUPAC的讲台，此后长期参与IUPAC大分子委员会中高聚物性能和表征委员会的领导工作。1993年至2000年，钱人元主持国家“攀登计划”高分子凝聚态物理的研究项目。经过他的积极努力，中国争取到了2002年世界高分子大会的主办权。

钱人元是中国高分子物理研究与教学的奠基人，在国内外发表论文270多篇，撰写专著2部、综述30多篇，研究成果分获全国科学大会奖、国家科技进步奖一等奖、国家自然科学奖二等奖、中国科学院自然科学一等奖，1980年当选中国科学院学部委员（院士），1985年当选美国化学家学会会士，1994年获“求是”杰出科学家奖，1995年获日本高分子学会首届国际奖。

2003年12月6日，钱人元因病在北京医院去世，享年87岁。

陈钟英

陈钟英

陈钟英（1918—2011），常熟人。著名传染病学家、医学教育家。硕士研究生导师，江苏省人民医院感染病科的创办人。历任南京医科大学教授、主任医师、传染病教研室主任、传染病科主任。全国优秀教师，国务院政府特殊津贴获得者。全国第六届、第七届政协委员，江苏省第三届、第五届人大代表，江苏省医学会感染病学分会名誉主任委员。2000年荣获江苏省人民医院“终身教授”称号。

陈钟英早年就读于常熟县立女子高等小学校、常熟县立石梅小学。1944年，她毕业于国立江苏医学院（现南京医科大学），此后一直留校从事教学、医疗、科研等工作。她热爱教育事业，思想品德高尚，坚持教书育人。她教学态度严谨，逻辑性强，教学效果好，培养了大批人才，桃李满天下，深受广大师生的尊重和爱戴。她上课时另有一番风度，讲课基本不用演讲稿，并以清晰的声调、生动活泼的语言讲解传染病学，使学生听起来好像老师在讲故事一样，引人入胜。所培养的学生，以思路宽广、基础扎实、学风严谨著称。她亲自担任传染病学的教授，在临床教学中十分重视医学理论与实践相结合的教学方法，取得了良好的教学成果。她先后被评为“江苏省优秀教育工作者”和“全国优秀教师”。

江苏省人民医院暨南京医科大学第一附属医院感染病科（原传染病科）建于

1954年，是我国高校首批硕士学位授予点之一，江苏省内最早的传染病专业博士学位授予点、卫生部传染病专科医师培训基地、国家食品药品监督管理局批准的江苏省唯一抗感染专业药物临床试验机构、江苏省传染病专科医师进修基地和江苏省抗病毒药物试验服务中心。在陈钟英等历届科主任的带领下，经过数十年的艰苦努力，该科在常见重大传染性疾病的诊断治疗、临床教学、科研工作、人才培养和学科建设等方面取得了显著成绩，学科于1997年被批准为江苏省临床重点专科，2001年被评为江苏省临床医学重点学科，2007年被评为江苏省"兴卫工程"感染病学重点学科，2011年被评为江苏省卫生厅创新团队，成为江苏省各类肝病与感染性疾病的救治中心。

陈钟英在五十余年的工作中，一直坚守在医疗、教学和科研第一线。她始终以病人为中心，以临床需要为目标，坚持医教研的有机结合，以满腔的热忱和博大精深的学识，为传染病学的发展，为学校和医院的建设做出了重大的贡献。作为医生，陈钟英热爱医学，尊重科学，爱护病人，医术精湛，医德高尚。她重视疾病的精神致病因素和心理治疗，强调医学是人类情感的一种表达，医患之间需要真情，需要相互理解、相互关怀和相互支持。在半个世纪的行医生涯中，她亲眼见过并且诊断了众多疑难杂症，亲身挽救过无数危重病人的生命，亲自处理过难以计数的各种病情。

陈钟英教授长期从事传染病医疗、教学和科研工作，有较高的理论造诣和丰富的临床经验，在国内外享有较高的声誉。她编著出版医药专著22本，其中个人编著4本、主编3本、参编15本。主编的《临床药物手册》先后发行了3版，撰写的《发热待查》一书曾获全国优秀图书奖。1989年荣获国家级普通高等学校优秀教育成果奖。她先后在《中华传染病杂志》《中华肝脏病杂志》《中国中西医结合急救杂志》《医学新知杂志》《预防医学论坛》《江苏医药》《广东医学》《江西中医药》等医学刊物发表论文数十篇。在古稀之年，她仍辛勤笔耕，融五十余年丰富临床经验与现代生理学、心理学与社会医学等相关理论于一体，编撰了《陈钟英五十年临床会诊札记》并在78岁高龄时出版，为疑难杂症的诊治提供了宝贵的指导和借鉴。

作为科研工作者，陈钟英在治疗病毒性肝炎及防感染与免疫方面进行了大量的开创性研究工作。她坚持挖掘祖国医学的宝库，走中西医结合的道路，经过数十年的艰辛探索，通过严谨的科学实验及临床研究，成功地研制出“苦黄注射液”。这是国家中医药管理局批准生产的第一个中药复方静脉注射制剂，也是我国《药品管理法》颁布后，国内上报卫生部审批的第一个复方中药制剂，属国家Ⅱ类新药，获得江苏省科技进步奖和国家中医药管理局科技奖，造福了广大肝病患者。

在医学家同行的眼中，陈钟英是我国当代“传染病防治领域的一面旗帜”。在患者眼中，陈钟英是有着仁心大爱的恩人。一位肝硬化腹水病人，同时受乙型、丙型和庚型肝炎病毒“三重感染”，并且已到了慢性重型肝炎晚期，连他自己都放弃了。但陈钟英始终不放弃，她运用中西医结合辨证施治的方法，破例让病人服用大剂量活血化瘀的中药。经过300多天治疗，这位病人竟然起死回生。一位病人受疾病折磨了大半辈子，一直找不出病因。他向陈钟英哭诉：“我这是咋回事啊，不弄清楚我死不瞑目。”陈钟英深挖细抠，终于刨到了“根”。原来二十多年前，这名患者在水田劳作时，感染水中丝虫，虫寄生于体内18年，虫死后尸体堵塞内脏淋巴管，让他患上相当罕见的丝虫病引起的肝硬化腹水。在陈钟英的精心治疗下，这位患者康复了。

陈钟英精深的学术造诣、丰富的临床经验、敏锐的洞察力和独到的科研思路，深受国际同行赞赏。她以一生的奉献与求索，谱写了一曲兼济天下、报效国家的人生赞歌。她为祖国的医学和教育事业奉献了一生，为南京医科大学第一附属医院感染病科的建立和发展做出了巨大贡献。

刘耀南

刘耀南

刘耀南（1918—1999），江苏江阴人。上海交通大学第一位女教授、女博导，我国著名的电介质物理专家、电气工程专家和教育家，我国电气绝缘学科开拓者，电气绝缘测试技术奠基人之一。历任机械工业部电工技术委员会委员、中国电工技术学会绝缘材料与绝缘技术专业委员会副主任委员、中国电工技术学会环境技术专业委员会委员、全国绝缘材料标准化技术委员会副主任委员。

刘耀南早年在常熟县立石梅小学读书。1936年考入南京国立中央大学，1939年转学进入上海国立交通大学电机系。1942年大学毕业后，回家乡任中学教员。

1946年回母校上海交通大学任教，1953年参与筹建上交大电气绝缘与电缆技术教研室。1956年，刘耀南加入中国共产党，同年任副教授、教研室副主任。1958年初，电气绝缘与电缆技术教研室的教职员工在主任陈季丹和副主任刘耀南的带领下迁至西安交通大学，从此，我国电气绝缘与电缆技术专业的教育与科研事业，开始扎根于这块文化底蕴厚重而工业基础薄弱的西北重镇。

迁到西安后，电气绝缘与电缆技术教研室开始招收研究生，本科生教育和研究生培养都达到一个新的高度，技术攻关取得系列成果：1958年与西安高压电瓷厂协作，试制成功我国第一根330千伏变压器用油纸套管；与上海电缆厂、上海电缆研究所协作试制成功我国第一条110千伏充油电缆。这些设备对当时发展国产高压电气设备起了重要的促进作用。由师生们发明的用环氧粘接瓷套的技术直到现在仍是国内主要的应用技术。

1962年，西安交通大学成立电气绝缘研究室，这是我国高教系统首批专职研究机构之一；1988年，电工材料与绝缘技术学科被国家确定为重点学科，学科点成为国内首批硕士点、博士点和博士后流动站之一；1989年，国家计委批准建设电力设备电气绝缘国家重点实验室，该项目被列入世界银行贷款重点学科发展项目，并于1995年10月通过国家验收。刘耀南是电气绝缘专业科研带头人、学校首批研究生导师之一。1980年被评聘为教授，1982年担任博士生导师，教授电工学、绝缘材料工学、电气绝缘测试方法等课程，培养了绝缘专业的第一名博士研究生和数名硕士研究生。她的学生遍布海内外，大部分是所在单位的业务骨干。

刘耀南开创"电介质理论学科"的教学和研究，承担多项国家重大项目，在绝缘老化和电性能测试技术与绝缘材料应用方面的研究始终保持国内领先地位。她参与的国际学术会议有：1985年首届国际电介质材料性能与应用会议，1996年亚洲国际电介质和绝缘会议，2000年国际电介质材料性能与应用会议。刘耀南发表研究论文15篇，分别载于《西安交通大学学报》《绝缘材料通讯》等刊物；著述有《绝缘材料试验方法》《电气绝缘测试技术》等。1982年，与刘其昶合作在美国电气与电子工程师协会（IEEE）杂志上发表《关于绝缘测试中产生表观负损耗的理论》，这是中国学者在该杂志上发表的第一篇学术论文。她的"薄膜用固定式不接触三电极"研究成果获1978年全国科学大会协作奖。

刘耀南始终以平和心态待人、处事、做学问。20世纪90年代初，一位旅居美国的同学回国来看望她，这位同学回忆说："刘耀南是我们大学班上成绩最好的学生，再难的高等数学考试，班上没几个能及格的，她都是100分。我们都叫她中国的'居里夫人'。"

1999年，刘耀南因病去世，终年82岁。

蔡树德

蔡树德夫妇

蔡树德（1921—1996），江苏常熟人。江苏省《红楼梦》学会会员，红学家、晶体造型艺术家。

蔡树德和翁宗庆是表兄弟，两人同时就读于县立石梅小学。蔡树德嗜读《红楼梦》，有“红痴”之称。他晚年致力于晶体造型艺术，曾制作十数幅精美的玻璃雕刻插屏，赠予直系亲属，每家一屏。美术史学家温肇桐教授说，这是用了多种彩色玻璃，通过鬼斧神工般的割、磨、钳、拼、接、黏合等极其细致、精密、熟练的技巧，经分色和接色的巧妙处理构制而成的。远观，似平面画卷；细究，是立体造型。玻璃夹层中，飞鸟欲静还动，跟苏州刺绣中的“两面绣”一样巧妙精致。

对蔡树德来说，制作插屏只是“雕虫小技”，全景式的大观园晶体艺术造型才是真正的大手笔。蔡树德以坚韧的毅力，长年累月研读《红楼梦》，观察各地园林实景，阅览红学家所绘大观园图画，并精心构思作品。他运用与制作玻璃插屏类似的手法，根据《红楼梦》故事情节构思大观园晶体造型，将故事浓缩于十个场景：大观园门庭、怡红院、潇湘馆、蘅芜苑、稻香村、秋爽斋、东部游赏区、行宫和大观楼、缀锦楼、暖香坞。他的工作室里各色的玻璃小片成千上万，堆积如丘，他不知疲倦夜以继日地制作，成品琳宫绰约，桂殿巍峨，华丽非凡。划玻璃时，一不小心就会划破手指，他继续制作；用百得胶粘贴玻璃片时，胶水很容易沾上手指并凝固，导致皮肤开裂，但他全然不顾。

经过整整六年的辛苦制作，全景式大观园晶体艺术造型终于完工。整个造型由220多个建筑物构成，占地100平方米，用了3.9万多块五色平片玻璃，还用1000多个电珠进行装点，增强氛围，瑰丽多彩。在每一处院馆中，一桌一椅、一床一橱、一联一匾、一书一画、一琴一剑，诸器具备，纤如芥子。在各处院馆中，用泥塑制作125个身高5厘米左右的人物构成故事，数以百计的花木、山石、虫鸟分别布入其间，错落有致，栩栩如生。试才题额、元春省亲、闭门尝羹、翠亭扑蝶、紫鹃送茶、双玉读曲、中秋赏月、凹晶联吟…… 情景交融，引人入胜。

1982年10月，《红楼梦》学术讨论会在上海师范学院举办，晶体大观园中的“怡红院”“潇湘馆”两组在上师院展出，与会红学家一致称赞，说欣赏晶体大观园“如入山阴道上，游目骋怀，有应接不暇之势”，对于阅读《红楼梦》能起到引导作用。第二年，该作品赴香港九龙尖沙咀中艺公司展出，引起轰动；其后又在上海、镇江、扬州等地展出，赞誉而归。1983年元宵节在上海虹口公园展出时，参观者争先恐后，人山人海。

1986年6月，由哈尔滨大学和美国威斯康星大学联合举办的第二届国际《红楼梦》研究会暨博览会在哈尔滨博物馆开幕，蔡树德应邀提前一个多月赴会，花二十多天将大观园十景组装完毕。一时间，全世界红学家云集哈市，观赏这“奇巧卓绝”的玻璃晶体艺术作品。时任文化部部长王蒙在接见蔡树德夫妇时称赞道：“曹雪芹笔下的‘玻璃世界，珠宝乾坤’第一次被立体地再现了。”黑龙江省和哈尔滨市有关领导恳请蔡树德夫妇将作品捐赠给黑龙江省博物馆，馆方将长期辟专室陈列。蔡树德夫妇欣然应允。

时任常熟市市长高政希望蔡树德为“虞山福地”创作作品，蔡树德便全心投入到“三峰清凉禅寺”晶体艺术作品的创作中去。三峰清凉禅寺始建于南朝梁代，清代后期成为江南名刹，与杭州灵隐寺齐名，“三峰松翠”是“虞山十八景”之一。据史料载，三峰寺建制宏大，寺内有三门、七殿、四阁、十六堂，两亭两楼一轩，五房五院一庄，更有“晴波案屿”“丛篁绿雪”“万松林”等景观。要用锋利似剑、坚硬如铁的玻璃打磨切割粘接出如此美景，谈何容易？蔡先生花三个月时间查资料、画草图，必欲让“三峰松翠”再现人间。蔡先生时年68岁，他每天4点起床，到三峰寺遗迹反复观察，静心感受，6点后下山，到工作室全心创作，午间只休息1个小时，然后继续创作至晚上。蔡先生每天工作12小时以上，以至于积劳成疾，入院治疗。

1989年10月，“三峰松翠”在颜港影剧院首次展出。作品占地约50平方米，由38座殿、堂、阁、院、轩、亭，200多件椅、几、凳，400多件香炉、台照、挂幡、题额等构成，间以青松翠竹、山石溪水，另有1300多枚电珠晶莹闪烁。片片玻璃回光反射，步步禅院回黄又绿，但见流翠飞红，似闻禅声朗朗。“三峰松翠”微缩重现，赢得专家和群众齐声喝彩。

在创作“三峰松翠”前，蔡先生为了表现元妃登龙舟省亲的宏大场景，曾制作一条玻璃龙舟。龙舟在苏州民俗馆展出时，民俗馆的工作人员请他制作玻璃苏州灯船，蔡先生欣然答应。苏州灯船于1988年4月底完成，蔡先生首先将它放在召开于虞山饭店的政协会议上展出，然后让灯船永久“停泊”在苏州民俗馆。灯船长200厘米、高60厘米、宽50厘米，日落月升时，近百盏元宵灯将船照得通体透亮。头舱女伶或弹唱，或曼舞；中舱八仙桌、果品、香茗等一应俱全；后舱是湘妃榻、云妆台、粉缸、花瓶、香水之类，是女眷歇息之处；船艄有行灶、菜橱、炊具之类。灯船泛游在“桨声灯影里的秦淮河”上，也应了“水枕能令山俯仰，风船解与月徘徊”之句。

蔡树德的晶体造型巧夺天工，是呕心沥血的杰作。蔡树德先生把晶体造型艺术看作生活实体艺术，使五颜六色的玻璃成了承载人文精神的生命体，用晶体造型艺术展现了人们对历史建筑的深厚情感。

王化民

王化民

王化民（1922—2009），学名耀生，别名耕森，江苏常熟人。中共党员，江苏省书法家协会会员，第二届常熟市政协常委。曾任常熟县立兴福小学校长、公立报本小学校长、石梅小学副校长。曾获得江苏省优秀青少年科技辅导员、苏州市劳动模范、常熟市优秀教育工作者等荣誉称号。

王化民出生于一个商人家庭，是王四酒家第三代传人，从小跟随着父母到王四酒家玩耍。1928年10月开始到私塾识字读书，1930年1月到常熟县立兴福小学读书，1933年1月转学就读于常熟县立石梅小学，1935年8月进入常熟县立中学读书。1937年8月，日军进犯常熟；11月19日，常熟沦陷。时年16岁的王化民和堂弟王祥发，随乡亲逃难至汉口，住在江苏同乡会办的难民收容所里。1938年初由难民收容所介绍，在基督教会所办的汉阳训女中学补习，后由训女中学校长刘帼芳介绍，被选送进入汉口协和医院护士学校学习，并实习护士工作。不久，王化民父母亲派人四处打听他的消息，多次托人与他联系，以父病重为由让他马上回家。同年3月，王化民乘火车从汉阳到达广州，再经香港辗转到达上海。4月，在堂伯王学如的帮助下，他寄读于上海晓光中学高二年级。几天后，校方以“市教育局不同意”为由命王化民退学。5月，他回到常熟照顾生病的父亲。

抗日战争时期，因受战事影响，加上经常受到地痞流氓、反动官吏的敲诈勒索甚至抢劫，王四酒家长期处于停业状态，王化民父亲受刺激而病故，留下1600元债务，全家陷入困境。1938年9月，王化民考入常熟县小学教师训练班学习，毕业后被安排至东乡陆市小学工作，不久，他为了照顾母亲而回到兴福开办儿童补习班。1939年9月，儿童补习班并入常熟县立兴福小学，王化民被安排任教员。1940年起担任兴福小学校长，生活上开始逐渐自立。

1945年8月，抗日战争取得胜利，王化民母亲继续经营王四酒家。王化民除了在学校上课外，经常在节假日到店里帮母亲处理对外事务，接触了形形色色的人物，其中不乏革命人士，他以校长和酒店老板身份掩护地下革命活动，并在经济上给以帮助。民抗队员奚凤珍跑到王四酒家请求帮助，王化民认识奚凤珍，冒险将奚凤珍藏匿在家。第二天清晨，他雇了一辆车，把她送到常阴沙西港，奚凤珍安全抵达苏北。奚凤珍脱险四五天后，日本宪兵来到王化民家中搜查，但一无所获。当时，日军疯狂地抓捕地下抗日分子，地下党员丁正潜伏在常熟开展地下革命活动。由于城内危险，王化民安排他住到兴福的一个小村子里。1945年8月15日，王化民家中突然来了4个日本宪兵，他们把他抓到县南街日本宪兵队监狱。母亲邵银保得知此事，急得晕厥过去。日本宪兵多次审讯王化民，他都说“不清楚”“不知道”。日本人把王化民捆绑起来，拳打脚踢。当天晚上，因日本宣布无条件投降，王化民被释放出来。

常熟解放前夕，王化民的小学同学王晓春从上海回到常熟，与当时活跃在东乡一带坚持武装斗争的苏常昆太武工队队长朱英取得联系，以“苏常昆太武工队城区联络站”的名义，起草《告常熟人民书》宣传传单。王化民阅读传单内容后从学校拿出油印工具供王晓春使用，并在常熟城内秘密散发传单，进行革命宣传活动。

王四酒家不仅受到诸多文人墨客的赞誉，也有政界名流光顾。1947年10月19日，宋庆龄和宋美龄姊妹俩在孔令侃等人陪同下，自沪来常，游览虞山胜景，并至王四酒家用餐。王四酒家宾客盈门，座无虚席。王化民得知客人身份后，招呼伙计将一张方桌置于虞山脚下林间一处叫弯背枫杨树的草地上，请其母亲服务，并命专人送菜。松树蕈油、爊鸟醉虾、王四叫花鸡、冰糖葫芦、桂花栗羹等名菜名点摆满一桌。宾客们眺赏秋林山色，品尝美肴佳酿，赞叹不绝。次日，常熟4种报纸均对此进行了报道，王四酒家声誉日隆。

1949年，王化民调任公立报本小学校长。1950年春，被选送参加苏南教育研究会的培训学习并加入新民主主义青年团。不久，常熟县小学教师联合会成立，王化民被推选为主席，负责常熟全县小学教师的在职学习。在报本小学工作的数十年间，他突出工作重点，强化学习措施，狠抓教育教学质量管理，学校被选定为苏州地区示范性小学。1970年1月，王化民被下放到城郊公社兴福大队接受劳动改造。1973年4月，被调回城里，分配到坛南小学。1977年，落实政策，恢复名誉。

1978年9月，他被调到石梅小学任副校长兼教导主任。他工作细致踏实，富有开拓创新精神，在探索运用电化教学推动教改、提高教学质量、开辟第二课堂、开发学生智力和培养能力等方面，做了大量的工作，取得了显著成效，创出了办学特色。他善于发现和总结经验，撰写了20多篇文章，先后在《江苏教育》《小学写字教学》《航空模型》等刊物发表，并在各级会议上交流。他的学生的科技小发明、科学小论文以及书法作品参加全国、省、市各级比赛屡屡获奖，有的书法作品还多次被选送到日本展出并获中部日本书道会奖励。

1985年12月，年逾花甲的王化民光荣地加入中国共产党。因学校工作需要，退休后他继续留在石梅小学工作了八年，写下“桃李芬芳白发添，欣逢盛世乐余年。园丁老去心犹壮，再启新程又策鞭”的诗句。王化民热爱教育、倾心教育、忠于教育。1989年10月，他写下《从教五十周年感怀》：“润物无声五十春，甘倾心力铸灵魂。髭须未白人已老，莫负此身献后生。”

庞树义

庞树义

庞树义（1923—2004），常熟人，著名古建专家。历任北京市房修一公司工程师、房修二公司工程师、高级工程师、主任工程师。享受国家级政府特殊津贴，被北京市政府授予“劳动模范”称号。曾任北京市第八届人大代表，《古建园林技术》杂志第一届编辑委员会主任和第二、三、四、五届顾问。

庞树义早年时就读于常熟县立石梅小学。1948年他在北京大学工学院建筑系毕业。1949年5月，庞树义进入北京市房修一公司工作，他目睹了工匠们的精湛技艺，领略了中华民族古建筑的独特魅力，从此深深爱上了这一行。此后，一次又一次的工程实践，使他掌握了精湛的古建筑技艺，成为青年技术尖子，为他今后几十年的古建生涯奠定了坚实的技术基础。

北京市房修二公司是全国最大的古建筑修建企业。1979年，庞树义为挽救濒临失传的古建技术，亲自支持并组建了我国第一个古建筑技术研究室，以发掘、整理、总结古建传统技术为宗旨，开展古建筑技术研究工作，专门从事古建筑技术研究和编制为企业服务的“古建筑工程定额”工作。在此期间，他们编制了《古建筑修建工程定额》，写出了《清代木构建筑的节点和榫卯》《古建筑翼角的构造、制作与安装》《古建砖料及加工技术》《单、双排坐车戗架子》以及《捉缝灰》等专题技术文章。

古建筑技术研究室成立以后，研究成果陆续完成，却又遇到了无处发表的问题。1983年，庞树义主持创办了《古建园林技术》杂志，并担任第一届编辑委员会主任。《古建园林技术》是由北京房地集团有限公司主管，古建园林技术杂志社主办的建筑科学类学术期刊，1996年入选北京大学图书馆与北京高校图书馆期刊工作研究会联合编辑出版的《中文核心期刊要目总览》，在国内外公开发行。这是我国古建筑文物保护、设计、施工、研究、教学等领域的唯一期刊。杂志集技术性、学术性、实用性于一身，自创刊以来，始终以继承弘扬民族传统建筑文化，保护利用传统建筑遗产为宗旨，已成为从事古建筑设计、施工、文物保护、古建修缮工作的专业人员，大专院校教学、科研人员以及广大古建园林爱好者的良师益友。

1984年5月，美国首都华盛顿市市长巴里（Marion Berry）先生，应北京市市长的邀请访问北京。访问期间，两市签署了建立友好城市关系的协议书。为进一步促进两市政府和人民之间的友谊与相互了解，双方还签署了《关于1984年—1985年北京市和华盛顿市友好交流项目备忘录》，确定了一些友好交流项目。这些项目，除有关经济贸易、市政建设、学术交流、图片展览等方面内容外，还有一项重要的内容就是北京市和华盛顿市政府合作，在华盛顿市的中国城建造一座中国古典牌楼。

1984年11月11日，北京市政府派出以北京市对外经贸委主任俞晓松为首的北京市政府工作小组赴华盛顿，就双方合作建造石雕牌楼一事进行实地勘察、谈判和签订协议工作。工作小组成员有北京市房修二公司主任工程师庞树义。中美两市市政府工作小组经过友好的商谈，达成了两市合作在华盛顿市建造中国古典石雕牌坊的协议。美方特别提出，这座牌楼“应是北京市政府决定在美国建造的中国古典牌楼中之最大者”。双方商定，由工程师庞树义担任此项工程的总负责人，负责总体方案设计、绘制建筑施工图，并负责全部石雕构件（七个檐楼、斗拱及花板、雀替等）的制作安装，琉璃瓦屋面及全部油饰彩绘工程的施工。1986年，华盛顿中国城牌楼落成，牌楼高14.6米，柱间轴线跨度19.6米。牌楼造型取材于中国古代传统的四柱三间七楼牌楼。但因横跨H街马路，路面不能落柱子，所以将四柱落地改为两柱落地，中间两柱改为悬空垂柱。原应每间两只的雀替也改为两个长3.65米的大雀替。牌楼采用了钢结构，外面包钢筋混凝土板，形成中国牌楼固有的梁枋造型。具有浓郁中国传统特色的牌楼矗立在华盛顿唐人街中国城，它不仅是中美两国人民友好的象征，也成为该地区重要的标志性建筑，受到两国人民的一致称赞。

庞树义与古建筑结下了半个多世纪的不解之缘，成为名副其实的传统建筑文化与技艺的守护者。他参与多处古建修缮保护工程，主持完成了新中国成立三十周年天安门修缮工程，重建琉璃厂文化街工程以及天坛祈年殿、故宫、颐和园、东岳庙等重大修缮工程。深厚的艺术修养，精湛高超的技艺，严谨务实的学风和对工作高度负责的精神，使他主持的工程无论从尺度、造型、色彩、格调哪个角度把握都非常准确，高雅而又充满艺术魅力，慕名参观者络绎不绝。

2004年10月6日，庞树义在北京病逝，享年82岁。

翁宗庆

翁宗庆

翁宗庆（1923—2017），原名翁钧庆，江苏常熟人。中共党员，毕业于复旦大学法律系。国家一级书法家，文史学者、诗人、鉴藏家。

1923年，翁宗庆出生于常熟城区，系清代进士、同治帝师翁心存六世孙，清代著名大臣翁同爵曾孙翁之春之子。4岁开始由母亲教认汉字，5岁走进祖宅“思永堂”花厅开始读书，受教于秀才叶望之，诵读《幼学琼林》等古文，学诗文，学对句，习《灵飞经小楷》。七八岁时，家中请来一位西学堂的陈先生教授数学、英文。其间，他常到虚廓园游玩，缠在《孽海花》作者曾朴的身边，听他讲些奇闻轶事。1935年，翁宗庆毕业于常熟县立石梅小学。抗日战争时期又和撰写《续孽海花》的张鸿交往甚密，听他讲述很多清末民初的历史掌故。

翁宗庆高中毕业时日本军队已进驻租界，翁宗庆因不愿在日本人统治的学校读书，遂停学3年，回常熟老家钻研文学、书法，师从常熟名家金叔远，与诗人杨无恙和江南二仲之诗学家钱仲联交往。在此期间，通过友人介绍，结识了小学语文教师顾鋆英，两人恋爱结婚。

1945年，翁宗庆考取复旦大学法律系。1946年，他参加了由复旦大学学生、共产党员俞继泽创办的进步社团文澜社，阅读了一些进步书籍，如奥斯特洛夫斯基的《钢铁是怎样炼成的》、艾思奇的《大众哲学》、毛泽东的《论联合政府》等。那时学校是禁读这些进步书籍的，他只能偷偷地躲在厕所里看，或是睡觉时藏在被子里借着手电筒的光阅读。

从1947年参加纪念五四运动的活动开始，翁宗庆加入由中共领导的复旦师生“反饥饿、反内战、反迫害”的斗争行列，一个出生于封建世家的子弟走上了革命的道路。5月26日晚，复旦大学学生自治会召集数百人在“子彬院”101教室举行会议，晚10点半散会后，众人突然遭到二三十个不明身份者用木棍、铁棒殴打。次日，上海《大公报》刊出以“不明身份者阻击复旦学生，重伤者达20余人”为题的新闻，受伤学生中就有翁宗庆。80多岁的张元济见报后，即刻写信给翁宗庆，给予鼓励和慰问。

翁宗庆被国民党特务列入黑名单，上海解放前夕，他和教授周谷城等师生遭国民党军警逮捕。后来由校长章益出面保释，翁宗庆、周谷城等才出狱，迎来上海解放。

从复旦大学毕业后，翁宗庆被推荐分配到上海市公安局社会处，在陈毅、扬帆的领导下做政治安保工作。1951年底，他参加由谭震林主持的中共上海市委干部学习班，结业后被分配到国棉五厂参加民主改革。1949年7月至1985年11月，翁宗庆先后任上海市公安、监察、司法干部，上海市第一、联合、第八律师所律师，上海市律师协会专职律师。1985年11月离休后，仍担任特邀律师，并受聘承担上海市司法局纪检监察工作，荣获国家司法局授予的司法行政二级金星奖章。

翁宗庆在具有深厚传统文化底蕴的环境中成长，一生酷爱先祖的笔墨真迹，千方百计保存收藏。其间虽然经历过战争、数次迁居，但家传的墨宝文物却都完整地保存下来。他珍藏的翁心存、翁同书、翁同爵、翁同龢的传世墨宝，有楹帖、屏条、横幅、匾额、册页、各式扇面、尺牍、奏稿等，正、草、隶、篆各体皆有，细者如蝇头，巨者如擘窠。这些从100多年前流传下来的墨宝，至今墨迹如新。1953年，翁宗庆将世代家传的翁同龢国子监祭酒奏章真迹、名人信札、文徵明书法、钱谷画轴、刘墉送给乾隆皇帝的扇面等一批珍贵书画文物，无偿捐献给刚成立不久的上海市文物管理委员会（现为上海博物馆收藏），为国家留下了一批珍贵的历史文物。

翁宗庆自幼学习高叔祖翁同龢“自成一家，为世所宗”的书法艺术。他临池不懈，临摹秦、汉、晋、唐各家碑帖，经几十年努力，书法艺术匠心独运，自成风格。他是上海市书法家协会、中华诗词学会会员，中国艺术研究院一级书法家，书法作品享誉日本、北美。作品入选1998年纪念周恩来同志诞辰100周年爱国教育书法美术艺术大展，被评为一等奖；入选纪念中国人民抗日战争胜利60周年中华名家翰墨精品集，获“荣誉金奖”；参加2003年美国旧金山华埠艺术会、中华艺术学会举办的当代名家书画展。2005年，经中国书画艺术家协会、中国收藏家学术研究会、世界文化艺术鉴定中心、中国民族书画院评定，翁宗庆为中国当代杰出书画家，获“中国当代书画艺术杰出成就奖”。

翁宗庆长期从事学术研究，涉及诗词、书法、艺术、考证、文史、法律等方面，在各类报刊发表文章200余篇。

缪廷杰

缪廷杰

缪廷杰（1924—2016），江苏常熟凤凰镇（现属张家港）人。原为上海医科大学教授，上海泌尿外科研究所顾问，《中华泌尿外科杂志》和《国外医学》编委，系我国著名泌尿外科专家，擅长泌尿外科、男科疾病、尿道结石、肿瘤及各种疑难性、多发性性病的诊疗。

1924年，缪廷杰出生于医学世家。族中先辈缪希雍为明代名医，与李时珍同列一传；曾祖父缪柳村是著名外科医生。缪廷杰早年在常熟县立石梅小学读书，后就读于常熟县立中学。在祖辈的影响下，他自小把“救死扶伤”当作天经地义之事，高中毕业后考入上海同德医学院（上海交通大学医学院前身）。

1951年大学毕业后，缪廷杰被分配到上海第一医学院附属中山医院泌尿外科，成为一名驻院医生。工作不久，就随医疗小分队赴四川凉山山区为群众看病。当时该地区闭塞落后，当地群众对城里来的大学生并不信服，缪廷杰他们的医疗工作难以开展。医院第二次组织到凉山开展巡回医疗，他又报名。这一次，他想尽办法动员一个当地妇女做了免费的膀胱瘘手术，手术获得成功。等到他第三次上凉山时，前来找他看病的当地人排成了长队。缪廷杰已经记不清这一辈子做了大大小小多少例手术，但正如同他三上凉山一样，每一例看似平凡的手术后面都是艰辛的付出。

1952年至1958年，缪廷杰在上海第一医学院附属中山医院从事泌尿外科临床工作。20世纪六七十年代，国内的肾病治疗技术还很落后，没有透析机，也没有合适的治疗药物，患者一旦得了急性肾功能衰竭，死亡率很高。1975年，全国首例“同种异体尸体肾移植手术”获得成功。这项历时18年的医疗试验，由医学成果攻坚小组共同完成，缪廷杰是其中的主要成员。这项肾移植手术为我国人体器官移植做出了开创性贡献。同时，缪廷杰也是国家“七五”攻关课题《肾血管性高血压的外科治疗》小组的主要成员。

缪廷杰结合临床实践，潜心著书立说。他在国内外医学杂志发表论文100多篇，编著《肾移植》《泌尿外科基础和进展》等大学参考书10余本。1986年应邀与香港医学界合编的《泌尿外科论著》是我国第一部沪港合作书籍。20世纪90年代初，他积数十年心血撰写的《流式细胞分析术和癌基因ras的表达在膀胱癌诊断和预后上的评价》，获卫生部重大科技成果奖，欧洲著名泌尿科杂志*Eur. Urol*特约刊登了这篇论文。《生棉子油引起男性不育症的调查研究》《磁化水防治泌尿系统结石》《诊治癌症的光敏剂光卟啉研究》《给药导管治疗慢性细菌性前列腺炎》等多项科研成果，先后获国家、卫生部、上海市重大科技成果奖。作为中国著名的泌尿外科专家，缪廷杰饮誉海内外，曾多次赴日本、加拿大、新加坡、马来西亚等国家和中国香港等地区参加国际学术活动并讲学，获英国剑桥颁发的“二十世纪名人成就”银质奖，被英国剑桥大学列入《世界名人大词典》。

缪廷杰继承祖业，除了是一位杰出的泌尿外科专家外，同时也是一位书画艺术爱好者。他与当代画家唐云、程十发、谢稚柳、陆抑非等都是莫逆之交。2002年出版个人作品集《从野画集》，画界大师程十发为画集题字。缪廷杰还酷爱收藏，拥有不少书画真迹等艺术珍品。2006年，他将部分书画及文物共200余件，赠予张家港博物馆。

2016年9月，缪廷杰因病在上海逝世，享年93岁。

陈希安

陈希安

陈希安（1928—2019），学名陈喜元，江苏常熟人。著名评弹表演艺术家，国家级非物质文化遗产项目代表性传承人，上海市评弹团主要创建者之一，上海市评弹团原副团长。

陈希安的父亲原是常熟县政府的一名税收员，一家人生活虽不富裕却也过得安稳。1937年11月，日军侵占常熟。他们一家混入逃难的人群，等到返回城里，父亲在县政府的工作丢了，只好开一爿烟纸店谋生。陈希安的寄父是上海光华大学毕业生，他说："孩子大了，不读书不行啊。"于是，陈希安先进虞阳小学读书，后又转到县立石梅小学读书，一直到毕业。

常熟是江南有名的书码头，陈希安家在寺后街吉翠园，周围有大小书场5家。母亲是个书迷，一有空就带他去听书。因此，凡是当时说书名家的演出，他几乎都听过。陈希安也天生喜爱说书这门艺术，尤其喜欢听有说有唱的弹词。1941年春节，湖园书场从上海请来弹词名家沈俭安。"沈调"是评弹界十分流行的流派唱腔之一。沈俭安与师弟薛筱卿拼档演出《珍珠塔》，有"塔王"之称，此时，他刚与薛筱卿拆档。经老乡邻介绍，沈俭安爽快答应收陈希安为徒。1942年夏，15

岁的陈希安随师前往无锡，正式开始从艺生涯。经过长时间的随场听书和抄剧本、读剧本、背剧本，陈希安的文化水平不断提高，说表弹唱也有了一定的基础。

1943年初，陈希安开始与老师拼师徒档演出。沈俭安平时对弟子相当宽厚，但在艺术上却要求严格，容不得一点马虎。一次在常熟梅李演出时，陈希安因粗疏马虎，一时接不上老师丢过来的一个“钩子”，当场受到沈俭安的严厉批评。从此陈希安对表演艺术不敢有半点怠慢。评弹界一代宗师夏荷生擅唱《描金凤》，有“描王”之称。他旁听了陈希安的练唱后，指出“台下练唱的音调应该比台上唱的要打高一个字”，陈希安虚心接受。经过长时期从难从严的训练，他终于打下了扎实的功底，演出时轻松自如，游刃有余。最繁忙的时候，他每天要赶七八家场子，但他的嗓音总能保持良好状态。

抗日战争胜利后，在老师的安排下，陈希安开始和他的师兄周云瑞拼档。陈希安回忆说：“周云瑞是我的良师益友，他手把手地教我说书，还教我做人的道理。”

1946年秋天，周云瑞、陈希安到湖州为新开的吴兴书场首演，接着应邀到上海沧洲书场表演。他们演出《珍珠塔》，不仅弹唱俱佳，而且富有书卷气，继承发扬了沈薛档的高雅风格。听众们称他们为“小沈薛”。于是，书场和电台的聘书合约如雪片飞来。那年，陈希安19岁，周云瑞26岁，可算是当时最年轻的响档。

自从在沧洲书场一炮打响以后，他们被吸收到当时掌管着书场调度大权的张鸿声麾下，周陈档与说《玉蜻蜓》的蒋月泉、王柏荫，说《十美图》的张鉴庭、张鉴国，说《三国》的唐耿良，说《张文祥刺马》的潘伯英，说《水浒》的韩士良，再加上张鸿声本人，一共7档，经常在一起演出。他们几乎垄断了上海和苏浙一带的所有好书场，演到哪里，哪里爆满。

新中国成立后，他们提出组织起来走集体化道路。1951年1月，共有18名演员组成的上海市人民评弹工作团宣告成立，并立即到安徽治理淮河的工地深入体验生活。经过3个月体验生活后回到上海，他们编演的中篇评弹《一定要把淮河修好》轰动一时，其中陈希安弹唱的《人民当家做主人》，唱得高昂流畅，刚柔兼备，具有独特风格。此曲灌成唱片后传遍苏浙沪城乡，不少老听客称这种唱腔为“陈希安调”。盛名之下，他仍谦虚谨慎，对工作从不挑剔，他在中篇《王孝和》《方卿见姑娘》中唱主角，在《老地保》《江南春潮》中唱配角。不管是唱主角还是唱配角，他都一丝不苟，演出特色，给听众留下美好的印象。

抗美援朝时期，陈希安冒着危险赴朝鲜慰问演出。他热情扶持后辈，师兄周云瑞的儿子当了上海市评弹团团长后，他以副团长身份支持工作，工作上有了偏差，他主动承担责任。青年演员的唱本不全，他把自己和师兄倪萍倩共同笔录的全部演出本无偿提供给他们。

作为评弹沈、薛流派的第五代传人，陈希安的评弹表演深受广大观众喜爱。他60年的评弹生涯，始终与《珍珠塔》这部书紧密相联。1995年，他与薛惠君录制的《珍珠塔》是上海电视台“电视书场”播出的第一部长篇评弹；2000年，他与郑缨录制的《珍珠塔》成为中央电视台播出的第一部长篇评弹。他的代表作还包括长篇评弹《荆钗记》《陈圆圆》《打渔杀家》《党的女儿》《年青一代》，中篇评弹《一定要把淮河修好》《王孝和》《林冲》《大生堂》《恩怨记》等。1991年退休后，他仍在上海戏剧学校开设评弹课，主持上海人民广播电台每周一次的《星期书会》节目，历时20多年。

2019年10月24日，陈希安与世长辞，享年92岁。

沈鹤霄

沈鹤霄

沈鹤霄（1930—2019），旅美华侨，出生于上海，系上海“沈家花园”后人。著名作曲家、音乐教育家，原中央人民广播电台少年广播合唱团指挥，中国音乐家协会会员。

抗日战争期间，为避战乱，沈鹤霄随父母迁居常熟，在常熟县立石梅小学读书，小学毕业后考入江苏省立常熟中学，后转到上海徐汇中学学习。上海解放不久，沈鹤霄受进步思想影响，参加中国人民解放军，同年考入华东军政大学文艺系音舞队学习音乐，主修声乐，师从于忠海、黄友奎。由于成绩优秀，毕业后留校任辅导员。

1951年，沈鹤霄因演出歌舞剧《愤怒的鸭绿江》而荣立第三野战军军区文艺会演四等功。1953年，调福建省军区文工团担任歌唱演员，因表现突出而受到军区嘉奖，荣立三等功。1955年从部队转业，1956年进入上海广播乐团担任歌唱演员。半年后全团奉调中央广播乐团，他一面从事演唱，一面还担任乐团手风琴伴奏，同时还在中央台《教唱节目》中教唱。他经常到中央音乐学院旁听作曲、指挥课程，并从事业余创作，为以后的指挥与歌曲创作打下了良好的基础。

1956年，他的处女作《茉莉花》入选中国音协编印的《青年创作歌曲集》。1958年，受《歌曲》杂志编辑部钟立民邀请，他在中国音协主办的“东风合唱团”

指挥了他自己创作的女声合唱《茉莉花》，从此走上音乐指挥的道路。此后又在共青团北京市委主办的“中学生合唱团”担任指挥。

1963年，沈鹤霄调入中央人民广播电台，任少年广播合唱团专职指挥，并任中央台青少部歌曲编辑。少年合唱团的歌声通过《星星火炬》和《小喇叭》节目广播，传遍祖国的四面八方。

沈鹤霄从事歌曲编辑工作几十年，教过的学生包括邓玉华、张光北、鞠萍、蔡国庆、杭天琪、李小玢等。他创作了大量脍炙人口的歌曲，为外国儿童歌曲配歌，为儿童电影《小铃铛》《闪闪的红星》《黄河少年》《四个小伙伴》《第十个弹孔》等影片录制主题歌。他指挥少年合唱团参加了多个有重要影响的音乐会，如“郑律成作品音乐会”“马可作品音乐会”“纪念人民音乐家聂耳、冼星海音乐会”等，这些音乐会受到观众的热烈欢迎。

1982年3月，沈鹤霄赴美定居。2003年，受美国新泽西州李文斯顿华夏中文学校、博根中文学校以及奔腾中文学校邀请，担任成人合唱团和儿童合唱班指挥，参加了许多演出活动。2006年春节在纽约Radio City音乐大厅，中央电视台举办的“同一首歌：走进纽约”序幕中，由华夏中文学校14个分校组成“华夏儿童合唱团”，沈鹤霄担任儿童合唱团总指挥。他为李白的《静夜思》、台湾诗人余光中的《乡愁》等诗歌谱曲，借此抒发海外华人的思乡之情和热爱祖国的赤子之心。同年出版《沈鹤霄创作歌曲集》，2010年出版续集。沈鹤霄说：“我这一生与音乐为伴，我的青春像在春天的旋律中度过，既然上帝赋予我音乐的使命，就要用心去写，用情去唱，用勤奋去耕耘，就像一汪清泉，溪流不断，泉眼喷涌，始终不竭。”

2010年6月，81岁的沈鹤霄携家人回国探亲，重返母校，与母校领导和师生座谈，深情回忆求学经历，对母校的发展成果感到欣喜。他帮助学校成立了“石梅合唱团”。

2019年10月15日，他的亲属代他向母校捐赠《沈鹤霄创作歌曲集》《沈鹤霄创作歌曲集（续集）》等书籍800多册。

2019年12月9日，沈鹤霄在美国病逝，享年90岁。

皇甫淳

皇甫淳

皇甫淳（1931—2011），字淳生，江苏常熟人。中国民主同盟盟员，寒地果树学家，国务院特殊津贴获得者，吉林农业大学教授、硕士生导师。曾任长春市园艺学会理事长，中国果品流通协会第一、二届特邀理事，长春市第九、十届人大代表暨农经委委员，民盟吉林省委扶贫委副主任。

1943年，皇甫淳从县立石梅小学毕业。1949年考入私立南通学院农科农学系（扬州大学农学院前身），1953年毕业后在山东工作6年。1959年，到吉林农业大学执教，在教坛辛勤耕耘40载。在教书育人、科学研究、科技扶贫、参政议政等方面均有突出贡献，被称为“扎根黑土地上的科教尖兵”。

皇甫淳积极探索教学改革，坚持科学研究，成绩卓著。他主持选育的“双优”两性花山葡萄品种，填补了国际山葡萄单品种建园的空白；同时，他主持选育的“双优”“集安紫肉”“古红”3个果树新品种达到国际先进水平，科研成果推动了我国山葡萄和山楂产业的发展。商业部授予他“全国山楂生产科研先进个人”荣誉称号，吉林省商业厅、农牧厅联合授予他“吉林省山楂生产科研先进个人”

称号。

皇甫淳坚持将教学、科研、生产相结合，重视科技成果转化。出版《山地果树栽培》《果树栽培实用技术》等著作，科研成果先后获省、部级科技进步二等奖。他组织果树技术服务小分队，与朝鲜族、蒙古族、回族、维吾尔族等民族群众合作开展试验研究，先后完成省、部级鉴定7项。他深入边远地区培养各级技术人员，给农民送去脱贫致富的“金钥匙”。鸭绿江边集安古城、新疆伊犁河畔伊宁边寨、科尔沁草原通榆等地，都留下了他的足迹。

皇甫淳长期深入基层，服务社会，获“全国科技扶贫标兵”“吉林省农业系统模范工作者”“吉林省智力支边先进工作者”等荣誉称号。1992年获国务院政府特殊津贴，1993年获吉林省政府英才奖。

皇甫淳结合自己的专业，积极为地方经济发展献计献策。《关于我省果树发展规划的建议》促成了吉林省政府《关于全省水果生产发展规划的报告》文件的出台，对吉林省果树种植业迅速发展发挥了重要作用。吉林农业大学多次授予他优秀教学奖以及科研成果奖，长春市委市政府授予他“知识界党外人士为四化服务积极分子”称号，长春市人大常委会2次授予他“长春市优秀人大代表”称号，长春市科协5次授予他“学会先进工作者”“金桥工程先进工作者”等称号。

皇甫淳一直铭记师恩，情系母校。2010年6月3日，皇甫淳回常熟探亲，专门到石梅小学，感谢学校和老师的培育之恩。

2011年11月27日，皇甫淳在长春病逝。他把理想植入北国沃土，孕育出累累硕果，为国家农业发展发挥了作用，做出了贡献。

吴树青

吴树青

吴树青（1932—2020），江苏江阴顾山人。著名经济学家、教育家，北京大学原校长、哲学社会科学资深教授、经济学院教授、博士生导师，毛泽东思想、邓小平理论和“三个代表”重要思想概论教材编写课题组首席专家。曾任第八届和第九届全国人大代表、全国人大常务委员会委员、全国人大财政经济委员会委员、中国老教授协会会长、北京市经济学会会长、教育部“两课”教育指导委员会主任及教育部经济学教育指导委员会主任等。1996年起任北京大学校务委员会名誉主任、北京大学教育基金会理事长、北京大学经济学院顾问委员会名誉主席。

3岁时，吴树青随母亲到常熟生活，后就读于县立石梅小学，1943年考入县立常熟中学读初中，高中就读于上海中学。1949年8月参加革命，被选送到华东人民革命大学学习，结业后被分配到浙江桐乡县委工作。1952年被选送到中国人民大学研究生班学习。1955年加入中国共产党，同年毕业后留校工作，历任助教、讲师、副教授、教授、博士生导师、研究生院副院长、教务长、副校长，致力于经济学教学和理论研究工作。1984年被评为教授。1985年任中国人民大学研究生院副院长。1987年起任中国人民大学副校长兼研究生院院长。

1989年8月至1996年8月，吴树青担任北京大学校长。他坚持正确办学方向，维护学校安定团结，扎实推进学校改革发展，努力改善办学条件，创造良好的学术环境和氛围，有效提高员工的工作积极性。他按中央要求把科研开发和市场开拓紧密结合起来，大力扶持高新科技项目“北大方正”，拆北大南围墙建成中关村现代化电子街，为创建“中国硅谷”提供了较好条件。他在任期间，学校党的建设、学科发展、师资队伍、校园建设、对外交流与合作都取得长足的进步。20世纪80年代，北大教工宿舍资源十分紧张，学校的经费有限，吴树青拍板决定从银行贷款在北大西北几公里处的骚子营（后来改名“燕北园”）建设教工宿舍，使北大教工安心开展教学与科研。1994年，北京大学第九次党代会确定了学校改革和发展纲要，提出把北大建成世界一流的社会主义大学。1995年，北京大学成为“211工程”中首批得到国家重点支持的两所高校之一。吴树青主持制订了北大面向21世纪的发展规划，为北大的长远发展打下了坚实基础。

吴树青是我国政治经济学、中国特色社会主义理论方面的著名专家。在50多年的学术生涯中，他始终坚持把马克思主义政治经济学基本原理同中国实际紧密结合，深入研究中国经济发展基本理论问题和重大现实问题。特别是改革开放以来，他围绕社会主义基本经济规律、社会主义建设战略目标等问题积极探索，收获一系列重大理论成果。他在《光明日报》上发表的《关于社会主义初级阶段的几个问题》，比较系统地论证了我国处于社会主义初级阶段的原因、内涵、特征和应实施的政策。

吴树青长期坚持站在教学第一线，为本科生和研究生讲授政治经济学、资本论、社会主义经济理论等课程。他先后出版专著《中国社会主义建设》《模式—运行—调控》《中国宏观经济管理》和《政治经济学》，主编《邓小平理论概论》。他主编的《中国社会主义建设》和《政治经济学》均获国家教委优秀教材一等奖，论文《坚持社会主义必须弄清什么是社会主义》获中宣部“五个一工程”论文奖，参与编制的《1988年至1995年中国经济体制改革规划》获孙冶方经济科学奖。1997年，他获颁“科教兴国贡献奖”。

卸任北大校长一职后，吴树青继续担任北大经济学院顾问委员会名誉主席。2004年6月，教育部成立社会科学委员会，来自30所高校的99名教授成为首届社科委委员，吴树青担任主任。2009年3月，吴树青撰文强调加强高校学术风气建设，建议“要标本兼治，建立以质量为导向的科研评价体系，对于学术不端行为要严肃处理，建议学术打假不能假打，要真打，决不姑息，决不手软，让造假者付出代价，起到教育警示作用”。

1996年1月5日，吴树青回母校石梅小学参观访问。

2020年1月10日，吴树青在北京医院逝世，终年89岁。

邓绍基

邓绍基

邓绍基（1933—2013），笔名郭荧、李亭，江苏常熟人。中共党员，古代文学史研究家，中国社会科学院荣誉学部委员、中国近代文学学会会长、中国杜甫研究会副会长、中国小说学会副会长、国家古籍整理规划小组学术委员、中国作家协会会员。历任中国社会科学院文学研究所研究室主任、副所长、学术委员会主任，中国社会科学院院务委员、研究生院文学部主任、研究员、教授、博士生导师。

邓绍基在县立石梅小学就读，后分别在孝友中学和江苏省常熟中学读书。早在江苏省常熟中学读高中时，他就开始在上海、无锡、苏州三地的报纸上发表通讯和文艺评论文章，开辟“旧剧新话”专栏发表剧评。1951年，邓绍基考入复旦大学中文系，受教于文学史家赵景深。赵景深了解到他高中时写过戏曲评论，介绍他加入由自己任会长的上海市戏曲评介人联谊会，他得以在《大公报》《文汇报》和《新民晚报》等报刊上发表戏曲评论文章。受赵景深、刘大杰等的影响，他较早决定以元代戏曲作为专业方向。

1955年，邓绍基大学毕业，被分配到中国社会科学院文学研究所工作，加入了何其芳领导的《红楼梦》研究小组。他到研究所后撰写的第一篇长篇文学评论文章《元杂剧研究中的庸俗社会学倾向》发表于《光明日报》的《文学遗产》专刊。研究明代话本小说的论文《谈在“三言”“二拍”中所反映的市民生活的两个特色》，得到明清史研究专家的称赞，后被收入《二十世纪中国文学史论文精粹》，被编者称为“真正从‘人学’的角度，着眼市民思想意识来研讨‘三言’‘二拍’的开山之作。关于这个命题，后来的有关文章几乎都没有超过它”。

《红楼梦》研究工作告一段落后，邓绍基开始校读元杂剧，当古典文学家孙楷第的助手，协助做《录鬼簿》的校注工作。1958年参与《新中国十年文学》一书的写作，1959年所写的《老舍近十年来的话剧创作》一文被多种研究老舍的论文汇编集收录。1960年，三卷本《中国文学史》编写工作开始，他撰写有关元杂剧的若干章节，本想以此为契机，继续进行元杂剧研究，但因为临时性任务不断，不得不中断元杂剧研究。

1978年，邓绍基写了一系列回顾和反思五四运动以及新中国成立以来关于文学遗产研究的历史经验的文章，有《“五四”以来继承文学遗产问题的若干回顾》《建国以来关于继承文学遗产的一些问题》《“五四”文学革命与文学传统》《坚持马列主义、毛泽东思想原则，提高古代文学研究水平》等论文，就五四运动以来特别是新中国成立以来继承文学遗产的历史经验做了深入探讨，提出了不少见解，得到了胡乔木的称赞，对当时文学史研究界拨乱反正起到了重要作用。

在担任中国近代文学学会会长期间，邓绍基在多篇文章和发言中，就近代文学学科建设方面的若干重大问题提出意见，他在《国学的新研究与陈独秀的偏激》《文化论争与学人评价》等文章中提出：在全局和整体上坚持马克思主义指导，同时在局部和部分上注意借鉴和吸收西方各种具体的、行之有效的研究方法和批评范式，用来研究中国古代文学，这种研究不仅仅在于解读和阐释宏观或微观的文学史现象，而是最终做到理论的升华和总结，从而丰富已有的文学观念和理论，为人类文化的发展做出贡献。

邓绍基研究领域广泛，著述丰富，著有《红楼梦论丛》《杜诗别解》，主编《元代文学史》《中华文学通史》《中国文学通史》等。其中的《元代文学史》获

1992年中国社会科学院第一届优秀科研成果奖，被不少高校的中文系定为研究生教材或必读参考书。2011年，他参与主编的《中国文学通史》（12卷）由江苏文艺出版社出版。

2006年8月，邓绍基获中国社会科学院荣誉学部委员称号。他写下两首七绝：“情怀素愿记华年，却叹依稀岁月淹。致仕安将名位望，乡心常与雁争先。”“学文原是平生志，授业均为当代贤。碌碌无成悲白发，忝蒙荣誉只惭颜。”

2013年3月25日，邓绍基在北京病逝，享年81岁。

朱德恒

朱德恒

朱德恒（1933—2017），江苏常熟人。中共党员，清华大学教授、博士生导师，享受国务院政府特殊津贴，我国高电压技术教学和科研领域著名专家。历任清华大学电机系高电压技术教研室主任、电机系教学指导委员会主席、电机系职称评定委员会委员、电力系统及大型发电设备安全控制和仿真国家重点实验室电气检测与故障诊断分室主任，北京电机工程学会理事、高电压技术专委会副主任委员，中国电工技术学会输变电设备专委会委员，《中国电力百科全书·电工技术基础卷》（第1版和第2版）编审委员会委员，第二届国际电介质材料性能与应用会议技术委员会主席，华北电力设备诊断专业协会理事，中国电力设备管理协会电气绝缘监测与诊断专委会委员。

朱德恒于1938年至1943年就读于常熟县立石梅小学（其中一年跳级学习），1949年从江苏省立常熟中学毕业后考入同济大学。1950年又考入清华大学化学系，后即转入电机系学习。1953年毕业后留在清华大学电机系任教。高电压技术是电工技术和电力技术的重要分支，培养高电压技术方面的专门人才，对我国的经济建设具有十分重要的意义。在教授杨津基的带领下，朱德恒与其他年轻教师开始筹建清华大学高电压技术专业。

20世纪50年代中期，朱德恒被委派到哈尔滨俄语专科学校学习俄语，学成返校后担任苏联援建专家的专业俄语翻译。1956年，清华大学电机系成立了高电压技术教研组。1959年夏，清华大学高电压技术专业第一批本科生毕业。

从1953年算起，朱德恒从事高电压技术方面的教学和科研工作长达47年，先后讲授高电压物理基础、高电压绝缘、高电压绝缘技术、气体放电、绝缘诊断技术、专业俄语等课程，主编或合编《高电压绝缘》《高电压绝缘技术》《电绝缘诊断技术》等教材。指导硕士生17人，博士生6人，博士后4人。教书育人和科学研究都取得显著成绩。1988年被聘任为教授，1992年获国务院政府特殊津贴，1993年被聘任为博士生导师。

考虑到清华大学与西安交通大学在电气设备故障诊断方面的研究成果，国家自然科学基金会批准清华大学与西安交通大学承担国家自然科学基金重点项目《大型发电机与变压器放电性等故障的在线监测与故障诊断（1997—2000）》，朱德恒任课题负责人。除国内的纵向和横向科研项目外，朱德恒还与法国、美国、加拿大的有关单位开展国际合作科研。《沿染污介质表面放电的研究》项目获1992年国家教委科技进步（甲类）一等奖、1993年国家自然科学三等奖。《大型发电机与变压器放电性等故障的在线监测与故障诊断》项目获2003年教育部科技进步二等奖。在国内外期刊和国际学术会议发表论文近100篇，著有《电工高新技术丛书（第5分册）》等。

蒋云仙

蒋云仙

蒋云仙（1933—　），原名蒋珊，江苏常熟人，为常熟名门蒋氏后裔。著名评弹表演艺术家，国家一级演员。曾任上海市曲协副主席、上海市长征评弹团团长。

蒋云仙出生于常熟城区一个教师家庭，5岁丧母，7岁进县立石梅小学读书，毕业后考入淑琴女中。她从小聪慧，读书勤奋，10岁时获得全县学生演讲比赛第一名。平时喜爱校园文艺活动，梦想长大后当一名电影明星。然而因家庭贫困，只读到初中二年级就被迫辍学。

抗日战争胜利后，全家随父亲迁至苏州，借住在十梓街一个亲戚家。1948年，年刚16岁的蒋云仙为替父母分忧，决定学唱苏州评弹。艺徒生活非常辛苦，起初，蒋云仙只能帮师母带孩子做家务，像个小保姆。经再三要求，师父才让她在师姐们登台时去听书。她冒着“女徒不准学三弦”的规定，独自偷学三弦，为了不被发觉，她就拿掉弦马，做无声弹拨，近一年时间就学会了三弦、琵琶和说唱。

新中国成立后，17岁的蒋云仙开始了自由从艺的生活，先后与刘美仙、朱少祥、徐丽仙等拼过双档。她接受能力强，乐感好，嗓音圆润，能熟练演唱各种流派唱腔，首创在一部书里唱各种流派唱腔之特色，但她并不满足于自己的“什锦唱腔”，进一步在说表上下功夫。1951年，蒋云仙拜“巧嘴”姚荫梅为师，再学《啼笑因缘》，学到了“姚调”的精髓，也学到了这位“巧嘴”的风趣幽默、善用各种方言的表演风格。在姚先生的指点下，蒋云仙逐渐养成了活泼风趣、轻巧多姿的书风，演什么角色像什么角色。她善于向电影、话剧等其他艺术门类学习，比如能让老听众从沈凤喜身上看到《天涯歌女》里小红的影子。

“文化大革命”期间，蒋云仙离开书坛，到糖果厂劳动。1976年后重登书坛，表演艺术更为纯熟。她自编自演的长篇评弹《野火春风斗古城》广受欢迎，演唱的《将心比心》获文化部表演一等奖。评弹界女单档屈指可数，蒋云仙是继范雪君、黄静芬后十分优秀的女单档，她以《啼笑因缘》名满江南，她塑造的军阀刘将军和常熟娘姨王妈惟妙惟肖，成为书坛经典形象。

改革开放以后，蒋云仙成功地将苏州评弹推向世界。1986年12月，第七届国际布莱希特戏剧研讨会在香港举行，来自25个国家和地区的120多位学者及专家出席会议，中国与会代表有黄佐临、李家耀、蒋云仙等11人。会上，她通过“说一段书”来印证语言与表演的有机关系，对“体验”与“体现”这两个理论概念之间的联系与区别做了准确表达，受到中外专家的好评。

1996年，她应邀赴新西兰奥克兰大学、惠灵顿维多利亚大学讲演评弹艺术，受到留学生和华人学者的好评。1997年赴加拿大和唐耿良联合演出。1998年与唐耿良喜结连理后活跃于国际艺坛，两人被称为“评弹双杰”。1999年8月，他俩接受美国上海联谊会——国际评弹票房和海外昆曲社的邀请，到纽约演出。在美华人从美国各地赶到纽约，一过书瘾，以解乡愁。8月21日首场演出，400多名评弹爱好者挤满演出大厅。中国驻纽约总领事馆侨务组组长、常驻联合国代表团一等秘书和上海联谊会主席等都到场观赏，并向两人颁发了全球华人终身艺术成就奖。两人的表演赢得阵阵掌声，令听众陶醉。

2002年7月，蒋云仙应美国国家博物馆之邀，参加由大提琴家马友友倡导的“丝绸之路”中美文化交流会，并在汉学家白素贞的陪同下到大学讲学，后又顺道到纽约探亲访友。评弹迷们知道后均希望和她见面。美国上海联谊会、美华民间交促会和纽约国际评弹票房联合邀请她与大家会面。7月28日下午，由上海联谊会举办的蒋云仙评弹知音演唱会座无虚席，蒋云仙弹唱了《将军逼婚》，让老听众们重温了苏州评弹之美。

2014年3月20日，蒋云仙回到家乡，特意走访母校石梅小学，并挥毫题词“百年名校，英才辈出”。

娄警予

娄警予

娄警予（1935— ），江苏常熟人。中学语文教学法研究专家，国务院政府特殊津贴获得者。曾任吉林长春师范学院院长、教授，吉林省人大教科文卫委员会副主任，吉林省政协常委。获吉林省第二批有突出贡献的中青年专业技术人才、吉林省三八红旗手等荣誉称号。她主编的《中学生词典》收录14000多个词语，是我国第一部对所收录词语全部标明词性的词典。编写全国首部中师语文教学大纲、全国首套中师语文教材《文选和写作》、《现代汉语常用字表》等。

1947年，娄警予从石梅中心国民学校毕业，受苏联影片《桃李满天下》中女教师华尔华娜·华希列夫娜美好形象的鼓舞，立志成为人民教师。1953年中学毕业后，考入北京师范大学中文系。她心无旁骛，刻苦钻研，以所学科目都5分的优异成绩毕业。1957年，她响应国家号召，报名到东北工作，被分配到洮南速成师范学校任语文教师，并任第十七班班主任。在寒风刺骨、“无风三尺土”的恶劣条件下，她教学一丝不苟，关心学生无微不至。学校因故于同年12月停办，离校前，全班40多个学生流下热泪，不愿和她分开。娄警予感受到了当教师的幸福，这激励着她把全部精力和爱奉献给教育事业。

1958年春，娄警予被调至长春师范学校工作。同年夏，学校升格为长春师范专科学校。1960年秋，长春师专抽调部分教师到长春市中学教师进修学院任教，26岁的娄警予也被抽调。面对许多比自己年长的中学教师，她勤奋努力，刻苦工作。当时正值困难时期，煤少屋冷，娄警予头戴皮帽，身穿棉衣棉裤，天天备课到深夜。她把工资全交给婆婆，由婆婆操持家务，她把全部精力用来钻研教材。

娄警予独立钻研教材，从不依赖教学参考书。为了讲解好《国际歌》，她查阅第二国际、第三国际的资料，研读《共产党宣言》，翻阅有关巴黎公社和作者鲍狄埃的资料，在此基础上再深入理解《国际歌》。因为下足了功夫，对教材有精准的把握，有深刻的理解，甚至有独到的发现，她的讲课受到了中学教师的热烈欢迎。当娄警予听到白发苍苍的老教师说"你讲得真好"时，她觉得所有的付出都是值得的。当年她讲课时，教导主任、校长们都经常来听，不仅本年级的教师来听，其他年级的教师，甚至其他学科的教师也来听。教室里总是满满的，还要加凳子直到走廊。

"文化大革命"时，教师进修学院解散，娄警予被分配到"五七"干校劳动。1972年春天，长春师范专科学校要办高师班，才把她抽调回来。娄警予担任政文班的语文教师，并任班主任。她一如既往地精心备课、认真教课，努力做好教育教学工作。她的努力没有白费，从她班级毕业的学生后来有很多成了好干部、好教师。粉碎"四人帮"后，长春师范专科学校升格为长春师范学院，娄警予先后任学院副院长、院长。1986年12月至1994年2月任长春师范学院院长期间，她开源节流，勤俭办学，在任期内还清了学院所有的欠款。为了学院的发展，她不顾个人面子，利用中国有色金属总公司召开全国矿山工作会议的机会，再三请求厂长、矿长支援学院，最终获得了近60万元资金，为学院盖了一幢教学楼。由于长春师范学院隶属于中国有色金属总公司，世界银行贷给地方师范学院的款项，长春师范学院是享受不到的。但娄警予没有放弃努力，最终以"我院也为地方培养师资"为由，使国家教委、省教委同意把长春师范学院列入相关名单，学院获得了价值100万美金的教学仪器设备，教科研硬实力得以增强。

1994年11月，娄警予回到家乡，在她当年的老师刘亢青的陪同下回到母校，感谢母校的培养，并题词"为母校骄傲自豪，祝母校欣欣向荣"。

金同轨

金同轨

金同轨（1935— ），江苏常熟人。中国民主同盟盟员，给排水工程专家，西安建筑科技大学环境与市政工程学院博士生导师，同济大学环境学院兼职教授，国务院政府特殊津贴获得者。曾任西安建筑科技大学环境工程系实验室主任、环境工程研究所副所长，第一、第二届全国高校给水排水工程学科专业指导委员会委员，中国土木工程学会水工业分会理事。

1913年至1928年，金同轨的爷爷金鹤清任常熟县立女子高等小学校校长。金同轨四五岁时，父亲金珣华因病去世，母亲张臻兰在石梅小学任教维持全家生计，金同轨在艰难中读完小学。1948年起先后在孝友中学、中山中学读初中、高中，因家庭经济困难，考入不收学费的华东交通运输干部学校一年制交通工程科，毕业后到苏南地区从事路桥测量与施工工作。1952年，金同轨考入同济大学上下水道专业，从此，他与水结下不解之缘。

1955年，金同轨进入苏联基辅建筑工程学院给排水专业学习。经过5年勤奋刻苦学习，他掌握了丰富的理论知识，拥有了独立实践能力。1960年，他以优秀成绩毕业，获得土木工程师学位。回国后被分配到西安冶金学院给排水教研室工作，讲授给水处理、污水处理、给水管网等课程，还要组织学生实习，指导学生的毕业设计。按当时有关规定，每班只需承担一个毕业设计题目，但金同轨要求每位学生承担一个题目。他明确设计规范，优化设计程序。1965至1966年，他与陕西省化工设计院合作指导学生的毕业设计，完成了多个氮肥厂取水和水处理设计，为宝鸡氮肥厂设计了当时技术比较领先的大口辐射井，该井成功出水。1966年带领学生配合北京钢铁设计院进行供水设计，在石景山钢铁厂进行运用聚丙烯酰胺处理高炉煤气洗涤水的试验研究，为第二年攀枝花钢铁厂汽顶吹转炉废水处理做了技术储备，也为处理高浊度水打下了基础。

西安属于水资源匮乏地区，黄河高浊度水处理是金同轨工作的重要内容。1973年，他与南昌有色冶金设计研究院林巨源合作，承担冶金工业部中条山有色金属公司黄河水源高浊度水净化的试验研究。他们共同设计了黄河取水设施、试验设备系统，利用高分子絮凝剂和阴离子、阳离子型产品，在黄河岸边进行高浊度净化试验研究。为了取得真实可靠的水文数据，他们在水里泡，在泥里滚。洪峰过后，他们还要及时抢修被破坏的实验设施。1973年至1980年，他先后为中条山有色金属公司和郑州铝厂进行大规模高浊度水净化试验研究，泥沙浓度超过100kg/m^3的浑水净化试验研究成功。研究成果应用于郑州铝厂黄河水净化工程设计中，使该工程设施成为全国第一个不设预沉池的大型黄河高浊度水净化设施。1991年，金同轨对郑州铝厂黄河水净化生产系统进行改进，提出了投加絮凝剂自动控制的闭环反馈系统方案和以比表面积论点为基础的投药量数学模型，控制关键参数。试验取得成功，为铝厂的生产安全提供了重要保障。1985至1986年，金同轨将黄河水净化研究成果，应用于宁夏回族自治区大坝电厂黄河水净化工程设计，该工程顺利投产。20世纪90年代中期，他又为该厂高浊度水絮凝后沉淀再浓缩进行试验研究，浓缩池工艺计算作为试验研究成果直接应用于该厂的工程设计中。

西安市地下水不能满足城市用水要求，金同轨利用水司化验室一位老主任提供的浐河水文资料，提出利用地面水资源减轻地下水负荷的建议，最终，只花了一万元就建成了出水量为10000m^3/d的混凝沉淀池，为采用地面水做出了最初的实证。金同轨参与了对西安市曲江水厂初步设计的评审，主持西安市南郊水厂的设计评审，保证了水厂的顺利建成。20世纪80年代至21世纪初，他还参与了西安市地下水工程设计以及大型地面水厂的选址、工艺方案设计、工程设计、设备选择等关键项目，其中大部分项目由他担任专家评审组组长。

金同轨走遍黄河流域，对高浊度水进行持续研究，分别在黄河上中下游进行试验研究，获得了大量成果，同时在实验室也取得了规律性研究成果。他在国内首先提出了黄河高浊度水处理时，絮凝剂的投量不但与泥沙浓度有关，而且还与泥沙颗粒因素有关的论点，并总结出计算关系公式，这在国际也属首创。他还提出高浊度水自然沉淀的初步规律和界面沉速的关系式。他提出的高浊度水在上向流斜板中沉淀的计算式被称为“金同轨公式”，载入2001年出版的《水工业工程设计手册：水资源及给水处理》。

金同轨还长期从事水质处理以及水资源回收利用的研究，获省部级科技进步三等奖2项，厅局级科研成果奖2项；主持并完成2项国家自然科学基金项目，3项省部级研究课题，共发表80多篇论文，主审2部教材；20世纪80年代以来，指导培养硕士生29名、博士生5名。

1993年获国务院颁发的政府特殊津贴。2000年被评为中国水工业有影响的专家学者。

退休以后，金同轨参加深圳水务集团博士后出站报告评审，主持深圳市污水处理厂以及深圳市京基100大厦、平安大厦建设项目环境影响技术评估工作，多次参与深圳市人居环境技术审查中心报告书的评审以及环评单位的年终考评。

赵开生

赵开生

赵开生(1936—),江苏常熟人。著名评弹表演艺术家,上海评弹团一级演员、苏州评弹学校客座教授、第四批国家级非物质文化遗产项目苏州评弹代表性传承人。曾先后参加《蝶恋花》《珍珠塔》《秦香莲》《陈圆圆》《红梅赞》《青春之歌》《战地之花》《春草闯堂》《三斩杨虎》等演出。

赵开生幼年丧父,家境拮据,在县立石梅小学只读了几年就中途停学。无力负担房租的母亲,只能带着两个儿子到家族祠堂里栖身。母亲白天为人浆洗衣服、绣花,夜里还要纺纱。许多年后,当他唱起《珍珠塔》有关纺纱的情节时,童年场景总会回到眼前。

祠堂里还住着另一户人家,家主是评弹票友,正式拜过师父下过海,平时在祠堂起居,也仍曲不离口。久而久之,赵开生耳濡目染,也学会了四句《方卿见娘》。赵开生10岁那年,常熟电台开播,这位邻居带着赵开生前去凑热闹。赵开生的第一次亮嗓,就是在家乡的电台里唱这四句《方卿见娘》。赵开生的寄母是陈希安的母亲,她见孩子是这块料,就将他推荐给在上海已经走红的评弹演员陈希安。1948年冬,13岁的赵开生拜陈希安师兄、弹词名家周云瑞为师。

周云瑞为打开他的艺术之门，常给他零钱，让他有空多去看电影，去大世界，多看看京剧和其他种类的艺术样式。他第一次在电台演出后受到好评，周云瑞及时提醒他："你现在是小孩子穿件大衣服，看起来很大，剥开来芯子只有一点点，不能骄傲啊！"赵开生默默记住了师父的话。

上海解放在即，周云瑞将一部《珍珠塔》剧本交给赵开生，嘱咐他回乡研读。回到常熟后，赵开生和饶一尘凑在一起练习《珍珠塔》，到各个村子表演，没想到观众爆满。他们连唱了20多天，好评不断，两人各拿到5斤竹笋当报酬。

在苏浙一带有了名气后，上海的书场也来请赵开生、饶一尘演出。那时候两个人都才20岁上下，在上海居然也一炮打响。1959年，赵开生加入上海长征评弹团，此后又与饶一尘加入上海市人民评弹团（现上海评弹团）。

赵开生说表细腻，弹唱工整，一曲《蝶恋花》，蜚声50载。1958年，年轻的赵开生提出用评弹曲调为毛泽东词《蝶恋花·答李淑一》谱曲，这是一次没有先例的大胆尝试。1961年春节，由赵开生作曲的评弹开篇《蝶恋花》在上海音乐厅正式演出，22岁的余红仙领唱，200人伴唱，大型交响乐团伴奏，一曲终了，掌声如雷。赵开生精益求精，反复修改，终于使《蝶恋花·答李淑一》成为评弹经典，登上交响合唱殿堂，进京得奖，出国演出，受到周恩来、陈云、陈毅、叶剑英等领导人的肯定。人们称赞弹词开篇《蝶恋花·答李淑一》是把苏州评弹推向全国、推向海内外的里程碑之作。此后，他又为毛泽东的多首诗词谱曲，并创作《壮烈琵琶情》《西厢记·请宴》等弹词开篇十几支。

赵开生一心扑在评弹事业上，到40多岁才成家。他除了积极创作新曲，还重视传统剧目的整理。1984年，赵开生到北京参加国庆会演，获陈云同志接见和鼓励。此后，赵开生在周云瑞流派的基础上，对自己的成名作《珍珠塔》进行精心修改，逐步形成了自己的演唱风格，被听众誉为"老书出新意""常说常新"。

新编书目《青春之歌》是赵开生对评弹艺术的又一次积极尝试。作品刚问世就得到了陈云的关注，陈云多次写信提出修改意见，鼓励他们，并为他们进行采访和查找资料提供了很多帮助。赵开生在北京大学演出《青春之歌》，引起强烈反响。学生们在座谈会上说："评弹《青春之歌》太精彩了，你们的演出告诉我们曾经发生在北大校史上的那段壮怀激烈的经历。”

退休后，赵开生将精力放在评弹音乐的传承创新上，他追求“旧曲新唱”，强调特定情景、特定人物的特定情感，达到“如见其人，如闻其声”的艺术效果。赵开生是苏州评弹团艺术顾问，在他的指导下，苏州评弹团创作的中篇评弹《大脚皇后》荣获中国曲艺牡丹奖、第六届江苏省“五个一工程”优秀作品奖等众多奖项。2016年，他晚年倾注心血最多的作品《评弹〈珍珠塔〉赵开生演出本》首发。在东方卫视2019年春晚的舞台上，84岁满头银发的赵开生与身着一袭红色旗袍的歌手李宇春用三弦联袂弹奏《茉莉花》，曲声悠扬，令人陶醉。目前，他正抓紧创作长篇评弹《文徵明》，用苏州评弹的唱腔为白居易名篇《琵琶行》谱的曲也已九易其稿。

王美卿

王美卿

王美卿（1936— ），上海市人。中学高级教师、江苏省语文特级教师。先后获评全国先进儿童少年工作者、全国三八红旗手和江苏省劳动模范等称号，曾当选江苏省人大代表、江苏省妇女代表，担任全国九年义务教育优秀电教教材评委、江苏省中小学教材审查委员会小学语文教材审查组审查委员、江苏省《小学语文课本实验研究》副主编。

王美卿幼时家境贫寒，受老师的鼓励和影响，选择师范专业，考入南京师范学院教育系。1961年毕业后被分配到常熟练塘小学工作，一年后调至石梅小学。1969年下放到任阳公社，1971年9月回到红梅小学任教。她以高度的责任感和事业心，在小学教育的园地勤奋耕耘了50多个春秋。

上好课，首先要备好课，既要备教材，又要备学生。为了教一年级孩子汉语拼音“u”的准确发音，她在虞山大戏院欣赏上海管弦乐团笛子吹奏技艺时，反复模仿演奏者的口形；为了证实“血”字在不同的语境里有不同的读音，她深更半夜收听电台的卫生专题节目；为了使低年级学生较快地掌握汉语拼音，她放弃集体秋游，花了两天时间，设计并制作出能拼出四百多个音节的“拼音盘”。

她经常利用寒暑假潜心钻研教材，精心备课。一次，母亲催她返沪共度春节，但为了静心研究即将启用的新教材，她还是留在了常熟。为了不受外界影响，她还请邻居帮她说谎，说王老师回上海去了。

王美卿主张教学方法要有“个性”，必须因材施教。同事和听过她上课的老师赞扬她“旧课新教，常教常新”。学生要写观察雷雨的日记，她请电教组老师帮助，对电视和电影中有关雷雨的影像进行剪辑，放给学生观看。孩子们如临其境，感受逼真，写出了理想的观察日记。江苏省电教馆为这一节写作指导课录制视频进行推广。全国各地教育界人士慕名到石梅小学观摩王美卿的课。她应邀在国家教委举行的全国教育系统劳模会议上做经验介绍，受到与会领导和老师的一致肯定。

1998年退休后，王美卿依旧把学校当成自己的家，用心守护她耕耘了几十年的教育园地。她应邀加入常熟市教育局讲师团，经常到其他学校送教，在城乡巡回讲演80多次；依托“王美卿导师工作室”和“劳模创新工作室”，指导培养青年教师数百人，其中有数十人被评为常熟市级、苏州市级语文学科教坛新秀、教学能手、学科带头人、名教师、优秀班主任。退休至今，王美卿在省级以上刊物发表论文30篇。她说，退休后的生活才是她梦想的启航。

王美卿一直过着清贫、俭朴的生活，住的是20世纪80年代学校提供的老房子，面积不足30平方米。家里没有一件像样的家具和电器，窗帘是用碎布缝制的，睡衣破了也舍不得扔，鞋底坏了补了再穿，她把自己所有的积蓄都捐献给了她热爱的教育事业。1996年，苏州市教育局聘请她担任苏州外国语学校执行校长，她用学校所发的全部奖金购买了数码相机、扫描仪、电风扇等设备，捐给石梅小学。1998年，她设立“王美卿教育奖励基金”，奖励石梅小学优秀青年教师。2000年，她出资50多万元，把获得国家发明专利的“王美卿拼音盘”制成教具，捐给学校供学生无偿使用。2017年8月，王美卿倾尽积蓄，捐资60万元，设立“石梅小学爱心奖学金”，奖励在“善心、善言、善行”方面表现优秀的学生。她成为在常熟市财政局设立“爱心奖学金”财政专户的第一人，成为在常熟市公证处为捐资奖学进行公证的第一人。她向全校学生发出倡议，希望每一个石梅学子都能成为“写好字、能自理、守规则的石梅小院士”。在退休后的20年里，王美卿累计向学校捐款110多万元。

2017年11月，82岁的王美卿因劳累过度而不省人事，幸得学校老师发现并及时送医救治。曾有人问她："这么大年龄了，还拼命工作，为什么不在家颐养天年？"她说："石梅培养了我，石梅给了我第二次生命，石梅就是我的家。我只想在有生之年，为石梅多做些有益的事情，能为孩子们的健康成长多出一点力。"

2015年，常熟市档案局把见证王美卿献身教育事业的1000多件实物、文稿、影像资料，全部征集入馆保存。2019年10月，王美卿被评为苏州市"新时代好人"；2020年8月，被评为"江苏好人"。苏州电视台大型专题访谈节目《学而时习之》和新闻节目《社会传真》对王美卿的先进事迹进行了报道宣传。2020年9月，中央电视台《新闻直播间》栏目报道了王美卿一生简朴却捐资助学110多万元的感人事迹。王美卿的感人事迹经中央电视台报道、人民网微博发布后，相关新闻内容先后收获1亿多阅读点击量、7万多点赞、2000余条评论，她被网友们称为"最美教师"。

"鹤发银丝映日月，丹心热血沃新花"，这是王美卿崇高精神品德的真实写照。

金同旭

金同旭

金同旭（1937— ），江苏常熟人。历任原农牧渔业部副处长、中国农牧渔业国际合作公司第一副总经理、中农公司驻柬埔寨代表处首席代表。

金同旭3岁时，父亲因病去世，家境贫寒，仅靠母亲张臻兰在石梅小学任教维持全家生计。1944年，金同旭进入石梅小学读书，他与哥哥金同轨一样读书刻苦，成绩优秀。1949年小学毕业，考入常熟县立初级中学。1952年考入苏州农业专科学校园艺专业。3年学习期满后，组织上指定金同旭报考上海外国语学院俄语系，以配合苏联专家来华援助我国经济建设。1959年毕业后，被分配到农业部对外联络局。

1960年，我国与阿尔巴尼亚的友好往来日渐增多，而俄语在阿很普及，金同旭多次接待来华进行技术交流的阿尔巴尼亚农业专家，也多次陪同我国专家赴阿尔巴尼亚考察。“文化大革命”开始后，农业对外交流业务全面停顿，金同旭被安排到河南省西华县“五七”干校劳动。1975年至1978年，为保证落实周恩来关于7000万亩棉田的指示精神，他参加由农林部、商业部、全国供销合作总社联合组织的国务院棉花工作组，先后赴山东、江苏两省调研。

1978年，金同旭回到农林部对外联络局，工作由翻译转为外事行政，主要开展对欧美各国的经济合作，重点是引进先进技术、设备，输送专业技术人员赴国外接受培训。1979年，金同旭随同农业部领导前往西德、英国考察，负责合作项目的落实，为我国农业部门与西德农林食品部的合作打开了大门。双方决定成立两国农林食品工作组，每年轮流在两国召开工作例会，商定每年数十个具体合作项目，涉及农业、林业、畜牧、食品加工、农业机械、农业化学、农产品出口等领域。

改革开放初期，金同旭先后陪同农业部、轻工业部领导到丹麦、荷兰、挪威等国访问交流，争取项目。通过他的努力，促成的无偿援助项目有：北京农业大学教育科研培训中心、山东临沂地区人畜饮水改造工程、浙江金华种畜人工授精站、山东东营奶牛、黑龙江农业信息中心、南京长毛兔改良及引进兔毛纺织设备、湖南长沙农业学校食品加工实验中心、意大利能源培训中心等。此外，还促成了北京农业大学与西德霍恩海姆大学建立校际联系，中国农业科学院与意大利科学院确立双边科技合作关系。通过中德双边农林食品工作组，引进奶牛、警犬、肉用种鸡、玉米、甜菜和芦笋等优良品种。在饮料工业方面，引进了啤酒、糖化设备和灌装生产线等。经金同旭派出和接待的各类代表团有30多个，签署的技术设备引进合同有20多项，派遣到西德接受培训的各类专业技术人员有300多人。金同旭还多次陪同外宾接受华国锋、李先念、万里、姚依林、陈慕华等领导人的接见。

由于工作成绩突出，金同旭被推荐参加中央党校干部进修班深造学习。1988年，农业部党组任命金同旭为中农公司第一副总经理。中农公司是国家一级大型企业，专门负责中国政府援助发展中国家的农业项目。1990年，金同旭赴塞拉利昂考察情况，与塞方外交部长签署正式合作协议，为中农公司争得了良好的声誉和明显的经济效益。

1991年，金同旭率领专家组出访扎伊尔，经过数个月的实地勘察、调查，顺利完成设计任务。1992年，金同旭率领代表团访问柬埔寨，与柬方商业、农业、工业、计划等部门负责人进行对口会谈，与柬埔寨商业部部长、农业部部长签署合作文件。此后，中农公司在柬埔寨设立代表处。1995年，金同旭出任中农公司驻柬埔寨代表处首席代表。1997年退休后，金同旭继续关心着中国和其他国家的友好往来与合作交流情况。

钱文辉

钱文辉

钱文辉（1937— ），江苏常熟人。江苏省特级教师、常熟市教师发展中心高级讲师、著名文史专家。中国散文学会会员、中国训诂学会会员、中国唐代文学王维研究会会员、江苏省鲁迅学会会员、江苏省语言学会会员、常熟市文联艺术指导委员会委员。曾任江苏省教委师范系列高级职称评委、常熟市政协第六至第九届常委、常熟市政协文史委员会副主任。现任常熟市政协文史委员会特邀顾问、常熟市文体广电和旅游局江南文化研究室成员、常熟市翁同龢研究会理事长、常熟市言子文化研究会特聘顾问、常熟市黄公望文化研究会首席学术顾问、常熟市钱谬研究会秘书长、《常熟文库》专家委员会成员及主编、常熟史志协同创新研究中心学术顾问、北京大学苏州校友会理事。

1949年，钱文辉从石梅中心国民学校毕业。1955年从江苏省常熟中学毕业，考入北京大学中文系。1960年以优异成绩毕业，被分配到北京郊区怀柔县文教局当语文视导员，后到红螺寺中学任教。虽然未能如愿从事文学研究工作，但他教书育人，诲人不倦，成绩突出，被评为北京市优秀教师。

在北京工作十几年后，抵不住对家乡的热爱和思念，1971年，钱文辉回到常熟，进入常熟市教师进修学校工作。他在进修学校开设的课程几乎囊括中文专业的全部科目，授课时思维敏捷，旁征博引，诙谐幽默，妙语连珠，形成了实、活、准、巧、新的教学特色，得到师生的一致好评。

钱文辉博学多才，兴趣广泛，数十年如一日，认认真真教书，孜孜不倦做学问。著作门类除语文教学研究外，还涉及语言研究、文学研究、历史典章研究、文学理论研究、文学鉴赏和文学创作，著作字数200多万。学术论文发表在南开大学、北京师范大学、华东师范大学等20多家著名大学的学报上，并被广泛转载、引用。有一些学术见解，还被全国中学语文教材所采纳。

钱文辉长期从事常熟文史研究工作，发表学术论文100余篇、散文及文史杂论200多篇，主编或编审有关常熟文史的书籍数十部。出版《钱文辉文集》《唐代山水田园诗传》《琴川杂说》《常熟文史纵横谈》等著作。主编或编审《江南言子故里碑刻集》《常熟碑刻集》《常熟市碑刻博物馆碑拓精粹》《历代名人咏常熟》《〈何典〉（新注本）》《常熟国家历史文化名城词典》等。参加编撰的著作有《中国文学史》《增订注释全唐诗》《二十四史精华》《中国历代治国策选粹》《清诗鉴赏辞典》《近代诗歌鉴赏辞典》《江苏方言总汇》《中学语文教材析疑》《常熟国家历史文化名城词典》《常熟市志》《常熟状元》《虞山文化流派》《让国南来——仲雍》等17部。

《钱文辉文集》分上下卷，计50多万字。上卷《往事踪影》主要回忆钱文辉5年的北京燕园求学生活，追忆北大校长马寅初，中文系主任杨晦，中文系教授游国恩、吴组缃、林庚、王瑶、王力、高名凯、周祖谟、朱德熙、吴小如，以及哲学系宗白华、俄语系曹靖华等先生，还有钱文辉对郭沫若的访问、对曹禺的记述等。这些作品有的曾在《人民政协报·春秋周刊》《散文》《中国当代散文精选》《中华读书报》等报纸、杂志刊出，有的在央视国际频道播出，有的被港台书刊转载，影响广泛。下卷《读书赏评》主要收录历年来为多种文学鉴赏辞典撰写的赏评类文章，涉及古典诗歌、散文、小说和中国现代文学多个领域。中国社会科学院荣誉学部委员、中央文史研究馆馆员杨天石和《文学自由谈》原常务副主编、美国21世纪文化开发公司总经理汪宗元分别为《往事踪影》《读书赏评》作序并题写书名。

钱文辉主编的《江南言子故里碑刻集》汇集了148块碑刻拓片，内容涉及政治、经济、文化、宗教等多方面，从辨识碑文到点校，前后花了近5年时间，其中《琉球国书》碑文是200年来首次被破译。

“让历史文化‘活’起来，服务于当今社会”是钱文辉不懈的追求，他说：“常熟是一块文化宝地，文史工作者有责任把古代先贤们留下的文化精华介绍给当今的人们，让大家热爱常熟的文化，继承常熟文化的精神。”

薛小飞

薛小飞

薛小飞（1939—2012），江苏常熟人。著名苏州弹词表演艺术家、国家一级演员、中国民主促进会会员、中国曲艺家协会会员、江苏省非物质文化遗产苏州评弹代表性传承人、苏州弹词流派唱腔“小飞调”创始人，曾任苏州市评弹团艺委会主任、苏州市评弹团名誉教授。

1946年，薛小飞到石梅中心国民学校读书。常熟是苏州评弹的第二故乡，薛小飞父亲薛西平、叔父薛西亚均酷爱弹词。在弹词艺术熏陶中长大的薛小飞，八九岁时就能自弹自唱。1950年11月出版的《上海书坛》第176期《常熟评弹艺人劝募寒衣会书》，报道了他幼年首次登台演出的情况：“第一档：由票友薛西亚君携九岁小弟弟登台，弹唱薛君手编的《劝募寒衣》开篇，九岁幼童，能弹能唱，非常难得，唱的又是很有意义的词句……”

1950年，12岁的薛小飞拜弹词名家朱霞飞为师，开始学说《珍珠塔》。1953年，他和表姐邵小华联袂说唱《珍珠塔》，一年之后进上海演出，凭着精湛的说唱技艺脱颖而出，成为蜚声书坛的“小双档”。1955年，薛邵双档加入由弹词名家魏含英担任组长的上海评弹实验第五组，并拜魏含英为师，继续学习魏派《珍珠塔》的说表与弹唱。魏含英驰名书坛数十年，说唱飘逸潇洒，有“活方卿”美誉；

更兼乐助善教，是评弹界有名的“孟尝君”。薛小飞的说唱和做人之道均继承魏氏风格，台风飘逸，口齿清脱，唱腔上亦有进一步的完善和发展。

薛小飞曾经唱过蒋调、张调、沈调、尤调等他所喜欢的流派唱腔，但总感觉不管是唱先生的流派还是唱别人的流派，总是不够酣畅淋漓，无法完全表达自己对唱腔的理解。于是，他在演出中逐渐改变了“简单模仿”的做法，试着根据自己低音区的发声特点、气息的运用特长以及邵小华琵琶伴奏的优势，对魏调声腔进行丰富和革新，在小腔转换中还吸收了蒋调、尤调等流派的神韵，在20世纪50年代末形成了新的弹词流派——小飞调。

小飞调在继承魏调演唱的气息和神采基础上有所创新和发展，加之邵小华的琵琶伴奏又与他的演唱高度默契，曲调声腔与琵琶伴奏之间产生了浑然天成的整体美感。由薛小飞演唱的《珍珠塔》之《哭诉》《二见姑》《婆媳相会》《诉恩人》以及与邵小华对唱的开篇《我的名字叫解放军》等都成为流传至今的经典之作，风靡沪上，享誉苏浙。小飞调的创立是对评弹流派声腔艺术的又一次重大丰富和发展。

1956年，薛小飞和上海评弹实验第五组成员一起创立常熟市人民评弹团，1959年随团调至苏州专区评弹团，1960年被抽调至苏州市人民评弹团，1961年转入苏州市评弹三团，1970年被下放至“五七”干校劳动，1971年被调入苏州人民灯泡厂，1978年被调回苏州市评弹团重返书坛，1999年12月退休。

薛小飞是一位严谨治艺、勇于创新、为人低调的苏州评弹艺术家。几十年的书坛生涯中，他长期奔波于苏浙沪地区的书场码头，曾先后说唱《珍珠塔》《二度梅》《梁祝》《秦香莲》《何文秀》《琵琶记》《蝴蝶杯》《九八案件》《白衣血冤》《老鸦外传》等众多篇目，并应邀到加拿大等国家和中国香港等地区交流演出，在海内外听众中享有声誉。

为表彰薛小飞对苏州评弹艺术事业的突出贡献，江苏省文化厅授予他“江苏省非物质文化遗产苏州评弹代表性传承人”称号，江苏省文联授予他“江苏曲艺芦花奖·终身成就奖”。

2012年9月3日，薛小飞先生与世长辞。

黄仁涛

黄仁涛

黄仁涛（1939— ），江苏常熟人。著名地图学专家，武汉大学资源与环境科学学院教授、博士生导师，中国测绘学会资深会员，国务院政府特殊津贴获得者。曾任九三学社湖北省委员会副主任委员，湖北省土地学会第二至第五届副理事长，湖北省第十届人大代表、人大常委，湖北省第十届人大环境与资源委员会委员，湖北省政协第六至第八届委员及第七、第八届常委。

1946年到石梅中心国民学校读书，1951年跳级进入常熟县中学，1954年考入江苏省常熟中学，1957年考入武汉测绘学院制图系，1962年大学毕业后留校任教。从助教、讲师、副教授一直升至教授，他在平凡的岗位上做出了不平凡的业绩。他一直承担地图制图专业的教学工作，教授数学制图学、普通地图编制、地图绘制等科目。他善于运用多种教学手段开展教学，将教材制成幻灯片和电视片，使教学形象生动，深受学生欢迎。20世纪70年代末，黄仁涛转向专题地图制作研究工作。当时，专题地图制作还是一门新兴学科，为了编出一本系统完整的教材，他夜以继日地查阅国内外有关资料，收集、整理、翻译了国外有关各种类型地图表示法及特色符号的资料。1982年，他与张克权合作撰写了我国测绘界第一部关于专题地图的教材《专题地图编制》。

武汉大学测绘学科在国际测绘界占有重要地位，是国际公认的“世界最好的测绘学科教育和科研机构之一”。黄仁涛在科研与教学中，始终坚持理论与实践相结合，为解决经济、科技和社会发展中的一些重要技术问题奉献了智慧和热情。他认为，专题地图的价值在于以多种表现形式和特有的方法，与计算机制图和遥感制图相结合，广泛应用于国民经济各个领域，为经济建设服务。他曾被湖北省土壤普查小组和农业区划办公室聘为技术顾问，用所掌握的专业知识为土壤普查和农业区划服务，使湖北省的土壤制图及农业区划制图水平跃居全国前列。1986年起，他从事省、市级经济地图集编制和国土资源调查与制图。1989年，他又投入城市地图集的编制工作中。

黄仁涛先后出版7部专著，发表《中国城市制图的研究》《中国社会发展水平评价及动态制图》等学术论文近50篇，主持编绘设计以及参与编制省、市综合性地图集40余部，担任12集系列教学电视片《专题地图编制》的编导和主讲人。

黄仁涛主持编绘设计、参与设计或指导设计的地图作品获得中国测绘学会优秀地图作品裴秀奖的金奖和银奖。此外，还获得国家科技进步三等奖2项，省、部级科技进步一等奖2项、二等奖2项、三等奖7项。《中国卫星影像地图编制》在美国华盛顿举行的世界遥感大会上获“最佳展示奖”。1996年，他主持编制的《深圳市地图集》得到地图学界的高度评价，该地图集1999年在加拿大渥太华国际地图大会上荣获“杰出作品奖”，这是我国地图作品首次在世界上获得大奖。黄仁涛曾获得美国洛克菲勒基金会的赞助赴意大利进行国际合作研究，受邀到东京、名古屋和津巴布韦等地举办学术讲座。

2010年12月，黄仁涛专门回母校参观，表达对母校的感恩与眷恋。

孙锦荷

孙锦荷

孙锦荷（1939— ），江苏常熟人。教授、博士生导师、国务院政府特殊津贴获得者。曾任浙江农业大学原子核农业科学研究所所长，中国原子能农学会常务理事，浙江省原子能农学会理事长，《原子能农业应用》《核农学通报》《核技术》杂志编委，《核技术农业应用》统编教材副主编。

1951年从常熟师范附小毕业，1957年考入华东师范大学化学系反射化学专业，1962年毕业后被分配到浙江农学院核农所工作。长期从事核技术农业应用的教学和研究，主讲放射化学、核技术农学应用等课程，先后指导培养硕士生2名、博士生7名。

20世纪60年代初，农药的广泛应用导致农作物产品被污染和人畜中毒等问题比较突出。孙锦荷将研究方向定于将同位素技术应用到农业科学和环境科学，利用同位素示踪技术对农药残留问题进行研究。要获取农药残留的所有信息，就要有标记农药。农药有了标记，才能在跟踪中辨析。为此，孙锦荷在陈子元院士的带领下，开始进行放射性同位素标记农药的合成研究，成为我国最早把同位素技术应用于农药残留研究的专家。

1963年，为了搞清农药在茶叶中的残留，孙锦荷和陈子元不顾危险，带上有放射性物质的碳–14标记化合物，骑自行车到杭州转塘的中国茶叶研究所，对标记农药在茶叶中的反应进行研究。所谓合成就是将标记核素引入农药的分子中，农药因为有了标记核素做标识，流到哪里都能被跟踪。如有机硫农药的合成，首先使农药分子含有硫–35核素，然后才能进行技术跟踪。这个过程非常复杂，将放射性核素与农药分子合成时，对每一步反应都要详细记录。温度、压力、比例等都要经过反复试验，反复记录。他们经历了一次次失败，使用了不同的试剂，终于成功合成。

当时，农药残留问题还没有引起国内重视，他们的研究还没有得到国家相关部门的支持，难以立项。尽管如此，陈子元和孙锦荷一直没有停止这方面的研究。在极端困难的情况下，他们硬是应用同位素示踪技术对多种常用农药在水稻、棉花、桑、茶、中药材中的吸收、残留、转移、消失和分解的规律进行了系统研究，明确了农作物农药残留量的多少与施药的数量、次数、时期、方式等方面的关系。

20世纪70年代，农林部决定制订一部《农药安全使用标准草案》。陈子元牵头，孙锦荷作为成员之一，和全国40多个单位一起参与专项课题研究。经过6年研究，课题组共编制出29种农药与19种作物组合的69项农药安全使用标准。1978年，该项目获全国科学大会优秀科技成果奖和农林部技术改进一等奖。1979年，我国第一部《农药安全使用标准（草案）》编制完成。1984年，正式颁布实施。

孙锦荷40年来从事科研工作一贯兢兢业业，治学严谨。她还从事过7种放射性标记农药的研制，就农药环境行为对农业生态环境的影响开展深入研究。她主持过多项国际原子能机构资助项目的课题和合作项目的研究，发表论文50多篇，主编和参编专著5本；获科技成果10余项，包括国家科技进步奖三等奖，部、省科技奖项；曾入选国务院学位委员会第四届学科评议组成员。1991年，获农业部“全国农业环保先进工作者”称号；1992年，获浙江省“三八红旗手”“巾帼建功先进个人”等称号，同年，获国务院政府特殊津贴。

朱泳燚

朱泳燚

朱泳燚（1940— ），上海人。江苏省中学语文特级教师、江苏省有突出贡献的中青年专家、首批江苏省名教师、国务院政府特殊津贴获得者。先后被聘为江苏省中小学教材审查委员会中学语文教材审查委员、人民教育出版社特约编审。

朱泳燚童年和少年时代的大部分时间，跟随父母在常熟生活。1951年上半年，他从塔前小学转学至石梅中心小学读书。在常熟师范读书时，担任学校黑板报副总编辑，编辑墙报、油印小报，以“鲁青”为笔名写作诗歌、散文。1955年，朱泳燚考入江苏省洛社师范。其间，创作的诗歌《年轻的架线工》获得无锡地区青年业余文艺创作比赛甲等奖，在中国社会科学院语言研究所学术刊物《中国语文》上发表语言评析文章《语文短评》。

1958年，朱泳燚被选送到江苏教育学院中文系深造。1960年毕业前夕被抽调至教材编写组，参加江苏省农业中学语文教材编写工作。毕业后的5年里，他多次被江苏省教育厅借调，参加省农村初级中学和省农业初级中学语文教材的编写工作。除挑选课文、组织单元、编写注释、设计练习外，还负责编写10多篇语言知识短文和说明文，说明文《看云识天气》先后被全国多套语文教科书选用。

朱泳燚先后在苏州地区教师进修学院、常熟教师进修学校、常熟市第二中学、江苏省常熟中学等校任教。在历届学生眼里，朱泳燚“脸庞上总带着长辈特有的亲切微笑”“上课生动有趣，经常旁征博引，谈古论今”“大概是潜心研究学问的缘故，从不讲究衣着”“举手投足，处处显现出儒雅学者的风度”。

朱泳燚治学勤奋刻苦，学风严谨细致。与著名文学家、教育家叶圣陶就语文教学和语言研究保持书信联系。1983年8月15日，朱泳燚应邀到北京叶圣陶家中与叶圣陶亲切会面。复旦大学教授胡裕树称赞他是“在比较修辞学这块处女地上辛勤的耕耘者”“我国最早开始比较修辞学研究的第一人，也是到目前为止最有成就的一个人”。

1984年，朱泳燚被评为江苏省语文特级教师。从1986年起，朱泳燚多次参加人民教育出版社的多套语文教材编写，如重点中学教材《写作》、初中教材《作文·汉语》等。1988年，获得江苏省有突出贡献的中青年专家称号。1990年，被江苏省教委聘为江苏省中小学教材审查委员会中学语文教材审查委员。1993年，被人民教育出版社聘为特约编审。先后参加国内两套九年制义务教育初中语文新教材的编写，并主编了《语言表达》《科学小论文写作》两本高中语文选修课教材。朱泳燚还参加江苏教育出版社、麦克米伦出版（中国）有限公司多套语文教材的编写工作，参与编写中国香港特别行政区中学语文教材编写工作。

1996年，朱泳燚入编《中国著名特级教师教学思想录·中学语文卷》（由国家教委主编，全国范围仅遴选13位中学语文特级教师）。1997年，朱泳燚获国务院对有突出贡献专家颁发的政府特殊津贴。1999年，被评为首批江苏省名教师。

朱泳燚长期从事语文教学和语言研究，先后当选为中国修辞学会、江苏省语言学会、江苏省中学语文教学研究会、全国叶圣陶研究会、江苏省叶圣陶研究会理事。1986至1987年，1994至1995年，受国家教委聘请，参加九年制义务教育初中和全日制普通高中《语文教学大纲》的起草、修订工作。

朱泳燚在语文领域辛勤耕耘半个多世纪，先后在《中国语文》《语文学习》《中学语文教学》《课程·教材·教法》《江苏教育》等杂志发表语言研究、语文教学研究和教学经验方面的论文300多篇。他的专著《叶圣陶的语言修改艺术》一书，获江苏省哲学社会科学（1978—1984）优秀成果奖，1988年全国首届优秀教育图书评比一等奖。

邓蘅仪

邓蘅仪

邓蘅仪（1941— ），祖籍四川成都。中小学高级教师，全国优秀教育工作者，全国五一劳动奖章获得者，江苏省特级教师，江苏省优秀教育工作者，江苏省劳动模范，江苏省三八红旗手，江苏省第七、第八届人大代表，苏州市首届名教师。曾担任苏州市平江区实验小学校长、平江区人民政府教育督导室副主任。

邓蘅仪在安徽合肥度过童年，因母亲病重，父亲事务繁忙，到常熟外婆家暂住，1948年插班进入石梅中心国民学校二年级。1953年进入常熟县中学读书。初中毕业时，响应“知识青年到农村去做新式农民”的号召，到郊区公社劳动锻炼，一年后考入江苏省常熟中学。不久，常熟师范开设大专班，邓蘅仪被选中成了师范生。1960年7月毕业后，被分配到苏州市平江区实验小学。

20世纪60年代初，为推行“五年一贯制”，平江区成立领导小组，在平江实验小学试点，学校把试点任务交给邓蘅仪。在实验过程中，她执教上百节公开课，接待过上万人次的观摩学习。她的启发式教学经验，得到教育部、江苏省教育厅的充分肯定。试点班的学生在5年中没有一个留级掉队，在市、区、学校的各项评比活动中都取得好成绩。“五年一贯制”教改试点任务圆满完成。

邓蘅仪热爱学生，关心学生，每接一个新班级，都要进行调查研究，对每个学生的个性特点、兴趣爱好都了解得清清楚楚。在此基础上，她采取不同的教育方法积极引导、严格要求，精心塑造下一代，受到社会、家长的一致称赞。

1984年，邓蘅仪任苏州市平江区实验小学校长。不久，苏州市教育局接到江苏省教改任务，平江区实验小学被选为“注音识字、提前读写”改革试点学校，她又一次登上了教改实验舞台。在整个实验过程中，她始终为教学实验提供理论支撑和实践支持，带领学校老师全身心投入研究，反复实践，不断总结，顺利完成了教改任务。

平江区实验小学是江苏省第一所计算机模范学校，也是江苏省唯一的计算机试验学校。1995年9月，学校接受国家教委基础教育司“小学语文‘四结合’教学改革实验研究”的实验任务，该实验任务要求运用先进教育思想和认知理论，将小学语文教学、计算机教育以及汉字输入编码学习融为一体。邓蘅仪以高度的使命感，带领实验团队不断探索实践，不断总结提高，使实验取得了良好效果。

邓蘅仪重视培养学生的学习兴趣，重视调动学习积极性，促使学生爱学习、会学习，做学习的主人。她根据语文教学的特点和规律，着重抓“实、广、活、用”4个字，走出了阅读教学的新路子。在作文教学改革中，她既教学生作文，又教学生做人，让学生明白“要有好思想”“要说心里话”“不做旁观者”是作文的真谛。她还狠抓“阅读教学和作文教学相结合”，鼓励学生“自主作文”，训练学生“打腹稿，下笔成文”的能力，大面积地提高了教学质量。

邓蘅仪从事小学语文教学40年，积累了丰富的教学经验，形成了鲜明的教学风格。她拥有江苏省特级教师、全国优秀教育工作者等诸多荣誉，但仍以始终如一的热情追寻新的高度。她醉心于小学语文教育改革实践研究，先后发表数十篇教育教学论文，主编《读读想想写写——小学生作文指导》《小学生使用手册》《小学生课外作文优作精评》；主编新课标苏教版小学语文随文分步作业设计系列八册。她主编的《古诗词分类品读三百首》成为平江实验学校的校本教材，还受到国外中文学习者的欢迎。

1993年起，邓蘅仪连续两届被聘为苏州市小学语文高级研修班导师，还应邀赴海南省开展讲学活动。1995年，被聘为平江区人民政府教育督导室副主任，参加苏教版小学语文教材的审定工作。

蔡 鹍

蔡鹍

蔡鹍（1941— ），江苏常熟人。科技部水雷行业首席科学家，硕士研究生导师。历任宜昌中船总公司（原国务院6机部）水雷、反水雷专家组组长，第十届全国人大代表，享受国务院政府特殊津贴，曾获国家科技进步二等奖、全国“五一劳动奖章”、湖北省劳动模范、高新武器研发特别奖章等荣誉。

1948年，蔡鹍进入石梅中心国民学校读书，1951年转入五爱小学。1956年初中毕业于江苏省常熟中学，1959年高中毕业于常熟县中学。同年考入南京大学物理系，就读声学专业。1964年大学毕业后被分配到某军工研究所，后被调入中船重工集团某研究所水雷研究室从事科研工作。

中船重工集团某研究所是我国舰船科技、海洋工程重点骨干研究所，蔡鹍被任命为规划我国水雷和反水雷行业预研工作的专业组组长。1967年，美国在战场上使用的一种新型炸弹装备有特殊的引信，杀伤力强，他们宣称这是一种无法对抗的神秘武器。我方缴获这种炸弹后立即送到该研究所，研究所成立包括蔡鹍在内的排弹小组，很快破解难题。排弹小组研制出的专用工具马上被送往前线，克敌制胜，取得巨大成功。

20世纪六七十年代，我国国力薄弱，工业基础差，海上试验任务既艰苦又危险。一次，蔡鹍在登陆艇上进行布雷作业时，突遇大风大浪，被钢缆挂断的护栏掀入海中，差一点造成船毁人亡的重大事故。

蔡鹍带领研究团队克服重重困难，学习先进的设计思想，不断推出多种新型产品，使我国水雷研发由模仿、追随向赶超阶段发展。蔡鹍的创新技术成果被成功用到产品上，该成果获国家科技进步奖。

1985年，蔡鹍首次随团到西方发达国家考察。苏联解体后，蔡鹍抓住机会多次赴俄考察，学习国际先进的水雷设计思想。此时，国外新型的水雷已由传统的被动等候型转为主动攻击型，水雷潜伏在水下，可以主动发现目标，主动跟踪追击，导向目标精准摧毁，兼备鱼雷、导弹、水下机器人的多种功能，进入高新武器行列。随着我国工业基础水平不断提高，国家重点支持，研究所已具备自主开发符合我国需求的创新产品的能力，科研进入创新阶段。1997年，蔡鹍任国家某高新武器装备总设计师，研制成功的产品荣获国家科技进步二等奖。蔡鹍获总装备部、国防科委授予的“高技术武器装备发展建设工程”奖章，获得湖北省“高技术武器装备发展建设工程特别贡献者”称号。

2000年，中央电视台《走近科学》栏目，以“我国水雷行业首席科学家”为题，详细介绍了蔡鹍的事迹。40年来，他一直战斗在科研第一线，先后制定了“七五”“八五”“九五”“十五”行业发展规划，共获得国家和部级成果奖7项，获得国家专利2项，获其他省、部级奖共8项。主编《水中兵器技术》丛书系列之《水雷引信技术》分册，发表论文、内部报告数十篇。

作为全国人大代表，蔡鹍还关注长江生态环境保护问题，他在《关于国家应列专项修复长江生态的建议》上签名，呼吁：“从立法层面规范人类的经济行为，修复长江生态已经刻不容缓。长江作为一个巨大的生态系统，生态立法就是《长江法》。”2021年3月1日，《中华人民共和国长江保护法》正式实施。

谢 立

谢立

谢立（1942— ），江苏常熟人。二级教授、博士生导师、著名计算机软件专家、国家级有突出贡献的中青年专家、国务院政府特殊津贴获得者。历任南京大学计算机软件研究所副所长、校长助理、计算机科学系主任、副校长，江苏省软件工程研究中心主任，中国计算机学会常务理事、开放系统专业委员会副主任，国家计算机软件新技术重点实验室学术委员会副主任，国家教委科技委信息学科教学指导委员会委员、信息学部成员，江苏软件行业协会副理事长，《计算机研究与发展》编委会副主任，《软件学报》编委，《南京大学学报》编委等职。

1953年，谢立从常熟师范附属小学毕业。1964年从南京大学数学系毕业，1980年作为访问学者赴美国纽约州立大学奥尔巴尼分校计算机科学系从事科学研究两年，回国后先后在南京大学数学系、计算机科学系任教。

谢立长期从事计算机科学的教学和研究工作，在操作系统、分布计算、并行处理和网络信息安全等方面成绩卓著，先后承担国家“六五”到“九五”期间相关科研攻关项目、“863”计划、攀登计划等多项研究项目，研发了多个软件系统，创造了较大经济效益和社会效益。其中，通过省、部级以上鉴定的科研成果有20

余项，获部委以上各级各类奖励的有10余项。先后指导100余名博士、硕士。发表论文300余篇，代表性著作有《操作系统教程》《分布式数据处理》等。

1974年至1980年，谢立协助主持并负责第一个国产大中型计算机系列DJS-200操作系统XTIG的研制与开发，该软件获国务院国防科工委1980年重大科技成果一等奖。1980年起，从事分布式计算研究，所研究的“分布式系统ZCZ”“ZH和分布式单板机系统”获1986年国家科技进步二等奖，“分布式系统软件技术的研究”获1988年国家教委科技进步一等奖，“异构型分布式处理”获1992年国家教委科技进步二等奖，国产网络系统软件COSIX V1.x的开发和实用化获1996年电子工业部科技进步特等奖和1998年国家科技进步二等奖。从事网络信息安全的研究，主持的“网络安全防护系统NSS-1”获2002年江苏省科技进步一等奖。由于在我国计算机软件领域做出突出贡献，1994年，谢立获得了国务院颁发的政府特殊津贴和国家级有突出贡献的中青年专家称号。

1998年，谢立先后任江苏省信息化投资有限公司与南京大学联合组建的江苏南大苏富特科技股份有限公司总裁、董事长。2001年4月，公司在香港联交所创业板挂牌，成为江苏省首家在香港联交所创业板上市的软件企业。

言敏达

言敏达

言敏达（1942— ），江苏常熟人，言子第84代裔孙，中共党员。资深石油化工专家、教授级高级工程师、国务院政府特殊津贴获得者。历任无锡市化工研究所课题组组长、研究室主任，上海石化总厂厂长助理、副总工程师、技术开发部主任、研究总院院长，中国石化上海石油化工研究院党委书记兼副院长。曾任中国化工学会理事、中国化工学会石油化工专业委员会副主任、中国化工学会精细化工专业委员会理事、上海市生态经济学会理事、上海市老科技工作者协会副会长、《精细化工》杂志副主编。入选《中国工程师名人大全》系列丛书。

1950年，言敏达由报慈小学转学至石梅中心小学就读。他对当年的学习情形记忆犹新："除了文化课，还有丰富的课外活动。音乐老师经常带领学生到学校对面的石梅场看滩簧、听越剧；少先队大队辅导员组织学生到石梅场上做广播操、跳集体舞；体育老师带领学生攀爬虞山；班主任李国文老师经常带领学生到读书台，背诵语文课本上的《开国大典》，有时练练书法，有时猜猜谜语，活动丰富多彩。"

1953年考入常熟县中学，1956年保送江苏省常熟中学，1959年考入南京化工学院，毕业后被分配到无锡市化工研究所工作。言敏达在国内首次研制出电子工业用的氰乙基纤维素和油田开采用的水溶性羟乙基纤维素。1965年带领5名青年技术人员研制场致发光记分器，成果在第一届亚洲乒乓球锦标赛上成功应用。1972年12月，《人民日报》刊发题为《他们前进在又红又专的道路上》的文章，介绍言敏达和几位青年科技人员的先进事迹。1975年12月，《新华日报》以“无锡化工研究所坚持开门搞科研”为标题，介绍言敏达及其科研团队与工农相结合所取得的可喜成果。1974年至1979年，与大庆油田井下采油工艺研究所合作，成功研制出油田开采用水基压裂液，并在国内首次采用水溶性羟乙基纤维素作为超级水基压裂液原料，使试验单井原油产量从每天不到10吨提高到每天56吨。1978年、1979年，先后被评为无锡市劳动模范和江苏省先进科技工作者。

1981年，言敏达被调到中国石化上海石油化工股份有限公司，协助生产厂长主管一期、二期日常生产和公司环境保护工作。1984年，国家计委下达“七五”重点攻关项目，言敏达担任“2.5万吨/年裂解碳五分离和精细化工研究”科研项目攻关组组长。他带领科研团队日夜攻关，确定工艺流程、实施方案、设备加工、安装调试等多个重点环节，经过8年努力，科研成果经国家计委组织的国家级评审鉴定，荣获国家科技进步二等奖、中国石化科技进步一等奖。

1994年，言敏达调任上海石油化工研究院党委书记兼副院长，主管科技产业化、市场开发与应用。他与领导班子成员带领全体员工加大科技成果产业化步伐，积极参与国内外竞争，高标准、高起点研制开发出丙烯腈、苯乙烯等一系列具有国际先进水平的石油化工催化剂，催化剂在引进的大型石化装置上的应用覆盖面接近100%。高性能催化剂出口境外，甲苯歧化与烷基转移成套工艺技术软包出口伊朗，为国家创造了巨大经济效益。言敏达还为基本有机原料催化剂国家工程研究中心的正常运行发挥了重要作用，为我国三大合成材料的发展和中国石化科技进步做出了积极贡献。

言敏达擅长结合具体工作深入调研并提炼总结，有30多篇论文在《中国石化》等杂志上发表。1992年4月，环境与经济协调发展国际会议在上海举行，言敏达与人合作完成的《石油化工的发展与生态环境的保护》受到关注，后在《世界科学》杂志发表。1997年，在他的倡议下，中国石化直属科研单位每年举行思想政治工作研讨会，为中国石化科技进步汇聚精神动力。2000年8月，言敏达在接受《中国化工报》记者采访时指出："精细化工的发展是石油化工发展到一定时期的历史产物，应向高端、新材料方向发展。"

2001年，他以建立ISO质量管理体系为抓手，全面提升上海石油化工研究院的科研管理水平。研究院通过了ISO9001：2000质量体系认证，连续8次保持"上海市高新技术企业"称号，连续3年荣获上海市浦东新区"国内协作先进单位"称号，获得上海市第九届、第十届、第十一届文明单位和浦东新区文明单位称号。

2004年，言敏达参与广东、浙江、湖南三省"石化中下游产业发展研究"课题组，受到省委领导同志的充分肯定。2019年10月，参加以中国工程院院士为主体的"海南洋浦石化中下游产业及新材料发展研究"的课题研究，为将海南建设成为以新材料为主的世界一流石化基地贡献智慧。

2020年9月9日，年近80岁的言敏达回到母校石梅小学参观，对母校巨大的变化倍感欣慰，并挥毫题词"百年书院再腾飞"。

萧　乾

萧乾

萧乾（1942—　），字自强，号迪虹，江苏常熟人，名门萧氏后裔。父亲萧理曾任上海劳动大学助教、常熟县立乡村师范校长、常熟县立图书馆馆长等职。母亲陈瑞芬于常熟解放前夕由上海返回常熟，遭国民党飞机俯冲扫射，中弹身亡。1950年，萧理调任常熟县立图书馆馆长，萧乾从五爱小学转入石梅小学插班就读。1953年小学毕业时，父亲不幸病逝，他和姐姐、祖母相依为命，生活极其困难，加上体弱多病，曾休学两年，后在一位好心人资助下进孝友中学读书。

1960年，萧乾考入南通农校，后又回到常熟县中学读高中。其间，连续三届担任学校学生会主席，还被选为县学联委员。他负责主编的《县中青年》壁报，受到上级表扬。1963年3月，被批准入伍，到济南军区某团指挥连担任标图员。

1963年底，全军开展“郭兴福大练兵”热潮，组织开展大比武。萧乾代表所在团参加济南军区大比武，获得军区“标图标兵”称号。萧乾被评为“五好战士”和一级技术能手，被提拔为团指挥连标图班班长、一营指挥班班长。

“文化大革命”开始后，萧氏家族受到影响，收藏的许多名人信札、邮票、书法作品、篆刻印章和整箱古籍图书被抄走。就在这一年，萧乾回家探亲，保住了萧氏近万册藏书。

1968年，萧乾退伍回到家乡，他在虞山的驻常部队营房意外发现了两块刻有文字、被当作洗衣板使用的青石板，经仔细辨认，这青石板竟然是由张謇撰文、萧退庵书写、吴昌硕篆盖、赵古泥镌刻的“常熟萧君暨吴孺人墓铭”。他马上意识到这是曾祖父萧阮生的墓碑，是极其珍贵的文物。经和部队首长商量，他将这两块石碑搬下山，并运回家中收藏保护。

退伍后，萧乾到五金公司工作，后被抽调到“五七”干校任材料科科长，又被借调至公安局工作。此后，先后担任常熟市第五中学总务主任、常熟市拆船公司办公室主任、常熟协昌有色金属材料有限公司总经理等职。

20世纪70年代，全国小城镇规划会议在常熟召开，时任中共虞山镇党委书记的何耀文交给萧乾一个任务，让他在会议期间全程陪同中国著名古建筑园林艺术家、同济大学教授陈从周。萧乾和陈从周一见如故，成为忘年交。陈从周了解到萧乾的家世后，特地登门拜访，表示对萧氏家族的尊敬和崇拜；萧乾也成了陈从周家中的常客。陈从周带着萧乾到上海、北京等地，认识了红学家俞平伯、教育家叶圣陶等文化名人。萧乾多方联系，请来多名全国顶级文物专家为常熟古城献策，使古城保护难点问题得到解决。他先后为南宋方塔修缮、燕园维修复原、虞山公园空间拓展、书台公园开发利用、文化坐标名人墓修缮保护、虞山摩崖石刻保护研究等进行现场调研论证，并提出或制定详细的修缮保护方案。萧乾还与陈从周教授多次联系，推荐常熟古建园林公司承接江西滕王阁的重建工程，该工程后来获国家建筑最高奖——“鲁班奖”；帮助常熟吴市建筑公司古建队承接上海豫园修建工程，把常熟古建筑技艺推向全国。

2011年5月，常熟博物馆举办“兰陵峻望——江南萧氏翰墨特展”，展示萧退庵、萧盅友等萧氏家族名人的书法作品、文房用品、信札、印章、著作等珍贵资料，萧乾为展览的成功举办发挥了作用。2020年11月，由苏州市文学艺术界联合会主办、苏州市文艺之家、苏州市书法家协会等单位承办的“诗心剑气——纪念萧退庵先生诞辰145周年书法特展”引起书法界高度关注，展览共展出萧退庵一生各个时期的重要作品40余件，萧乾为特展的成功举办倾注了大量心血。

萧氏五代人大多在石梅读书或工作过，萧乾说："石梅小学总是让我内心充盈，充满能量。"目前，萧乾和夫人商量决定，将在有生之年整理游文书院以及石梅公校的相关史料，并全部捐赠给石梅小学。

姚鸿滨

姚鸿滨

姚鸿滨（1944— ），上海人。江南大学人文学院副教授，曾任全国识字与写字教学研究中心副秘书长、多媒体识字写字教学研究所所长，无锡市鸿钟语言文化发展中心主任。

1949年9月起，姚鸿滨先后就读于上海市立第五区第一中心国民学校、常熟师范附属小学等校。小学毕业后，先后在昆山和上海读初中。1958年9月被保送到上海交通大学预科学习，后升入上海工学院数理力学系。1961年转入华东师范大学数学系，1965年留校任教。1974年到上海化工学院四川分院基础部任教，1979年到南京气象学院基础部任教。1984年被调至无锡教育学院（现属江南大学）。

姚鸿滨主要讲授高等数学、计算数学、计算机程序设计、计算机辅助教学课程。20世纪80年代，他接触到了TRS-80电脑，由于该型号的计算机系统不能处理汉字，他和夫人萌发了开发电脑汉字输入方法的念头。随着微型计算机的发展，国内人士先后开发出多种汉字输入方法。姚鸿滨认为常用的几种汉字输入法并不适合中小学生使用。他认为适合中小学生使用的汉字输入法，不但要与语文教学的内容和要求相协调，还要与国家语言文字政策和各项规范标准相配套，于是，他开始从事多媒体识字、写字教学的研究。先后主持教育部“十五”规划课题“中小学信息技术教育”的子课题、江苏省哲学社会科学“十五”规划课题、中国教育学会“十一五”规划重点课题“数字技术支持下的识字写字教学改革研究”。他撰写的《信息技术与小学语文教学整合研究》《一个汉字识字写字服务体系的构建——“汉字工具箱”》《信息技术与小学语文识字、写字教学整合研究》等论文在多家核心刊物发表。

姚鸿滨花20多年时间开发“汉字工具箱”，6763个汉字的汉语拼音，2万多个汉字的笔画，都要一个个输入电脑中，并且不允许有一个错误。开发汉字描红输入法时，需要将6763个汉字在他自己开发的平台上一笔一画描出来，平均每个字要花费半个小时。从DOS平台到Windows平台，加上模型的不同，每个字需要描三遍，操作繁复，工作量巨大。“汉字工具箱”专为汉语基础教育开发，是一种基于笔画的输入法，适用于不熟悉汉语拼音的人群，简单易学，输入速度快，适用于小学基础教学、特殊教学、民族双语教学、对外汉语教学等领域。

姚鸿滨是“写字式汉字输入法”的第一发明人，该发明于1990年获中国专利局授权，并获得第3届全国“星火杯”创造发明竞赛二等奖，获中国计算机用户协会紫金分会特等奖。他是“正规拼音汉字输入法”的模型设计者，是“笔韵码汉字输入法”和“模糊兼容汉字输入法”的第一发明人。用简繁鸿钟码，可以输入20902个简体汉字和繁体汉字；从正拼码中派生的“学生拼音输入法”，使得拼音输入法具备了教学功能。简繁鸿钟码于2009年获江苏省人民政府颁发的“民间发明创新奖”优秀奖。2011年3月，香港软件行业协会举办首届香港国际软件大奖赛，“汉字工具箱”从7万多款软件中脱颖而出，进入十大金奖软件行列。

1990年，姚鸿滨与安徽蚌埠教育学院教授张振龙合作，成功开发出适合APPII机和中华学习机的HZL汉字信息处理系统；1991年与苏州大学合作，成功开发出CCDOS系统；与上海新致软件有限公司合作，成功开发出适合UCDOS等操作系统的鸿钟码、正拼码输入模块；与简正三合作，成功开发出适合32位Windows系统的鸿钟码、正拼码输入模块；与姚青岭、柳德钟合作，成功开发出适合32位Windows系统的“模糊兼容汉字输入法”软件模块。

姚鸿滨先后出版《零起点学电脑、学打字、学上网》教学光盘及操作手册、

《中小学信息技术与课程整合优秀课例（九）——识字写字用电脑》。

从2014年开始，姚鸿滨在无锡市多个社区举办“零起点学电脑、学打字、学上网”培训班和“零起点学智能手机”公益培训班。由他全家出资在社区开设的电脑房，获江苏省老科协授予的“江苏省老科协科普教育基地”称号。

2015年姚鸿滨家被评为无锡市“最美家庭”。他个人在2016年被评为无锡市“最美家乡人”，2018年获授江苏省成人教育突出贡献奖、无锡市“双千项目”先进个人称号。在第三届江苏省志愿服务交流会上，姚鸿滨领衔的无锡市老科协“科普之光志愿服务项目”被评为优秀志愿服务项目。2019年，姚鸿滨被评为江苏省优秀科普讲师。2020年，姚鸿滨家庭被评为“无锡市文明家庭”。

2017年，姚鸿滨夫妇给新疆阿合奇县捐赠120套“汉字工具箱”教学软件，支持当地的国家通用语言教学工作，受到当地政府和人民的称赞。

姚鸿滨一直牢记母校和老师的培育之恩，时刻想尽一份学子之情。2019年10月，他向母校石梅小学捐赠15套最新版的“汉字工具箱”教学软件。

仲伟行

仲伟行

仲伟行（1950— ），江苏常熟人。中共党员，研究馆员。中国图书馆学会会员、中国楹联学会会员、江苏省书法家协会会员。历任常熟图书馆副馆长、庞薰琹美术馆馆长、苏州市书法家协会学术委员、常熟市妇女书法家协会会长。现任常熟市书法家协会顾问、常熟市老干部书画协会副会长兼秘书长等职。被列入"江苏省文化名人艺术资料档案库"，其家庭被常熟市委宣传部表彰为"常熟市十佳学习型家庭"。

1963年，仲伟行毕业于石梅小学。她刚进常熟师范附属小学幼儿园时，园主任是陈堤华，教养员是吴玉英。升入小学一年级时，叶华英老师任班主任，那时起她就当上了班长。此后任少先队大队长，配合少先队辅导员组织活动。在一次全市小学生书法比赛中，她的《向雷锋同志学习》获得一等奖。她曾在地上用粉笔速写小妹仲伟权，父亲发现画得极像，就把她送到少年之家学习绘画。经马友檀老师辅导创作的《雏》，入选马来西亚国际少儿绘画展。

1966年，仲伟行从常熟县中学毕业。1968年10月，她响应号召奔赴冶塘公社花林大队，开始长达11年的插队落户生活。此后，她在全公社知青中第一个被抽调进公社农机厂当工人，后又被借调到县供电所工作。1979年，最后一批老三届知青回城，但她毫不犹豫选择到县工人文化宫图书馆工作。1981年后，仲伟行担任主任助理。1984年，单位根据事业发展需要和本人工作表现，支持她参加武汉大学函授招生考试。那是设在苏州图书馆的最后一届武大函授班，为了能搭上进入高校深造的最后一班车，仲伟行刻苦读书，努力学习，终于被录取。在本科五年的学习中，她克服工作、家庭的牵绊，将几十门课程一一啃下，终于获得武汉大学图书情报学院文学学士学位。

1987年1月，仲伟行被常熟市文化局调入市图书馆。最初任辅导部主任兼馆长助理，分管少儿阅览部，后任研究辅导部主任兼流通部主任，后又担任副馆长兼古籍部主任。她熟悉图书分类编目、图书流通、科技情报服务、读者服务、少儿图书管理、读书活动组织、业务研究辅导、古籍研究整理等整体业务环节，对每一个阶段的各项工作随时提出建议，不断积累实践经验，提升理论水平。10月，市图书馆在首届“虞山之春”活动中，举办常熟籍作者著作展，重点介绍80位作者，列表介绍近百位作者，展出图书300余册。资料搜集筛选、作者图片及著作的选择、展览海报的设计、宣传册的编印等，她都认真细致地一一落实。她的工作得到了文化部领导的充分肯定，领导称赞这是“图书馆界的首创”。

1988年，在常熟市首届文化艺术节期间，她承担首届当代个人藏书十佳评选项目，这是新的尝试。在自愿报名的基础上，她针对全市城乡范围藏书千册以上者，从数量、质量、保管、利用等方面，对100多名入选者进行实地踏勘验收。获评十佳者中有农民、工人、干部、老师等，藏书最多的达15476册，平均藏书4000册。这样的活动在国内尚属首创，影响极大，不仅使常熟的藏书传统得以发扬光大，而且推动各地广泛开展藏书评选活动。

1989年，常熟新图书馆开馆。仲伟行创新服务形式，带领科技情报服务部门，借助省馆资源优势，联手举办首届国外科技书刊展览（1990年）。1991年，市图书馆与常熟城乡35家轻纺企业联合建立江苏省内第一个科技读者俱乐部——常熟市科技资料开发俱乐部，仲伟行当选为副理事长兼秘书长，她将俱乐部活动与科技书展紧密配合，将科技服务这一形式基本固定下来。到2002年，共举办14届展览活动，为服务常熟经济、推动全国图书馆行业为经济建设服务做出贡献。

《新华日报》《光明日报》《解放日报》等均作报道，江苏省文化厅向各市县文化局推广了这一工作经验，文化部图书馆司《图书馆工作简报》以整版篇幅转发这一服务经验。项目获江苏省科委科技情报成果三等奖，她个人也获得省级三等奖和市级一等奖。1994年，文化部在北京召开全国公共图书馆评估工作总结暨文明图书馆表彰会，常熟图书馆代表做大会交流发言。因为服务社会成效显著，常熟图书馆被文化部命名为全国文明图书馆和全国一级图书馆。

1995年，仲伟行兼管古籍部工作，开始转向常熟文史和藏书的文化研究。她完善了《铁琴铜剑楼研究文献集》的编著，1997年该书由上海古籍出版社出版，得到钱仲联教授的称赞。2010年，她将12年积累收集的资料筛选订正，完成了该书从29.6万字增至35万字的修订本，修订本由广陵书社出版。

1997年10月起，仲伟行担任庞薰琹美术馆副馆长、馆长。她联络庞氏亲属及庞老海内外学生，于1998年成功举办“庞薰琹师生画展”并成立了庞薰琹研究会。2000年，在上海图书馆举办“三代九人展”，将庞薰琹美术馆事业推向新的高度。同时，深入挖掘并完善馆藏资料，建立馆内主作品数据库。她四处搜罗资料，主编《艺术赤子的求索——庞薰琹研究文辑》，该书成为唯一能够系统反映庞薰琹研究全貌的珍贵资料。

1987年起，仲伟行先后在省级以上专业刊物上发表论文60余篇，其中在国家级专业刊物发表论文4篇，作品获第二届中国图书情报科研成果三等奖、国家级学术论文评选一等奖、江苏省学会论文一等奖、苏州市人民政府颁发的哲学社会科学优秀成果二等奖等。她多次参加全国性、省级学术研讨活动，交流论文被收入论文专集或专刊；还编写了《常熟国家历史文化名城词典》的藏书部分。

2005年12月，仲伟行从常熟市图书馆退休，但她退而不休，坚持进行文史研究。她用两年多时间埋头于《〈翁同龢日记〉勘误录》，参照《翁文恭公日记》稿本对《翁同龢日记》全六册进行校勘。全书共计50万字，由上海古籍出版社出版。她不断推出学术研究成果，编著《决澜赤子》《琴剑流芳》；撰写《彩衣堂建筑彩画艺术》前言，并协助编辑统核全书；协助整理和参与校订《张宗祥文集》，全集收录26种稿本，她承担其中12种稿本约20万字的标校整理，为浙江省文史研究馆顺利出版全套文集奉献心力；先后参与《常熟市志》《重修常昭合志》《常熟图书馆志》的审校；撰写论文数十篇，其中《翁同龢晚年居处考》发表在《近代中国》，《铁琴铜剑楼的书法文献收藏》发表在《天一阁文丛》。2011年，上海辞书出版社出版《仲伟行书法作品集》，徐悲鸿儿子、中国人民大学徐悲鸿艺术研究院院长徐庆平题写书名，北大教授张辛作序言。2020年，仲伟行获评中国《对联》杂志组织的最佳创作奖和优秀奖等。

仲伟行历经风雨，不忘初心，泼墨挥毫，书写不平凡的人生与辉煌。

姚德树

姚德树

姚德树（1950— ），号古石，笔名寒竹，江苏常熟人。书法家、中国民主建国会会员、民建江苏省委文化委员会委员、江苏省民建书画院画师，中国现代民族书画艺术家协会副主席、中国王羲之基金会会员，江苏省楹联研究会会员，苏州市甲骨文学会会员，常熟市书法家协会会员，常熟市甲骨文学会理事、副秘书长，常熟市诗词协会、民间文艺家协会会员。

姚德树从小热爱读书，田月英校长、郭润培班主任及其他老师对他的关心和培养，他终生难忘。石梅小学成立文艺演出队，他担任笛子演奏，曾在京剧《沙家浜》中扮演胡传魁，还参演《听妈妈讲那过去的故事》，受到师生一致好评。他创作诗歌《啊，我美丽的校园》，音乐老师给诗歌配上乐曲教学生传唱。

姚德树从小喜欢书法，上学、放学时特别留意观察街道上各种店面的招牌字体，放学后、星期天经常独自到几个寺庙里观摩匾额和楹联。下课后，他会一个人跑到操场上，用砖块或石子在地上划着学写。

1967年，姚德树从石梅小学毕业，第二年参军入伍，在部队里是“老三篇”学习积极分子。在一次学习活动上，排长特意叫他向全排战士们背诵“老三篇”中最长的《愚公移山》，他流利地背诵，获得战士们的齐声喝彩。姚德树是宣传员，负责编辑黑板报，还向团部积极投稿。部队大会堂里的巨幅毛主席画像，他一个人画成，受到嘉奖。

退伍后，姚德树到水利系统下属企业办公室工作，业余时间迷上了古典诗文，参加上海电大书法专科班的学习。10多年里，他经常向书法家言恭达、裴谷云请教，担任副厂长后仍不放松自学，积极参加书法创作交流活动，并在展览或比赛中屡屡获奖。

为提高书法技艺，姚德树师从著名书法家费声骞，潜心钻研书法，精于各种书体，犹喜汉木简笔法及行书、草书，在甲骨文书画创作方面独树一帜。书法作品多次在国内外书法大赛中获奖：1989年作品入选北京中国美术馆硬笔展；1995年获“中原杯”书画名家邀请展精品奖；1998年获“红岩杯”书画展一等奖；1999年获中国文联全国民间工艺美术书法大展特别金奖，被授予“德艺双馨艺术家”称号；2005年获中国电影家协会中国电影百年书画大展佳作奖；2015年获南京纪念世界反法西斯战争及中国人民抗日战争胜利70周年书法展金奖，同年，获江苏淮安全国第三届“中国梦想杯”书画大赛银奖、北京“羲之杯”全国诗书画家邀请赛一等奖、北京中国诗书画家创作年会特等奖。作品被人民大会堂、广东美术馆、闻一多纪念馆、宝鸡博物馆等收藏，还多次被选参加国家名家书画展等国内外重大书法邀请展。

2019年，姚德树参加“天资独秀中秋帖话中秋”当代名家书画印邀请展，同年，自创的词书法作品《水调歌头·庆祝中华人民共和国华诞70周年》入选江苏省委统战部举办的“70华诞展风华”党外人士书画联展。作品入选《中日现代美术通鉴》《中国民主建国会会员作品集》《江苏省民建书画院书画艺术作品集》《中国历代五体书法类编大系》以及香港《世界名人录》等多种书刊。姚德树被收录入《当代书画篆刻家辞典》《当代硬笔书法家辞林》《中国当代书法名家墨迹》《中国当代艺术界名人录》等。诗词入选《江海诗词》《当代江苏千家诗》《江苏中青年诗词选》《红豆诗词》《常熟诗词三十年》等。

1995年8月，姚德树受中国台湾国际文人画家总会特邀，参加国际书画邀请展，选送的作品获优品奖。

1996年12月，河南中原书画院举办“迎香港回归”书画名家作品展，姚德树以自作诗词书法参展并获金奖，诗曰：“中华港九主权还，原属金瓯合梦圆。杯酒笙歌湔大辱，好乘庆典共开颜。”1997年6月，该书画院组织获奖作品赴港展出，姚德树委托该院将他的一幅诗词书法作品寄给香港特别行政区（筹）办公室。诗曰：“常熟港九炎黄根，架起彩桥金马奔。执手相携有待日，长官福地待留痕。”他以一个普通内地百姓的角度抒发了对香港回归的渴盼之情，香港特首董建华以亲笔信函寄给姚德树以表谢意。

1999年10月，在澳门即将回归祖国之际，姚德树难抑心中激动之情，作诗一首并写成条幅寄赠澳门特别行政区首任长官何厚铧，诗曰：“梦里思归四百年，娲王指日月重圆。喜看九九芙蓉艳，共补中华一统天。”何厚铧将亲笔签名的信函寄给姚德树，对他的“隆情厚谊，殊深感铭”。

作为一名民建会员，姚德树心系社会，关爱贫困学生，积极参加常熟市慈善总会、常熟市民建慈善基金的捐款活动，积极参加江苏省内多地的书法作品义拍义卖，受到民建会员及社会各界好评。

廖 健

廖健

廖健（1954— ），江苏常熟人。对外经济贸易大学国际贸易学硕士。历任苏州市政府办公室副主任、党支部书记，苏州工业园区借鉴新加坡经验办公室负责人，苏州工业园区首届秘书局局长、党支部书记，对外经济贸易大学高级研修学院院长。

1960年，廖健到常熟师范附属小学读书。“文化大革命”期间下乡插队。1976年11月回城，到政府机关工作。1994年，国家正式批准建立中国—新加坡苏州工业园区，廖健被安排赴新加坡考察和学习。回国后，廖健和团队成员把新加坡经验运用到工业园区城市基础建设中，为园区招商引资和长远发展打下良好基础。

针对大量利用外资会不会使园区被外资控制的质疑，廖健认为，国际合作大规模成片开发是一次难得的历史机遇，如果没有邓小平同志的改革开放伟大构想，没有社会主义市场经济的建立，没有章新胜市长的远见卓识，就不会有今天的苏州工业园区。他认为，在机遇面前如果没有顺应时代的远见和思想解放，是干不成大事的，未来的改革发展依然需要勇气和智慧。在廖健和他的团队的努力下，中新合作发展模式得到了中央的支持，获得了海关绿色通道、省级工商管理权等多项发展特权，这些为苏州工业园区的进一步发展拓宽了道路。

1998年，廖健到对外经济贸易大学系统学习经济学知识。2001年，中国加入世界贸易组织，对外经济贸易大学建立高级研修学院，廖健担任院长。学院汇聚众多教育领军人才，为企业家、党政干部全面提升能力提供学习机会。2013年，高级研修学院与特许公认会计师公会项目合作培养专业性复合型人才，取得良好社会效益。他支持对外经济贸易大学的学子在系统掌握书本知识的同时，将更多的视线投到现实生活之中，通过社会实践、游学等方式，更深入全面地了解中国与世界经济发展的真实过程；他给对外经济贸易大学的学子提出了许多有关未来发展方向的建议。廖健说："过去是理论结合实际，现在是要了解世界更要了解自己，特别是要了解国家在改革开放中积累的经验和知识。"对于传统与创新的关系，廖健有他独特的思考，他认为一味地尊重传统不可取，但在创新中也不能忽视传统；他指出苏州将传统与创新融合获得飞速发展就是最好的例子。对于奋斗，他认为人不能给自己"留退路"，只有做到"破釜沉舟"才能走得更远。

廖健对母校充满感情，他说："石梅小学留给我最深刻的记忆，还是她的教学思想和教学实践。这些思想文化的影响，后来成为激励我前进和选择人生道路的力量源泉。"他希望石梅小学能"为国家培养出更多有改革之志、有兴国之才、有爱民富民之智的优秀人才"。他相信"石梅小学有这样的能力，会越办越好"。

仲伟权

仲伟权

仲伟权（1956— ），字虞泓，江苏常熟人。当代中国著名女画家、国家一级美术师、中国煤矿文联美术家协会副主席、徐悲鸿艺术研究院理事。国资委特聘教授、墨笔文化格桑花开“书画进万家”特聘专家组委员，中央国家直属机关、中国文联、国家安全生产监督管理总局、国家知识产权局老年大学艺术导师。

仲伟权的父亲是颇有名气的书法家，特别注重对孩子传统文化素养的培养，要求孩子用笔蘸了水每天在青石砖上写字。家庭的熏陶和严格的启蒙教育，为仲伟权的学画之路打下了基础。

石梅小学的教育对仲伟权影响很大。她入选学校宣传队，王美卿是宣传队的辅导老师。那时，仲伟权没有上过一堂正规的音乐课和舞蹈课，老师不厌其烦悉心辅导。仲伟权跟着老师和小队员到工厂、农村演出，一路高歌。后来，仲伟权每次回到母校，王老师都会兴奋地说：“我的台柱来了！”

走出学校后，仲伟权在常熟画院工作，主攻工笔画，虽然收入不错，但她并不满足于此。在她的心目中，最敬仰的艺术家是吴昌硕、黄宾虹及朱屺瞻等大家。1982年，她到上海拜著名画家吴野洲为师，学习写意花鸟。1989年，仲伟权考入中央美术学院，并到徐悲鸿画室深造，每天除了上课就是画画，常常画到第二天凌晨三四点钟。徐悲鸿夫人廖静文亲自料理画室的工作，请来黄胄、范曾、王文芳、白雪石等诸多书画名家为学生讲课评点。看名家现场作画，听名家点拨，与名家共同出席笔会，仲伟权技艺不断长进。她潜心学画，35岁才结婚，坐月子的时候不能提笔作画，她就钻研画本，一刻也不停地探索书画艺术，画艺日益精进。

仲伟权还得到卢沉、姚有多、周怀民、蒋彩萍等京城名家的指导，其风格由光洁秀润变得大胆泼辣，其作品的大气与洒脱得到了国内许多名家的赏识。仲伟权是当时徐悲鸿画室20多名学生中唯一的江南女子，刻苦努力的仲伟权成了为数不多的大写意女画家之一。著名书法家、中国书协原副主席李铎为她的《风荷长卷》作《风荷题句》，称赞她“作品远别于古，近出于众，以勇夫之胆，写荷之魂”“其开篇之巨，结章之妙，笔力之雄，墨韵之美，卓然超群”。北京大学教授、博士生导师、书画理论家张此夫在《笔墨淋漓写性灵》一文中称赞道：“无不赞叹其功夫扎实，下笔有电，纸墨相发，行止得宜。但更令人赞道的是她自己出乎师道、无间心手、感为无方、灵气十足的追求和卓荦出众的新的境界。”著名画家周怀民以“笔情墨趣、神形飘逸”赞誉，徐悲鸿夫人廖静文赠题“以造化为师，颂自然丽色”。

1991年，仲伟权在广东省举办个人画展；1992年，《中国文化报》对她进行专版介绍；1993年，她成为入选文化部“中国书画万里行活动”的唯一女性画家，同年，她的作品《紫藤小鸟》入选新加坡国家文物馆和马来西亚吉隆坡画展；1994年，作品获“我画中华美（西苑杯）”书画大赛优秀奖，作品获国际中华书画摄影艺术大赛绘画优秀奖；1995年，作品入编《当代中国名家书画宝鉴》，作品《丰碑》获纪念抗战胜利50周年中华书画大赛金奖，参加文化部主办的中国艺术博览会；2000年，作品获中央国家机关书、美、摄展优秀奖，入选《中央国家机关美术优秀作品集》；2006年，作品入选《中国艺术名人》杂志，作品先后在《江苏画刊》《文汇报》《工人日报》《中国文化报》《香港大公报》《香港文汇报》《深圳特区报》《广州青年报》《京华时报》《北京晚报》等十多家报刊上发表，部分作品被日本、新加坡、美国等国收藏，或入选《中国国际艺术名人集》《奥运特刊》。《中国艺术名人》杂志、《盛世收藏》杂志联合推出《仲伟权个人画集》。2008年，仲伟权担任文化部青年美术家提名展评委。

2010年11月，仲伟权作品返乡汇报展在常熟博物馆举行，展出国画作品70余幅，艺术大师徐悲鸿之子、中国人民大学徐悲鸿艺术研究院院长、著名画家徐庆平，著名学者、北京大学教授、博士生导师张辛等与常熟当地书画界人士近200人出席开幕式。

仲伟权画的水仙、石榴、荷花、向日葵等无不呈现出沉着、厚重、朴实的特点，带给人们不一般的大气的艺术观感，在笔墨晕染中，有扑面而来的北方的粗犷气息，也有江南独有的细腻性灵。徐庆平说："仲伟权是一个很有特点的艺术家，年轻而有才能，有幸生于常熟的环境，受山山水水熏陶养育，有江南特有的艺术感觉，但她不满足于这个环境，40岁时还拼命学画，有着爱画如命的执着精神。因为她刻苦求学的精神，她的画雄浑大气，这对女画家来讲尤为不易。"

俞小红

俞小红

俞小红（1954— ），笔名肖丹，苏州吴江人，中共党员。中国作家协会会员、中国散文学会会员、中国报告文学学会会员、苏州市跨世纪高级人才。曾任《常熟日报》记者、编委、副刊部主任，常熟市作家协会主席，苏州市作家协会理事，苏州市散文学会副会长等职，现任常熟市作家协会名誉主席。

俞小红从小在常熟生活和学习，随着父亲到处漂泊，先被寄托在机关托儿所两年，后到练塘小学、慧日小学、五爱小学读一年级，1962年转到石梅小学读二年级。1966年小学毕业，直到1968年才拿到盖着“红梅小学革委会”公章的毕业证书。据俞小红回忆，做过他班主任的3位女老师都是语文老师，分别是周宝琇、高云芳和刘亢青。1965年夏天，高云芳准备把俞小红的一篇文章推荐给上海《少年文艺》杂志，她把俞小红叫到办公室，嘱咐俞小红再认真修改一次。俞小红说，老师的教诲他至今还牢记在心，老师给他的帮助他永远不会忘记，石梅小学培养了他对写作的兴趣。

俞小红没有读完初中，于1970年11月到常熟造纸厂当学徒。1982年起，他发奋自学，完成了江苏电视大学中文系的全部课程，1985年顺利毕业。

1985年3月，俞小红以全市第一名的成绩考入《常熟日报》当记者，从此，开启了写作生涯。俞小红先后在《雨花》《钟山》《青春》《青春丛刊》上发表了几十篇小说和散文。在创作事业上，他得到了费振钟、唐炳良、梁晴等老师的帮助；陆文夫和高晓声到常熟，俞小红向他们虚心请教，创作水平不断提高。

1986年5月，金庸夫妇到常熟游历，俞小红对金庸先生进行专访。采访结束后，金庸在俞小红的笔记本上留言："在常熟能与同业交谈，甚感欣慰。"5月10日的《常熟市报》刊登了俞小红的报道《在常熟采访金庸先生》，俞小红把报纸寄给金庸，金庸从香港寄来亲笔信函，对采访表示感谢。

俞小红的文章感情真切，常直抒胸臆，文字间流淌激情。《曾园风情》获江苏省作协海峡两岸散文奖，《弄堂风》获艾雯青年散文奖一等奖。1978年以来，俞小红著有长篇小说《京都春梦》，散文集《美女风情录》《客旅春梦》《虞山唱晚》，小说散文集《向晚玫瑰》，历史随笔集《晚清官场百态》《虞山闲梦》等。2018、2019年，中国书籍出版社先后出版精装本散文集《夜航船》和《弄堂风》。

俞小红说过，语言要从小处、细节与微妙之处着手，要做到精微传神。细节并非纯描摹客观，客观的细节仅仅是细节的一个维度，有必要加入作者的主观因素；没有纯粹的客观，主客观互相混合，这样的细节才可能生动和独特，才具有艺术感染力。他有意识地用语言设计细节，经营细节，从而突破文字局限，使文字有了形貌与温度。

俞小红作品以语言的丰富与张力来制造意象，事物在他的笔下，不仅有形状、有色调、有神韵，还有了性格。事物不再是纯自然主义的，而是浸透了他的气质，是他心灵幻化的图像，通过他的慧眼，建构了一个意象纷飞的文学世界。

李建红

李建红

李建红（1956— ），江苏常熟人，中共党员。英国东伦敦大学工商管理硕士、吉林大学经济管理专业硕士、高级经济师。曾任招商局集团有限公司党委书记、董事长，招商银行股份有限公司董事长，第十三届全国政协外事委员会委员。曾获全国十大杰出青年企业家、2019年中国最具影响力的商界领袖等称号，名列2019年全球100大航运业影响力个人榜单第一。

1963年，李建红进入石梅小学读书，校长是田月英。六年级时，语文教师兼班主任是马友檀老师，数学教师是徐志红，英语教师是许雪莹，体育教师是刘龙生。在老师们的记忆中，小时候的李建红活泼、聪明、好学。

1972年8月，李建红参加工作，任上海造船厂张家港分厂团委书记。1989年加入中国远洋运输集团总公司，历任中远集团南通船厂生产科长、财务科长、副厂长、厂长，南通远洋船务工程有限公司副总经理，南通远洋钢铁有限公司总经理，中远工业公司总经理兼党委书记，中远集团总公司总裁助理，中远上海置业发展有限公司董事长。1997年就任中远集团总公司总经济师。2000年就任中远集团总公司副总裁，中远船务工程集团有限公司董事长，南通中远川崎船舶工程有限公司中方董事长。

2010年8月，李建红任招商局集团董事、总裁。2014年5月任招商局国际有限公司主席，同年6月接任招商局资本董事长，8月任招商银行董事长兼招商局仁和人寿保险董事长。

李建红出任招商局集团总裁时，集团资产总额为3242.99亿元，负债总额1824.13亿元。到2016年底，集团总资产达6.81万亿元，在央企排名第一；利润总额跃上千亿台阶，在央企排名由2014年的第十位上升到第二位。2019年，招商局集团各项经济指标再创新高，集团利润总额、净利润和总资产在央企中均排名第一。招商局集团成为连续15年荣获国务院国资委经营业绩考核A级的央企。2019年发布的《财富》世界500强榜单中，招商局和旗下招商银行再次入围，招商局成为拥有两个世界500强公司的企业。集团在全球的港口网络拓展到27个国家和地区的68个码头；累计开行中欧、中亚班列首超千列，市场占有率超过10%，全球综合物流服务能力不断提升。

作为招商局集团第二十四任掌门人，李建红对管控模式和战略转型的思考与调整，基于新时期招商局所处历史大方位的战略判断，“建设具有全球竞争力的世界一流企业”成为战略目标。他要求集团上下始终保持创新创业精神和谦虚谨慎的态度，在对标学习中实现自我审视和自我超越；按照“巩固、增强、提升、畅通”的方针，保持集团经营的稳定增长，稳中提质、稳中增效；重点围绕做强主业、做精专业，着力提升科技创新、战略执行、资源整合、人才保障等能力，不断增强核心竞争力；一手抓“市场化与数字化”双核驱动，不断深化国企改革，优化管控模式，转变作风，简化流程，提高效率；持续强化“产业+科技”“产业+互联网”“产业+生态”，加速推进传统产业与数字科技的深度融合，加快形成以科技引领的增长方式，打造数字孪生的全新招商局，不断增强创新力和驱动力，稳步推进世界一流企业建设。

尽管李建红离开江苏已多年，但他说话时会时不时出现常熟口音，他对家乡的情感也越来越深厚。他用数据来传达这份浓厚的情感：“回归长三角地区是招商局集团的重要战略规划，招商局将在江苏累计投资超过1000亿元，形成的资产规模约5300亿元，业务涵盖海工装备制造、综合物流、金融、城市综合开发、高速公路等招商局主要产业。”他说：“在良好的发展势头下，江苏将是招商局集团值得继续加大投资的热土，而且将是在高度、广度和深度上的投资。南通海工装备制造基地、苏州金融小镇、南京‘一带一路’亚欧大陆桥经济走廊物流战略节点、太仓金仓湖项目、南通和常熟的特色产业园区以及城市综合体建设等都是重点项目。”

校友是母校的亮丽名片，母校是校友的温馨家园。李建红表示，他会携同学一起回到母校，看看小时候读书的校园，看望教过自己的老师。

陆建华

陆建华

陆建华（1959— ），江苏常熟人。中共党员，民进会员。著名评弹艺术家、国家一级演员、中国曲艺家协会会员、中国说唱文艺学会理事。苏州市非物质文化遗产代表性传承人、苏州市曲艺家协会副主席。曾任常熟市评弹团团长、常熟市文化广播新闻出版局剧目工作室副主任、常熟市曲艺家协会主席、常熟市文联副主席。政协苏州市第十四届委员会委员，民进常熟市第六届委员会委员，民进评弹支部主任。荣获苏州市德艺双馨文艺工作者、姑苏宣传文化领军人才、苏州市劳动模范、苏州市优秀共产党员等荣誉称号。现任常熟市评弹团名誉团长、常熟市曲艺家协会名誉主席，被聘为上海师范大学中国苏州评弹文化研究中心研究员。

陆建华生于评弹世家，他的伯祖张玉书、父亲张翼良、母亲华佩英都是著名弹词演员，他自幼耳濡目染，与评弹结缘。陆建华就读于常熟县红梅小学，其间，被选拔进入常熟朝阳花艺术团，成为全县闻名的小明星。

1974年，陆建华以优异成绩考入常熟县评弹团，师承薛惠萍和弹词名家钟月樵。他随薛惠萍学习诙谐风趣的说表艺术，尤其是对传统书目中“小角色”的刻画表演技艺；随钟月樵学习弹唱基础，力求字正腔圆，掷地有声。此后，他又拜弹词名家王文稼为师，辗转书场码头，感悟老师幽默冷隽、跌宕飘逸的表演风格。他还得到伯父张国良、张如君和舅父华士亭的指导。在众多名师指导下，陆建华打下了扎实的评弹艺术表演基本功。

为了学习蒋调弹唱技巧，陆建华在舅父帮助下赴上海聆听蒋月泉授课，获益匪浅。1988年6月，他在苏州评弹中青年演员会书比赛中荣获青年组一等奖，从此脱颖而出，成为深受听众喜爱的青年“响档”。他先后与沈伟英、华一芳、盛小云等搭档演出，也曾放过单档，说唱书目有长篇弹词《白蛇传》《沉香扇》《白罗山》《柳金蝉》《蛙女传》和长篇评话《山东大侠》等。经过长期的演出实践，他的技艺日趋成熟，逐渐形成独特的表演风格。他嗓音清亮，台风大度，说书清脱活泛，擅唱蒋调、张调等多种流派，以腔传情，以情动人。

陆建华继承常熟市评弹团“创新说新，出人出书”的优秀传统，从1998年开始与著名作家金曾豪合作，潜心于评弹创作。在文化部举办的首届中国苏州评弹艺术节上，由他创作并表演的《山歌王奇情》一举包揽优秀节目奖、优秀表演奖和优秀创作奖。2004年、2008年和2014年，他凭借短篇弹词《千里寻宝》《田阿桐》《招牌菜》的精彩演出，三次摘得中国曲艺牡丹奖，并五次蝉联中国苏州评弹艺术节优秀创作奖、优秀节目奖、优秀表演奖，引起了全国曲艺界的广泛关注，被誉为“常熟现象”。他的代表作《千里寻宝》被中宣部原部长丁关根赞誉为“思想性与艺术性完美统一的成功实践”。2013年，《千里寻宝》被文化部评为全国曲艺优秀节目并被制作成全国首部评弹微电影。

20世纪90年代，电视走进千家万户，电视连续剧对评弹产生很大冲击，评弹事业进入低谷，大量青年演员开始转行。面对生活压力，陆建华也曾动摇过，但出于对评弹艺术的深厚感情，他最终选择了坚守。全团上下重拾信心，齐心协力走出困境。2000年以来，全团创作演出的短篇弹词《一封绝交信》《育种人》《绣锦旗》、中篇评弹《杨乃武回乡》《芦荡枪声》、系列评话《铁琴铜剑楼》等，在中国苏州评弹艺术节、江苏省曲艺节等重大赛事中获得芦花奖、文华奖等奖项近80个。他先后带领常熟市评弹团到上海、北京、香港等地举行交流展演，为传播评弹艺术、扩大常熟文化影响力做出了贡献。作为曲协主席，他主持编印评弹月刊近20年，积极组织开展群众性曲艺活动，使常熟成功创建江苏全省首个“中国曲艺之乡”。

1983年，还是青年演员的他就开始带教学员，至今已陆续培养殷建康、赵春华、陆晓丹、邵柳青、顾力群、王开、周丽娟、金怡晨、薛桃等艺徒。20世纪90年代中期，常熟市评弹团委托市艺校开设评弹班，陆建华亲自担任班主任和主讲，培养了一批又一批接班人。面对近年来演员流失的危机，他建言献策，为文艺表演人才队伍的可持续发展大声疾呼，使常熟市评弹团中断十余年的“薪火”得以传承。

2014年，石梅小学举办校园文化艺术节，以非物质文化遗产教育为主题，组织开展相关文化艺术活动。苏州评弹成为首批走进石梅校园的非物质文化遗产。陆建华带领陶春敏、蒋丽、赵春华等组成讲座团队走进石梅小学，开设评弹艺术讲座，让同学们零距离感受评弹的艺术魅力。2016年起，陆建华被江苏省常熟中学聘请为虞山文化课程基地校外专家，他开设评弹表演艺术与语言欣赏校本课，每周到学校向高一高二学生传播评弹艺术，受到学生欢迎。

为了彰显“陆建华评弹”这张极具影响力的文化名片的作用，常熟市文化部门于2016年成立陆建华评弹艺术工作室，以此为平台推动评弹艺术的保护、传承和交流工作。从“评弹领军人”到“书坛守望者”，陆建华始终谨守“出人出书走正路”的初心，为传播评弹艺术努力前行。

吴 苇

吴苇

吴苇（1963— ），江苏常熟人。中国书法家协会会员、江苏省篆刻研究会会员、苏州市书法家协会副主席、东吴印社副社长、苏州国际文化交流中心理事。常熟市书法家协会主席、虞山印社社长、常熟市首批非遗代表性传承人。历任常熟市淼泉中心小学副校长，团市委副书记，市青年联合会主席，市委宣传部副部长兼市文明办主任，市委党校党组书记、常务副校长，市广播电视局局长、广电总台台长，市文化广电新闻出版局局长。政协常熟市第九届委员会常委，常熟市第十四届人大代表。

吴苇师从言恭达、吴颐人、韩天衡等名师，研习书法篆刻艺术40多年，作品不以强烈的视觉外张力为表现目的，在平正之中蕴含变化，在审美上表现出古雅的艺术风格。他的篆书作品出类拔萃，篆刻作品从石鼓文、秦篆、汉砖、瓦当等中吸取精华，形成独特风格。

吴苇在红梅小学读书时，时常好奇地看老师马友檀画幻灯片、刻字店老师傅刻印章，引发了对书法篆刻的兴趣。1973年，他在红梅小学儿歌创作比赛中获得优秀奖，老师陆顺祥奖励的《戏曲音韵》，他珍藏至今。二年级时入选“朝阳花”

宣传队学二胡、小号、小提琴、打击乐器等，他一丝不苟，刻苦训练，参加过苏州地区中小学生文艺汇演、接待外宾等数百场活动。他对吴之棋、冯伯英、周梅等老师辅导少先队员时和蔼可亲的态度、字正腔圆的语言表达记忆犹新。吴苇说这些为他从事教育、宣传、文化艺术、行政管理等工作打下了较好的基础。他担任行政领导期间，工作兢兢业业，立过三等功，多次被评为“优秀”。

吴苇对在红梅小学读书时的情景还记忆犹新：课间在桂花亭做“摸瞎子”游戏，到焦尾泉捧喝泉水，夏季雨后在汲古阁大石盆里洗脚，拎着一篮篮煤球灰到校交肥料，星期天捡碎砖块给学校做三合土，演出后老师安排吃美味夜宵爆鱼面，下乡演出时集体打地铺……

吴苇从江苏省常熟中学毕业后读师范学校，1981年到乡村任教。他从未放弃心爱的书法篆刻艺术，1985年，他的作品入选中国美术馆“祖国环境美”展览。此后，他的书法篆刻作品及文章在《中国书法》《书法报》《中国书画报》等刊物发表。作品入选首届国际篆刻展、首届全国巴林石篆刻展、第五届两岸汉字艺术展、“得意之作”全国中青年篆刻名家邀请展等，被中国文字博物馆、杜甫草堂、江苏现代美术馆、韩天衡美术馆收藏。作品在日本、韩国、美国、西班牙、马来西亚、孟加拉等国展出，吴苇本人应邀到美国、日本等国举办艺术讲座。《书法》《中国书画报》《走遍中国》《新华日报》《苏州日报》对吴苇进行个人专题介绍。

吴苇是书法篆刻艺术的继承者、传播者和弘扬者。吴苇自称“书生”，说他只有“星期七”，没有星期天，几十年来每天都学习到下半夜才休息。他喜欢静，一个人看书写字、刀笔寄情。

附文

芳华里，山高水长

钟连元

道启东南，文开吴会。约两千五百年前，孔子唯一的南方弟子言偃，将教育的种子播撒到了虞山福地，从此中原文化对江南打开了大门。这方山川本就秀美，“七溪流水皆通海，十里青山半入城”，加上“以礼乐为教，邑人皆弦歌”的闲适生活，文人墨客纷至沓来，赏“山光悦鸟性，潭影空人心”，叹“虞山胜赏在此处，名教清谈有几场”。于是，言子故里才俊辈出。《永乐大典》总校官瞿景淳、国宝《富春山居图》的作者黄公望、虞山诗派代表人钱谦益……他们如星光熠熠，福泽桑梓。至1720年，邑人在虞山南麓梁昭明太子读书台边建书院，以《汉书·艺文志》名言“游文于六经之中，留意于仁义之际”中的“游文”二字为书院名，寓“潜心会文”之意。虞山文化在蹑云山房、游文书院的光阴里延展着她安静而柔韧的血脉，这《百年芳华——石梅人物选》正如她枝头绽放的玉英。

展卷《百年芳华——石梅人物选》，我心怀恭谨。从游文书院走出的每一个名字都值得我们深深铭记：康熙皇帝钦点的状元郎汪应铨、名扬天下的经学大师顾镇、品端学粹的大学士翁心存、美术史学的奠基人温肇桐……“云山苍苍，江水泱泱，先生之风，山高水长。”一位位博学多识的书院先生，筚路蓝缕、勤勉躬耕，在精力许可的岁月里守着山麓旁的山房，带着学子参与一场陶冶人性的文化传递，将礼乐之教衍化成一场文明的传承与生命的接力。

展卷《百年芳华——石梅人物选》，我心怀自豪。时光荏苒，古树见证，这方庭院走出人才无数：两代帝师翁同龢、中国皮肤病医学的开创者之一翁之龙、不要嫁妆要读书的民国才女宋清如、中科院院士钱人元、古代文学史研究家邓绍基、商界杰出领袖李建红……他们成了建设中国的栋梁之材，他们肩负国之重任，赴汤蹈火一往无前；他们心怀家乡，反哺故土心有戚戚。

展卷《百年芳华——石梅人物选》，我心怀憧憬。今天的老师们，探寻书院文化的渊源，传承先生风骨，从前人身上汲取前行的能量与勇气，不断探寻教育的本真。现在石梅小学的孩子们，他们的“书院小院士”特色课程是有根的，他们读《百年芳华——石梅人物选》，与曾经的师长、伙伴对话，就是在触摸超越周围时间和空间，超越自己的历练和智慧。孩子们的灵魂有了方向，身体才会勇往直前，不停留，不彷徨。

站在常熟教育的今天，我们心怀敬畏。教育兴则民族兴。呵护中华文明的厚重遗产，传递虞城文化的璀璨火种，我们任重而道远。我们需要更多突破的勇气和坚守的毅力。《百年芳华——石梅人物选》诉说的是常熟教育过去的精彩，是福地虞山向时代提交的一份独特的答卷。我们希望她也可以成为未来常熟教育发展可仰望、可借鉴甚至可超越的愿景蓝图。芳华何止百年，在不断延展的时间之轴上，在道不尽的常熟教育情怀里，我们也期望为后来人提供一种生命的思量，标记前行的坐标。

最后，感谢所有为《百年芳华——石梅人物选》的诞生做出努力的人们。

（作者系苏州市百年老校协会副会长、秘书长）

荣枝参天在石梅

钱文辉

阅读《百年芳华——石梅人物选》，这些文化名人的生平事迹，让人有种曲径通幽的历史穿越感，像挖掘到了深埋的宝藏。石梅历史文化名人，个性鲜明，血脉赓续。他们中有政治家、思想家，有教育家、文学家、医学家，有清官廉吏、爱民义士，有累世文士、几代忠良……先贤们的家国情怀、凛然正气、深厚学养、勤奋精神，把石梅的历史积淀和文化传统充分体现出来，是不可多得的宝贵精神财富。

阅毕书稿，不禁掩卷沉思。我是土生土长的常熟人，深爱家乡的山山水水，一草一木，萦绕于心。儿时在石梅小学念书的情景仍分外清晰，虽大多是记忆之碎片，却撩人思念，令人不能释怀。一座小学，以融合着石梅美丽传说故事和厚重人文积淀的名称冠名，在常熟算是绝无仅有的，就我所知，在江苏省内乃至国内，也是极为少见的。

石梅小学不只是世人景仰的百年老校，同时是全市乃至全国闻名的百年名校。学校集纳着代代良师，他们学识渊博，治学严谨，敬业爱岗，为人师表，为祖国培养了一批批优秀人才，桃李满天下。石梅学子遍及海内外，故土因生之养之而增辉，母校因培之育之而添彩，石梅小学功不可没。石梅小学的百年历史中关联了许多历史文化名人，这些名人和故事使这里成了不平凡的地方，为我们后代人留下了骄傲和自豪的资本。我们应该大力挖掘这些历史文化遗产，让它放射出更加灿烂的光芒。

与百年文化同时保存下来的石梅小学，现已被列为文物单位获得保护，成为常熟基础教育悠久历史的重要标志。而百年变迁中所积淀的人文理念和办学思想是最重要的文化遗存，尚需我们进一步发掘和传承。这是常熟办好新时期教育的基石，也是教育事业不断创造辉煌的自信之源。

怎样才能比较完整地挖掘和真实展示石梅历史文化的深厚底蕴？如何才能更好地传承和弘扬石梅历史文化的优良传统，并以此塑造我们新的精神品格和人文风貌，推进学校教育的发展？这是当今常熟人极其关注的课题，亦是应时代召唤需要深入研讨的课题。

根元先生作为苏州市首批"教育遗产弘扬奖"人物之一，怀着对历史文化的敬畏之心，怀着对教育神圣的责任感，坚持执着保护传承百年书院文脉，不畏艰难挖掘整理百年石梅的历史文化，苦心痴迷守护弘扬地方历史文化资源，专心致志投入百年老校历史文化的研究，尽最大努力、最大可能，寻找和挖掘石梅300年的历史文化名人踪迹及影像记录资料，精神可嘉，难能可贵。他通过多方收集，严谨考证，反复斟酌，把学校300年历史上的近百位可载史立传的文化名人汇集起来，成书传世，为今人立起可信可敬、可评可品的人物形象，拉近古人和今人的距离，传承石梅的历史文化，这实在是一件很有意义的事情，应该得到肯定和点赞。

编撰好《百年芳华——石梅人物选》，有难度、需功力，绝非轻而易举之事。有不少历史文化名人，由于年代远、资料缺，要让他们由难以为人所知转化为引人入胜的文化资源而广为人知，让他们释放出自身的巨大能量，需要立意、选材上的慧眼和巧思，需要对历史进行重新发现和解读。

编撰好《百年芳华——石梅人物选》，首先需要"读"的功夫。对自以为耳熟能详的石梅历史，是否真的懂了？对长期在眼皮底下，十分熟悉，甚至不起眼的东西，能不能换一个视角去重新发现、重新理解？对分布于不同历史时空交会"点"上的人、事、物，能不能以当代人的眼光和理念梳理出一条贯串古今的"线"，在"点"与"线"的交织之中再兼及"面"，来呈现更广阔的历史场景，揭示更深层次的文化内涵？

同时还需"写"的功夫。《百年芳华——石梅人物选》当然不拒绝专家学者的阅读，但主要是为大众读者包括全体石梅人而写，首先必须让大众读者喜欢读，好读，越读越有兴趣，进而让老百姓和专家学者能在精神上产生认同感。我认为，历史文化越厚重越好，写作上却不宜太“厚重”；写得机智轻松，引人入胜，既让内行看出门道，又让外行看到热闹，乃文章的生命所在。

《百年芳华——石梅人物选》的出版发行，填补了常熟教育历史文化研究的空白，它不仅仅是代表石梅的，也是代表常熟的，更是可供常熟教育继续发展借鉴的一部宝典。它为我们审视常熟历史文化提供了一个全方位的视角，也为我们定位当代常熟文化发展方向提供了参考依据。毋庸讳言，它不可避免地会存在许多不足，但这毫不影响本书潜在的巨大、高度的社会价值！

我相信，《百年芳华——石梅人物选》的出版发行，一定能够让广大读者更加深入地了解石梅的辉煌历史，更加真诚地汲取书院文化的优良传统和精神动力，因而更有助于我们开展爱祖国爱家乡教育，增强广大家乡人民热爱常熟、建设常熟的自豪感和使命感。

祝愿石梅小学在新时代的教育改革创新中，依然以奋发励进的形象勇立潮流，续写先辈的光荣与梦想。

读你千遍

顾丽芳

很早就知道“石梅”，但真正呼吸着她的芬芳，被她葳蕤的树荫所庇护，像成为她的孩子这般，是从2016年我来到石梅工作开始的。

许是冥冥之中的缘分，对于这样的一个园子，与她相处没多久，当初只是服从工作的淡然里，便生出莫名的欢喜来。不，准确地说是一种心甘情愿的景仰。每天清早，沐浴着书院的百年晨曦，我和老师们一起迎接孩子们的陆续而至。踩着先贤们走过的石阶，抚摸着古木石碑上斑驳的纹理，耳畔拂过山林草木间清新的风，蓦然惊喜于古树萌发的嫩芽新绿。琅琅的书声回荡在宁静的园子上空，恍惚之间，正与一墙之隔的昭明太子读书台上的吟咏声跨越千年、隔空呼应——这份美好，自是令人心醉。

然而，当我打开厚厚的石梅校志，打开石梅300年的辉煌史册，我的景仰里又陡增了几许震撼与敬畏。是的，仿佛面对着浩瀚宇宙，那一个个灿若星辰的名字交相辉映，装点了游文书院的历史星空。他们，是书院（学校）办学历史的真实见证，是书院（学校）教育成果的厚重名片。是他们，让书院300年的教育历史感性而生动；是他们，连缀起了石梅教育的闪亮历程；也是他们，照亮了当下石梅教育的前行之路。

于是我们开始了认真梳理。我们要把如同珍珠般晶莹闪亮的名字珍藏起来，连同每个名字背后的点点滴滴。在经历了艰难繁复的搜集、整理、编写、校对过程之后，大家看到了这本《百年芳华——石梅人物选》。在我看来，这本采撷、汇聚了石梅优秀人物的专著，是当代石梅人对学校悠久历史文化价值做出的积极回应，更是石梅教育史上不可多得的珍贵“教材”。

铭记才能更好地传承。如今，石梅站在了一个新的发展节点上。无论教育理论如何推陈出新，无论教育技术如何日新月异，书院走出来的这些闪光的人物，永远是石梅发展的无形财富。我们要和孩子们一起捧起这本书，读你千遍。读故事、讲故事……然后，让老师和孩子们也成为故事里的人。

读故事，让爱与善良从书院的土壤里萌芽。那么多优秀的人，不论是良相、良师还是良医，他们无一不充满了对民族、家国的深爱，无一不心怀悲悯。这是作为一个公民最起码的德性。要让孩子们明白，才华有高下，贡献有大小，但道德有底线。这是一个文明的社会、有文化的学校秉持的最基本的教育价值。

读故事，让精神与生命如磐石般高贵坚毅。“石磬由天砺，梅香自苦寒。”石，作为石梅重要的文化元素，被赋予了坚毅沉稳、初心如一的意蕴，是高贵的精神与执着的信念的象征。要引导石梅的孩子们在这近百位优秀人物的身上，看到磐石般的精神。无论身处逆境还是顺境，只有不忘初心，方能守得云开。

读故事，让学养与创造随梅花馥郁缤纷。石壁间梅花一夜吐蕊的神话是石梅人耳熟能详的美好故事，然而现实中梅花绽放从来都不是轻而易举的。阅读石梅历史文化名人的成长经历，我们发现，所有成就伟业的人，都有其独特的才华和曲折的经历。不管是从政、经商，还是研究文化和教育，或是开辟崭新的创业领域，“天生我材必有用”，一定要相信自己，每个人一定有最合适的发展路径。要从小好好读书丰富学养，好好锻炼培养智慧，不懈努力持之以恒，长大才能为社会创造更多的财富。

罗曼·罗兰在《名人传》序言里这样写：“汲取他们的勇气做我们的勇气吧，倘若我们太弱，就把我们的头枕在他们的膝上休息一会儿吧，他们会安慰我们。在这些神圣的心灵中，有一股清明的力量和强烈的爱，像激流一般飞涌出来……在他们的眼里，他们的行述里，即可看见生命从没处于患难时的那么伟大，那么丰满，那么幸福。”在我看来，石梅的这些优秀人物，一点都不比《名人传》里的名人逊色。不管是枕在他们的膝上，还是站在他们的肩膀上，我们都是幸福和自信的。

（作者系常熟市石梅小学校长）

后 记

百年石梅，从“梅核破石”的故事传说中走来，从“游文书院”的历史更迭中走来，从“群星闪耀”的人文荟萃中走来。作为当下的石梅人，每每站在桂花亭，与四照堂隔墙相望，似乎就能穿越那三百年的历史长河，与一个个似曾相识的先贤大家隔空对话。相信很多来到这座老书院的人，都会有相同的感觉。的确，石梅就像是一棵守望历史的参天大树，深深地扎根于虞城这片文化热土，承载着一代又一代人的梦想，培育了一代又一代的学子。这里曾经是人才辈出的教育圣地，读书台前，曾留下过两代帝师翁同龢的琅琅读书之声，一大批享誉省内外乃至全国的文化名家也都受过这方文化沃土的滋养，他们在文学、艺术等领域所取得的重大成就和业绩，在国内甚至在国外都产生了很大影响。而《常昭合志稿》《古缘萃录》《松陵文牍》《虞山画志续编》等著作的问世，又奠定了石梅学人高品位的学术地位。他们不仅为人类文明宝库创造并留存下一批扎实的传世之作，也为国家历史文化名城赢得了荣誉，成为常熟一张张亮丽的名片。

数百年的薪火相传，是一种机缘，一种精神，一种信念。翻阅那陈迹斑斑而又人文精神闪烁的历史记载，从中寻找石梅经百年风雨而历久弥新的精神根髓，除了油然而生的一种敬畏感和责任感，更多的是感动于先贤不遗余力的办学精神，感动于百年薪火的传承精神。“传斯道以济斯民”的襟怀和“修身、齐家、治国、平天下”的担当，是书院精神的重要内容。作为新时代的书院人，我们更有责任赋予其符合当下的文化内涵，以现代的方式践履践行，扮演好教育与文化传承的重要角色，不断发展和弘扬具有石梅特质的书院文化。

编撰《百年芳华——石梅人物选》一书，最大的困难，无疑是资料的缺漏。

为此，我们对常熟图书馆古籍部、常熟博物馆、常熟市档案馆、常熟市地方志编纂委员会办公室等专业部门进行实地寻访，从不同的途径收集、购买、阅读了教育志书、文史档案、本地区重要家族谱牒、个人日记及回忆文章等大量的文本资料，同时还通过登门走访、打电话、写信函、发微信、发电子邮件等方式，多方联系史料专家、老校长、老教师、老干部、老校友及区域内健在的老人，并做了大量的记录，尽最大努力、最大可能去寻找和挖掘石梅300年的人文历史踪迹及影像记录资料。

《百年芳华——石梅人物选》的编纂，还得到社会各界的关注和支持，有引航导向者，有奉献珍藏者，有取材立证者，也有圈点文字、勘误纠错者。当这部书籍与读者见面时，要感谢所有曾经关心和支持过《百年芳华——石梅人物选》编撰工作的各级党政领导、海内外校友、离退休教职工以及社会各界人士，还要感谢将目光停留在文字上的每一位读者。

虽然在编撰过程中一再强调，要坚持真实性原则，必须基于历史，尊重历史，敬畏历史，还原历史，然而，要真正做到这一点，却并不容易。由于时间紧迫，加之工作量大，涉及面广，编者手头资料又少，以及眼界与水平有限，要选择好、撰写好石梅百年历史进程中每个历史文化人物及细节，确实挑战很大；而要对每个史实、人物、细节进行逐一考证，甄别真伪，更存在许多现实的困难。因此，本书一定存在材料与人物选择或有所偏差，资料与细节或有所出入及其他疏漏之处，恳请书中所涉当事人及知情人批评指正，也请广大读者谅解。

编者